Dr. Stuart Miller, geboren in New York City, studierte an der Yale University. Er war Gründer des Institute of Humanistic Medicine und zeitweise Leiter des Esalen Institute. Er lebt heute in Mill Valley, Kalifornien.

Vollständige Taschenbuchausgabe 1988
Droemersche Verlagsanstalt Th. Knaur Nachf., München
Lizenzausgabe mit freundlicher Genehmigung des Kösel Verlags
Titel der Originalausgabe »Men & Friendship«
© 1983 by Stuart Miller
Aus dem Amerikanischen von Rainer Bosch, Wolfratshausen
© 1986 by Kösel-Verlag GmbH & Co., München
Umschlaggestaltung Manfred Waller
Umschlagfoto Johannes Erasmus
Druck und Bindung Ebner Ulm
Printed in Germany 5 4 3 2 1
ISBN 3-426-03906-0

Stuart Miller:
Männerfreundschaft

Für Irving, Antony, Jacqueline
und für alle wahren Freunde

Dein Freund, der dir ist wie dein Herz
Deuteronomium

Inhalt

Danksagung

Mein Dank gilt zuerst jenen vielen hundert Männern und Frauen in Amerika und Europa, die bereit waren, sich über ein wichtiges, aber schwer faßbares Thema befragen zu lassen. Da ich versprach, ihre Anonymität zu wahren, habe ich nebensächliche Details ihrer Ausführungen im Text verändert und kann sie hier nicht namentlich nennen. Aber sie haben meine bleibende Dankbarkeit. Ich möchte auch einer Reihe von Experten verschiedener Fachgebiete danken, die mich mit bibliographischen Ratschlägen und anderen Forschungshinweisen unterstützten, insbesondere James Birren, Andrew Bongiorno, Margaret Clark, Lambros Couloubaritsis, Carl Degler, Marjorie Fiske, David Forrest, Daniel Levinson, Rollo May, Thomas McFarland, Susan Merrill, Donato Morelli, Edgar Morin, Charles Muscatine, Peter Newton, William Ouchi, Letitia Anne Peplau, Eugene Simeon, Henry Nash Smith, Jacques Sojer, Frederic Spiegelberg, Gerald Talley, Lawrence Weiss, John Whiting und Vladimir Yankelevitch.

Besonderen Dank schulde ich Bill Bridges, Patricia Cooper, Edith de Born, Ann Dilworth, Robert Ellis, Piero Ferrucci, Gary Friedman, Ann und Dick Grossman, Françoise Herbay, Fred Hill, Lygia Johnson, John Levy, Sterling Lord, Patricia McCall, Michael und Dulce Murphy, Sally und Seymour Peretz, Peter Solar, Joy Sweet und Signe Warner. Sie alle halfen durch sorgfältige Kritik und gute Ratschläge. Unentbehrlich war Anita McClellan, meine Redakteurin bei Houghton Mifflin: sie glaubte an das Buch und half mit Formulierungen. Ich weiß, daß das Buch trotz all dieser Hilfen noch immer Schwachstellen hat, doch diese habe allein ich zu verantworten.

Vorwort

Die meisten Männer, insbesondere wenn sie darüber nachdenken und zu sich selbst ehrlich sind, geben zu, daß sie von ihren Freundschaften mit anderen Männern enttäuscht sind. Männer mögen Ehefrauen haben, sie mögen sogar weibliche Freunde haben, aber ihre Beziehungen zu anderen Männern, die ein wirkliches Echo ihrer eigenen männlichen Natur sein könnten, sind im allgemeinen von Oberflächlichkeit, Unaufrichtigkeit und sogar von chronischem Mißtrauen gekennzeichnet. Da die wenigsten Männer es sich gestatten, über Freundschaft nachzudenken oder diesbezügliche Gefühle zu haben, wird diese grenzenlose kollektive und persönliche Enttäuschung gewöhnlich verschwiegen und mit einem Achselzucken abgetan.

Im Laufe der Jahre ignorieren Männer einfach den Schmerz über die Einsamkeit. Sie verdrängen, daß ihre Bindungen an Männer schwächer werden, ihre männlichen Freunde sie zunehmend desillusionieren und sie Schuldgefühle über den eigenen Verrat an anderen empfinden. Sie haben zum Teil resigniert. Wir schrauben unsere Erwartungen herunter. Je älter wir werden, desto mehr finden wir uns damit ab, daß wir unter Männern keine Freunde haben. Natürlich, Männer erinnern sich an andere Zeiten, als sie viel jünger waren, als sie an wahre Freundschaft glaubten, als sie dachten, sie hätten sie, wenn sie zum Eid der Musketiere, »Alle für einen und einer für alle!« in ihrer Jungenphantasie die Schwerter erhoben. Als sie, vielleicht bis in die Studentenzeit hinein, noch wenigstens einen anderen Mann hatten, mit dem sie tief verbunden waren. Mit einem Lächeln erinnern wir uns alle.

Kindisches Zeug, das der Vergangenheit angehört, sagen wir uns, wenn auch alle Männer insgeheim die Erinnerung daran hochhalten. Unser Leben geht weiter – wir müssen Schritt halten,

9

vorwärtskommen, die Rechnungen bezahlen, Frau und Kinder versorgen, überleben und den Lebensstandard verbessern.

Möglicherweise tritt irgendwann eine Krise ein – möglicherweise eine Scheidung – und verheiratete Freunde sind plötzlich nicht mehr besonders interessiert; oder es kommt zum Verlust des Arbeitsplatzes oder zum Karriereknick, und die einst befreundeten Kollegen vergessen plötzlich anzurufen; oder es gibt, weniger dramatisch, einen Moment in der Mitte des Lebens, in dem die üblichen gesellschaftlichen Kontakte plötzlich leer und unbefriedigend erscheinen. In solchen Situationen kommt es vor, daß ein Mann sich dazu bewogen fühlt, nach einer Männerfreundschaft zu suchen. Aber nur sehr wenigen gelingt es, einen echten Freund zu finden.

Dieses Buch handelt von den Bemühungen um eine solche Erneuerung: der Suche nach echter Freundschaft zwischen erwachsenen Männern. Es basiert zum Teil auf annähernd eintausend Interviews mit Männern, die mitten in unserer modernen, nachindustriellen Gesellschaft leben: Geschäftsleute und Rechtsanwälte, Psychologen und Ärzte, Regierungsbeamte, Redakteure, Künstler und Schriftsteller, Soziologen und Philosophen, Physiker, Journalisten und viele andere. Diese Interviews wurden an vielen Orten der Vereinigten Staaten und Europas durchgeführt. Das vorliegende Buch ist jedoch nicht soziologisch; es ist nicht wissenschaftlich.

Neben den Interviews basiert das Buch auf gründlichem Studium der über Freundschaft existierenden Literatur, nicht nur der Klassiker – Montaigne und Cicero, Aristoteles und Plato –, sondern auch der Psychologie und Anthropologie sowie neuer Untersuchungen über Freundschaft heutzutage. Trotzdem ist das Buch kein Bericht über philosophische Schriften über Freundschaft oder über die Schriften irgendeiner akademischen Disziplin.

Meine Vorgehensweise ist engagierter und weniger systematisch, wärmer und persönlicher als die der anderen Autoren. Ich sah keinen anderen Weg, der Wahrheit über Freundschaften zwischen Männern näherzukommen. Praktisch jede abstrakte

Abhandlung, die über Freundschaft geschrieben wurde, ist distanziert gehalten, einschließlich einiger der alten Klassiker und fast alle in modernen wissenschaftlichen und populärwissenschaftlichen Büchern. Die Bücher sparen die emotionalen Realitäten aus. Ähnlich war es in der überwiegenden Mehrzahl meiner Interviews. Männer fangen oft an förmlich aufzublühen, wenn man das Thema Freundschaft anschneidet. Es macht ihnen sichtlich Freude, über dieses Thema nachzudenken und darüber zu reden. Aber in aller Regel kommt es nicht vor, daß sie wirklich zeigen oder sagen, was ihnen Freundschaft bedeutet. Dies ist ein typischer Dialog:

F.: Haben Sie Freunde?
A.: Ein paar.
F.: Erzählen Sie darüber.
A.: Da gibt es nicht viel zu erzählen.
F.: Warum mögen Sie sie?
A.: Nun, sie sind nett, wir haben Spaß miteinander, gemeinsame Interessen.
F.: Bedeuten sie Ihnen viel?
A.: Sicher.

Und so weiter.
Die meisten Menschen können über dieses Thema nicht reden. Natürlich, manche kommen mit Populärsoziologie daher oder geben philosophische Binsenwahrheiten von sich, aber über Freundschaft selbst können sie nicht sprechen. Zum Teil liegt das an einem den meisten eigenen Mangel an Poesie. Sie verfügen nicht über die Worte für ein solches Thema. Zum Teil ist es auch tabuisiert, über etwas so Intimes zu sprechen. Oft besteht ein Widerwille, über ein so schmerzliches Problem genauer nachzudenken.
Mir wurde bewußt, daß ich – wollte ich beim Kern meines Themas bleiben – mich mehr denn nur als Autor einbringen mußte.
So bewegt sich dieses Buch auf zwei Ebenen. Auf der einen Seite ist es ein Bericht über den Zustand der Männerfreundschaften in unserer heutigen Welt. Auf der anderen Seite schildert es meine

ganz persönlichen Erfahrungen über Freundschaften unter Männern.

Meine Suche nach tieferen Männerfreundschaften begann bereits, bevor ich daran dachte, für andere darüber zu schreiben. Ich führte ein Tagebuch über meine eigenen Gedanken und Erfahrungen. Allmählich ging ich dazu über, Kopien meiner Briefe an Freunde und ihre Briefe an mich aufzubewahren. Ich wollte mich selbst ergründen; die Hemmungen und Hindernisse in allen Einzelheiten verstehen; kleinste Details des Erlebens nachzeichnen, aus dem Männerfreundschaften gemacht sind; die sonst nicht beachteten freundschaftlichen und liebevollen Gesten registrieren, die kleinen täglichen Wagnisse und auch die sonst vergessenen oder unterdrückten Momente von Wut oder Enttäuschung über einen nicht erwiderten Telefonanruf. Manchmal hatte ich das Gefühl, als sei etwas Monströses an soviel Selbstbespiegelung. Vor allem heute wird Freundschaft oft als etwas angesehen, das einem mit Leichtigkeit zufällt oder nicht zufällt und das man ohne viel Aufhebens annimmt oder sein läßt. Ich jedoch hatte mich entschieden, Freundschaft zwischen Männern ernstzunehmen, und wie unter Zwang suchte ich weiter. Mir wurde immer klarer, daß einiges von diesem persönlichen Material Platz in dem Buch finden mußte, das ich zu schreiben beschlossen hatte.

Was die Interviews angeht, so schien es mir notwendig, die interessantesten vollständig wiederzugeben, einschließlich atmosphärischer Details und meiner eigenen Reaktionen, statt sie auf ihr statistisches Mittelmaß zu reduzieren oder sie abstrakt zusammenzufassen. Bisweilen enthalten die Tagebuchauszüge und Interviews ihre eigene Analyse; ansonsten behandle ich deren allgemeinere Bedeutung aus einer späteren, objektiven Perspektive. Manchmal kann keine abstrakte Analyse die Bedeutung der Tagebuchauszüge erschöpfend wiedergeben. Besonders in diesen Fällen, aber auch mit all dem vorhandenen Material, bleibt es dem Leser überlassen, eigene Erfahrungen mit Männerfreundschaften und die damit verbundenen Gefühle zu überprüfen und eigene Schlüsse daraus zu ziehen. So fordere ich Sie auf, nicht nur mir in die zufälligen Aufzeichnungen meiner Entdeckungen zu folgen, sondern – noch wichtiger – Ihre eigenen Entdeckungen zu machen.

Ich war in der glücklichen Lage, diesem Gegenstand mit enormer Zielstrebigkeit nachgehen zu können. Drei Jahre lang sollte ich der Frage der Freundschaft zwischen Männern einen der wichtigsten Plätze in meinem Leben einräumen. All dieses Forschen, in meinem Innern und in meiner Umwelt, soll dem Leser dienlich sein. Mit einer Einschränkung: obwohl dieses Buch in einigen Punkten sehr persönlich ist, ist es keine Autobiographie. Da das Thema die Suche nach echter Männerfreundschaft ist, sind weder meine Arbeit noch meine Ehe in irgendwelchen Einzelheiten behandelt.

Zu Beginn meiner Suche nach Männerfreundschaft war mein Leben in ziemlicher Unordnung. Man könnte es eine Midlife-Krise nennen. Eine kurz zuvor erlebte leidvolle Scheidung, berufliche Ungewißheit, die ersten Gesundheitsprobleme der mittleren Jahre lasteten auf mir, und all diese Umstände drängten mich, auf andere zuzugehen, die relative Oberflächlichkeit herzlicher Beziehungen zu früheren männlichen Kollegen und alten Bekannten zu untersuchen, jenes Geflecht, das die meisten Männer – solange alles gutgeht in ihrem Leben – leichthin als ihre Freundschaften bezeichnen.

Einige Passagen meines Tagebuches spiegeln diesen Hintergrund der Unruhe wider. Ohne Beschönigung habe ich sie stehen lassen. Ohne eine solche Krise hätte ich meine Suche nach Männerfreundschaft vielleicht nie begonnen, oder die Idee, darüber zu schreiben, wäre nie geboren worden. Fast jeder von uns gerät dann und wann einmal in Schwierigkeiten, und auch das gehört zur Freundschaft. Wir dürfen uns nicht nur mit den Auswirkungen auf unsere Freunde befassen, wir müssen uns mit dem Schmerz beschäftigen, wenn unseren Bedürfnissen nicht Rechnung getragen wird, in einer Gesellschaft, in der Freundschaft nicht sehr hoch angesehen ist.

Nach zwei Jahren der Suche hatte sich mein Leben weitgehend

wieder eingerenkt; ich hatte wieder geheiratet. Dann gab mir ein einjähriger Aufenthalt in Europa Gelegenheit, mehr Zeit auf die Arbeit an dem Buch zu verwenden und mich noch intensiver auf das Befürfnis nach Freundschaft zu konzentrieren. Schließlich kehrte ich nach Amerika zurück, um die Früchte meiner Anstrengungen zu ernten.

Obwohl nicht alle Männer eine Midlife-Krise durchmachen und nur sehr wenige daran denken, ein Buch über die Suche nach Freundschaft zu schreiben, oder sich in die relative Isolation einer fremden Kultur stürzen, glaube ich, daß die inneren Erfahrungen von Freundschaft, die ich unter diesen besonderen äußeren Umständen beschreibe, etwas allgemein Gültiges haben. Ohne diese besonderen Bedingungen wäre mir vielleicht manches nicht so bewußt geworden, und die Wahrheit über die Freundschaft unter Männern wäre nicht so deutlich zutage getreten.

Der Handlungsraum des Buches mußte begrenzt sein. Verschiedene soziale Gruppen – nicht nur in Amerika, sondern auch im Ausland – sind nicht untersucht worden, ebensowenig wie jede denkbare Berufsgruppe. Noch haben die Freundschaften zwischen Männern und Frauen die Aufmerksamtkeit erfahren, die das Thema verdient. Ich mußte diese und andere interessante Themen ausklammern, weil ich von meiner eigenen und einer kollektiven Frage gedrängt war: Können erwachsene Männer – Männer in den Dreißigern und älter, die meisten verheiratet oder sonst in einer Partnerschaft gebunden und beruflich engagiert, Männer im Sog unseres heutigen urbanen Lebens – die Kameradschaft, den Beistand, die Freude und Ergebenheit einer echten Freundschaft mit wenigstens einem Mann finden?

1 Echte Freundschaft unter Männern

Das erstemal, als ich loszog, ein Interview zu machen, und jemandem von meinem Plan erzählte, ein Buch über Männerfreundschaft zu schreiben, war an einem sonnigen Frühlingstag in Kalifornien. Ich war seit einem Jahr geschieden und hatte schon erste Versuche unternommen, meine bestehenden Freundschaften zu vertiefen. Aber die Idee, ein Buch über das Thema zu schreiben, war mir erst kürzlich gekommen.

Die Person, die ich ausgewählt hatte, war ein zuverlässiger Gewährsmann: Karrieremann, verheiratet, erwachsene Kinder, Enkelkinder. Lange Zeit war er Leiter der Fakultät für Klassische Philologie an einer Universität gewesen. Ich schätzte ihn. Wir waren uns zum erstenmal vor Jahren begegnet, als er der Universitätsobrigkeit die Stirn geboten hatte: Ohne selbst ein sehr politischer Mensch zu sein, glaubte er an die Bürgerrechte und wäre nötigenfalls zurückgetreten, um sie für seine Studenten durchzusetzen. Tatsächlich war er für mich in meinen Anfängen als Assistent so etwas wie ein Mentor gewesen. Er war also kein Freund, denn Freundschaft ist eher eine Beziehung unter Gleichen, doch er war jemand, zu dem ich ein persönliches Verhältnis hatte.

Obwohl er fünfundvierzig Jahre lang Lehrer gewesen war, bevor er sich, dünn und knorrig, zur Ruhe gesetzt hatte, war seine Herkunft aus dem Westen noch immer erkennbar. Er war, wenn man so will, der Cowboy-Akademiker, wie er sich vor mir in seinen Stuhl zurücklehnte, die Beine lang ausgestreckt und die Hände hinter seinem kahlen Kopf verschränkt. Er strahlte die Sicherheit eines Mannes aus, der trotz seiner Risikobereitschaft in seinem Beruf alles erreicht hatte.

Er sah mich mit jenem sorgenvoll in Falten gelegten Gesicht an, das er gerne aufsetzte, wenn er zeigen wollte, daß er ernsthaft nachdachte. »Männerfreundschaft. Soll das heißen, Sie wollen über Homosexualität schreiben? Zumindest wird das ein jeder denken. Könnte gefährlich für Sie sein.«

Ich konnte seine Reaktion nicht fassen. Die große Tradition der Männerfreundschaft, wie sie im Westen von Homer und Aristoteles und Cicero, von Montaigne und Shakespeare und Pope verherrlicht wurde, das war es doch wohl, woran man denken würde, wenn ich sagte »Männerfreundschaft«. Zweifellos würde man sich an die Reise von Gilgamesch und Enkidu erinnern, an den schrecklichen Zorn von Achill über die Ermordung seines Freundes Patroklos, an Davids Liebe für Jonathan, die stärker war als familiäre und politische Bande, an die heroische Selbstaufopferung Olivers für seinen Freund Roland. Zuallermindest mußte man an die neueren Filme denken, wo Männer treu und unverbrüchlich zueinanderstehen – *The Deerhunter (Die durch die Hölle gehen), Butch Cassidy and the Sundance Kid (Zwei Banditen)* und *Breaker Morant.*

»Vielleicht«, murmelte er, »vielleicht bin ich durch die Schwulenszene hier zu sehr beeinflußt.« Er klang nicht sehr überzeugt.

Wir unterhielten uns. Ja, er hatte noch ein paar Freunde. Sah sie nicht mehr oft. Hörte nicht einmal mehr viel von ihnen. Tatsächlich war der Höhepunkt, das, woran er sich wirklich erinnerte, in seinen zwanziger Jahren gewesen. Damals im Westen, wo alle anderen Menschen *echte* Cowboys waren, hatte er mit seinen Freunden die literarische Begeisterung geteilt. Daß sie mitten unter Rehen und Antilopen über Hemingway und Paris sprechen konnten, hatte sie sehr eng verbunden. Er war gerührt vor Erinnerung. Es war lange her.

Ich verließ den Philosophen und ging hinüber in das Gebäude der Naturwissenschaften, um einen weiteren alten Bekannten zu treffen, ebenfalls einen pensionierten Professor, diesen aber in seinem kleinen Labor. Der Tisch war aus stumpfem schwarzen Marmor, der Bunsenbrenner lange unbenutzt, die Wandtafel bedeckt mit mathematischen Berechnungen und Symbolen und – darunter noch sichtbar – verwischte Überreste früherer Gedanken. Auch dieser Mann hatte die höchste Position in seinem Beruf erreicht. Berühmt als Wissenschaftler, war er klein, dick und freundlich, wogegen der erste groß, dürr und herb gewesen war.

Als ich erklärte, weshalb ich gekommen sei, sagte er und wirkte dabei ungewöhnlich distanziert: »Meistens war es der Tod, der mich von meinen Freunden getrennt hat. Sie müssen aufpassen. Natürlich sind Sie sich dessen bewußt, daß man denken wird, Sie schreiben über Homosexualität.«

»Was mich interessiert, ist die Zuneigung zwischen erwachsenen Männern! Sind wir wirklich schon so weit gekommen, daß man Freundschaft unter Männern für etwas Merkwürdiges hält?« Er lächelte sorgenvoll.

Wo immer ich hinkam, überall stieß ich auf das gleiche Mißverständnis. Die groteske Notwendigkeit, gleich am Anfang zu erklären, daß mein Thema nicht die Homosexualitiät ist.

Die heutige Furcht vor der Homosexualität und ihre negativen Auswirkungen auf Männerfreundschaften sind Probleme, über die wir nachdenken müssen, und wir werden darauf zurückkommen. Der Punkt hier jedoch ist, daß der Zustand der Männerfreundschaft – eigentlich fast aller menschlicher Beziehungen – so weit heruntergekommen ist, daß in den Vorstellungen der Menschen nur noch das rein Geschlechtliche übrigbleibt. Scheinbar sind die einzig anregenden menschlichen Beziehungen, die man sich vorstellen kann, erotischer Natur.

Es ist schwer zu beweisen, daß die Freundschaft unter erwachsenen Männern ausgestorben ist, genauso wie sich logisch schwer nachweisen läßt, daß etwas nicht existiert: nirgendwo gibt es eine purpurrote Kuh. Eine kürzlich durchgeführte Umfrage unter den Lesern der Zeitschrift *Psychology Today* (Psychologie heute), angeblich die umfangreichste Befragung amerikanischer Männer und Frauen zum Thema Freundschaft, besagt, daß die Mehrheit derjenigen, die geantwortet haben, mit der Qualität ihrer Freundschaften zufrieden sei. Sie hätten Vertrauen zu ihren Freunden, neigten dazu, sich in Zeiten emotionaler Krisen an sie zu wenden, und glaubten, daß ihre Freunde ihnen mit zunehmendem Alter mehr bedeuten würden. Nach Ansicht der Herausgeber stehen solche Antworten im Widerspruch zu den »Klischees« über die Unpersönlichkeit und Unsicherheit des Lebens in den modernen Städten. Und sie schreiben, die Ergebnisse dieser Umfrage seien »ein kleiner Trost für die Gesellschaftskritiker«.

Vielleicht. Aber wenn man eine solche Umfrage genauer betrachtet, muß man feststellen, daß jene Tausende, die geantwortet haben, dies freiwillig taten. Von den annähernd drei Millionen Lesern, die nicht antworteten, erfährt man nichts. Außerdem war nur ein kleiner Teil derjenigen, die antworteten, Männer, und nur fünfzehn Prozent waren über fünfunddreißig Jahre alt. Vielleicht erklärt das niedrige Alter dieser Freiwilligenstichprobe, weshalb die meisten Kandidaten berichteten, ihre Freundschaften seien vorwiegend in der Kindheit geschlossen worden. Man fragt sich, wie die Dinge ihnen in zehn Jahren oder noch später erscheinen werden.

Tatsächlich sind tiefe Freundschaften zwischen erwachsenen Männern in unserer Gesellschaft ziemlich selten. Sehr interessant in dieser Hinsicht sind die Erkenntnisse von Professor Daniel Levinsons sozialwissenschaftlichem Team in Yale, den Psychologen, Soziologen und Anthropologen, die geduldig über viele Jahre hinweg einen Querschnitt erwachsener amerikanischer Männer untersuchten. In dem Buch *The Seasons of a Man's Life* berichten sie:

In unseren Interviews fiel Freundschaft vor allem dadurch auf, daß sie nicht vorkam. In einer vorsichtigen Verallgemeinerung würden wir sagen, daß enge Freundschaft zu einem Mann oder einer Frau von amerikanischen Männern selten erlebt wird. Dieser Umstand kann durch Fragebogenaktionen oder Massenuntersuchungen nicht hinreichend geklärt werden. Die Unterscheidung zwischen den Begriffen Freund und Bekannter ist oft verschwommen. Ein Mann mag über ein weites soziales Netz verfügen, innerhalb dessen er »freundschaftliche« Beziehungen zu vielen Männern und vielleicht ein paar Frauen unterhält. Im allgemeinen aber haben die meisten Männer keinen echten Freund in der Art, wie sie ihn aus Kindheit und Jugend in stolzer Erinnerung haben.

Hier kommen wir schon näher an eine Definition von echter Männerfreundschaft: »in der Art« wie Männer sie »aus Kindheit und Jugend in stolzer Erinnerung haben«.

Ich habe herausgefunden, daß Freundschaft und besonders die Freundschaft unter erwachsenen Männern etwas ist, das sich mit den analytischen Begriffen wie sie von Wissenschaftsautoren für das Thema aufgeboten werden, nicht beschreiben läßt: »männliche Bindung«, »Vertrauen«, »Intimität«, »Anteilnahme«, »Vertrauter«, »Beistand«. Die Wirklichkeit läßt sich mit solchen Kategorien nicht einfangen, ebensowenig wie mit »Treue«, »Wärme«, »Zuneigung«, »Unterstützung«, »gemeinsame Interessen« und »gemeinsame Aktivitäten« und noch nicht einmal mit »Akzeptanz«, »Selbstoffenbarung« oder »Nähe«.

Trotzdem sind alle diese Begriffe hilfreich, jene subtile Realität, von der wir sprechen, zu beschwören. Das ist oft eine Sache des Tonfalls. Eine Witwe, zweiundsiebzig Jahre alt, erinnert sich: »Mein Mann hatte ein sehr großes Begräbnis. Meine Familie war überrascht und trotz unseres Schmerzes erfreut darüber, wie viele kamen. Über dreihundert Menschen. Da waren die Ehepaare, mit denen wir uns all die Jahre getrofffen hatten. Da waren Menschen, die er von seiner Arbeit kannte, und ein paar Verwandte. Die Mehrzahl waren Männer.

Und doch, wenn ich an diese schreckliche Zeit zurückdenke und an sein gutes Leben, das mehr Sinn und mehr Farbe hatte, als das der meisten, kann ich nicht sagen, daß mein Mann wirklich Freunde gehabt hätte. Sonderbar, nicht wahr, für einen so tüchtigen Mann? Einen, der so beliebt war?«

Während ich meine Interviews fortsetzte, hatte ich Grund zu glauben, amerikanische Männer wüßten nicht mehr, was ein Freund ist. Wenn ich einfach nur nach ihren Freundschaften fragte, bekam ich oft zu hören, es sei alles in Ordnung. Sicher, sie treffen sich mit Leuten, können ihnen einigermaßen vertrauen und können sich einigermaßen auf sie verlassen. Sie verfügen, wie in der Yale-Studie angedeutet, über ein Netz von Beziehungen. Sie sind keine Einsiedler. Aber, wie der Psychologe Abraham Maslow es ausdrückte, das heißt nicht, daß Männer einen Freund auf der Welt haben.

Ich hatte ein längeres Gespräch mit einem Mann, den ich kenne: in den Fünfzigern, geschieden und attraktiv – attraktiv nicht nur für Frauen, sondern für Menschen ganz allgemein. Er lebt inmitten eines weitreichenden beruflichen und gesellschaftlichen Netzwerks von Kontakten. Als Administrator einer humanitären Einrichtung ist er ständig darum bemüht, anderen zu helfen. So macht er Bill mit Joe bekannt, in der Hoffnung, sie würden gemeinsam ein Buch schreiben. Und er macht Arthur mit Harry bekannt, hoffend, die beiden würden ein Projekt in Afrika lancieren. Im Laufe der Zeit bleibt es nicht aus, daß diese Menschen sich sehen – zuerst bei der Arbeit, dann nach der Arbeit, und sie werden Umgang miteinander haben. Der Mann, der das alles in Gang setzte, ist erfreut, und er ist der Nutznießer von mehr und mehr solcher erfolgreichen Kombinationen. Fast jeden Mittag und jeden Abend geht er mit einem »Freund« zum Essen. Da er so viele Menschen miteinander bekannt gemacht hat, sind diese Mittag- und Abendessen zunehmend mit Gesprächen über diese untereinander in Beziehung stehenden Personen ausgefüllt. Mehr als viele andere Menschen in unserer Gesellschaft scheint dieser Mann ein Leben zu führen, das buchstäblich von einem Netz aus Liebe getragen wird, einem Netz, das fünfzig Meilen in jede Richtung reicht und fortwährend mit neuen Knoten aus Zusammenkünften und erfreulichen Gesprächen verstärkt wird.

»Neulich abend ging es mir wirklich elend«, sagte er, während er Zucker in seinen Kaffee rührte. Tatsächlich sah er etwas blasser aus als gewöhnlich, und seine mächtigen Schultern schienen herabzuhängen. »Ich war im Büro, kurz nach fünf, am Freitag, als alle anderen schon nach Hause gegangen waren. Und ich bin einfach umgefallen. Mir war heiß. Dann kalt. Und mein Magen war total verkrampft. Ich konnte mich kaum bewegen.«

»Waren Sie bewußtlos?«

»Nein, ich hatte große Schmerzen.«

»Haben Sie jemanden angerufen?«

»Nein.«

»Ja, und was haben Sie gemacht? Sie hätten jemanden anrufen sollen.«

»Natürlich hatte ich große Angst. Aber ich habe gewartet. Und dann bin ich auf allen vieren die Treppe hinuntergekrochen. Und irgendwie, obwohl es draußen stockfinster war und regnete, schaffte ich es, in den Wagen zu kommen und nach Hause zu fahren. Es ist mir noch nie im Leben so schlecht gegangen. Ich dachte wirklich, ich müßte sterben.«

»Sie hätten jemanden anrufen sollen. Warum haben Sie nicht mich angerufen oder einen Ihrer anderen Freunde?«

»Ich weiß nicht. Ich habe es einfach nicht getan. Und am nächsten Tag war es sowieso vorbei.«

»Wenn so etwas je wieder passiert, müssen Sie mich anrufen. Bitte.« Ich versuchte, ihn dazuzubringen, mir in die Augen zu sehen und ja zu sagen.

»Bestimmt«, sagte er, aber ich glaubte ihm nicht.

Wie sonderbar, wenn es zum Äußersten kommt, ruft er nicht an. Hat dieser Mann einen Freund?

Weil viele Amerikaner so locker über ihre Freundschaften reden, rufen Gesellschaftskritiker uns gerne wieder zur Ordnung. Romanschriftsteller zum Beispiel zwingen uns, über die traditionellen Definitionen der Freundschaft nachzudenken und unsere eigenen Beziehungen daran zu messen. Nehmen wir aus Joseph Hellers *Gut wie Gold* die folgende Unterhaltung zwischen zwei Männern, die sich seit fünfundzwanzig Jahren kennen und nun gemeinsam auf höchster Regierungsebene arbeiten:

»Du hast wohl recht, Ralph. Nicht unsere gesellschaftliche Stellung sollte bestimmend sein, sondern unsere Freundschaft. Mein schwedischer Verleger hat einmal Freundschaft für mich definiert. Der ist Jude, Ralph, und als Kind hat er unter Hitler in Deutschland gelebt, bis die Familie flüchten konnte. Der sagte mir, er kenne nur eine Art, einen Freund zu prüfen: ›Würde er mich verstecken?‹ lautet die Frage, die er sich stellt. Auch ich würde meine Freunde auf diese Art prüfen, wenn es sein müßte. Also, Ralph, würdest du mich verstekken, falls ein Hitler käme?«

Diese Frage setzte Ralph in Verwirrung . . . »Junge, Junge, Bruce«, sagte er hastig, »wir sind doch keine Freunde . . .«

Gold mochte nicht zeigen, wie sehr ihn das traf. »Früher hast du bei mir abgeschrieben, Ralph, da standen wir uns recht nahe.«

»Das war auf dem College, Bruce, und mir lag sehr daran, die Prüfungen zu bestehen. Jetzt aber handelt es sich bloß um Regierungsämter, und da hat man keine Freunde, nur Interessen und Ehrgeiz.«

Liebst du deinen Freund genug, um für ihn dein Leben aufs Spiel zu setzen? Das ist die Art von Fragen, durch die man allzu oberflächliches Gerede über »echte« Freunde schnell ins rechte Licht rücken kann.

So nützlich Hellers Frage ist, stellt sie für meine Begriffe per se doch keine absolute Definition der Freundschaft zwischen Männern dar. Denn es kann durchaus sein, daß die Menschen, die einen tatsächlich vor den Nazis und ähnlichen Ungeheuern retten würden, gar keine Freunde sind, sondern schlicht gute, anständige Leute. Außerdem ist die durch die Frage erhobene Definition einfach zu verhaltensorientiert. Viele Menschen neigen dazu, Freunde ausschließlich nach Begriffen des Verhaltens zu definieren: Wie oft *sieht* man sie? Würden sie einem *helfen*? Kann man sich auf sie *verlassen*? Durchaus wichtige Fragen. Aber Freundschaft hat oft überhaupt nichts mit äußerem Verhalten zu tun. Sie ist vielmehr etwas Subtiles und Seelisches, eine Reihe von inneren Regungen und Reaktionen.

Versuchen wir es also mit einer anderen Frage.

Sie sind ein erwachsener Mann, etwas über dreißig. Es ist Nacht. Sie haben sich ins Bett gelegt. Mit der Vorsicht, die sich ab einem gewissen Alter einstellt, schließen Sie die Augen. Sie haben längst aufgehört, sicher zu sein, daß sie sich von selbst schließen werden. Nun beginnen die Gedanken ihr gewohnheitsmäßiges Programm: das Aussortieren, Einsortieren und Inventarisieren der Erlebnisse des Tages. Was war heute? Was wird morgen sein? Sind Sie den Aufgaben gewachsen? Liebt Ihre Frau Sie noch? Ist mit den Kindern alles in Ordnung?

Wenn Sie so daliegen, auf die innere Ruhe warten, den Tag an sich vorbeiziehen lassen, an morgen, Frau und Kind denken, denken Sie dann auch genauso automatisch an Ihren Freund? Denken Sie daran, mit welcher Freude Sie ihn morgen sehen werden? Wie enttäuscht Sie sein werden, wenn Sie ihn nicht sehen? Fragen Sie sich, wie er mit *seinen* Familienproblemen zurechtkommt?

Wenn Sie wirklich einen Freund haben, ist sein Bild Teil jenes Karussells von Fahrzeugen und Tieren, das am Eingang Ihrer persönlichen Unterwelt erscheint. Wie einst Odysseus warten Sie darauf, den großen Achill zu sehen, den Sie kannten. Wenn an solchen Nahtstellen des Lebens, wie dem Raum zwischen Wachen und Schlaf, Ihr Freund bei Ihnen ist, in Ihrer Vorstellung, dann haben Sie einen Freund. Wenn nicht, wenn ein Freund dort selten auftaucht, dann ist es gleichgültig, wie oft Ihnen jemand einen Gefallen tut, wie viele Runden Golf Sie mit ihm spielen oder wie sehr Sie sich gegenseitig bei der Arbeit helfen.

Bei Shakespeare finden wir den Ausdruck für diese entscheidende Dimension der Freundschaft. Als Hamlet im Sterben liegt, fleht er Horatio an, er solle weiterleben: »Wenn du mich je in deinem Herzen trugst, / Verbanne noch dich von der Seligkeit / Und atm' in dieser herben Welt mit Müh', / Um mein Geschick zu melden.« Mehr als alles andere ist Freundschaft jene innere Haltung, jemanden, der weder Gatte noch Verwandter noch Lehrer noch Geliebter ist, im Herzen zu bewahren.

Wir müssen hier beachten, daß wir nicht über Männer in Gruppen sprechen; Freundschaft ist wählerischer und persönlicher, fast immer zu zweit. Und wir sprechen nicht über jene aufregenden, manchmal tiefen, doch notwendigerweise vergänglichen Beziehungen, die sich aus einem besonderen gesellschaftlichen Zusammenhang ergeben: Kameraden in denselben politischen oder religiösen Debatten und Kämpfen, Mit-Ideologen, Teamgefährten, und auch nicht über jene Bindungen, die aus gemeinsam durchlebten Gefahren entstanden sind. Viele Menschen glauben, daß Männer in gefährlichen Berufen Freunde hätten, doch gewöhnlich endet die aktive Freundschaft, sobald die Gefahr vorüber ist; an ihre Stelle tritt ein Gefühl sentimentaler Erinnerung. Natürlich kann unter all den geschilderten Umständen manchmal auch Freundschaft entstehen, doch letztendlich ist sie unabängig davon. Freundschaft ist sich selbst genug.

Es gibt, wenn Freunde beisammen sind, besondere Erfahrungen, vielleicht so unterschiedlich in ihren Einzelheiten wie die Männer, die Freundschaften schließen können –, die uns dem Wesen der Beziehung etwas näher bringen. Ich sprach mit einem Mann in den Fünfzigern, der viele Höhen und Tiefen erlebt hatte, einem Schriftsteller, dessen Werk durch seine erschreckenden Ausflüge in die dunkleren Seiten des Lebens gekennzeichnet ist: eine schreckliche Qual des Menschseins. Dieser Mann, mit seinem von tiefen Sorgenfalten durchfurchten Gesicht, hat seine ganz eigenen Erfahrungen mit Freundschaft, die, wie er sagt, mit zunehmendem Alter in seinem Leben immer seltener geworden sei, und er fügt hinzu:

Ich glaube, Menschen, die eine echte Freundschaft entwickeln, sind irgendwo ganz tief verletzt worden und begeben sich unbewußt an den geeignetsten aller menschlichen Orte, um dort Heilung zu finden. Indirekt und oft schwer erkennbar hat Freundschaft in ihrer höchsten Form mit tiefem Leiden und tiefer Kränkung zu tun; blankes Entsetzen über die Vereinsamung, in die einen eine Gesellschaft zwingt, die offenbar wenig echtes Interesse an menschlichen Werten besitzt. Wenn also Menschen aufeinander zugehen und sich Liebe entgegenbringen, entsteht etwas wie ein tiefer Heilungsprozeß. Echte Freundschaft ist demnach eine Art göttlicher Akt, der zwei Menschen befähigt, Gefühle zu teilen und Gefühle zu haben, die das Leben ihnen fortwährend versagt. Sie ist eine Möglichkeit, das Leben zu überlisten, das einen ohnehin ständig einholt, egal wie reich oder wie schlau man ist . . . Sie ist die einzige Chance, die du hast, dich nicht unterkriegen zu lassen. Es erfordert all deinen Glauben an die Möglichkeit, daß du mit jemandem auf Wasser wandeln kannst, einzig und allein auf Grund der elektrischen Entladung der Liebe. Es ist wie ein Wasserstrahl, auf dem du schwebst.

Ein etwas jüngerer Mann, ebenfalls in mittleren Jahren, ein stämmiger Psychotherapeut mit vielen Kindern, beschreibt, was Freundschaft für ihn ausmacht:

Ein tiefes und kraftvolles, sanftes und entspanntes Gefühl, daß man einfach gemeinsam atmet. Und starke Momente, wenn das Gehirn um eine gemeinsame Idee in begierige Aufregung gerät. Eine Vertrautheit, die bis in die Eingeweide reicht, etwa wie wenn man ein herrliches Mahl gemeinsam genießt. Essen, um satt zu werden, ohne Konkurrenz; einfach eine Art Befriedigung auf allen Ebenen. Ganz sanft. Zwei Kameraden, die auf einem Felsrand sitzen und auf den Ozean blicken oder einen herrlich unbeschwerten Bummel durch eine Stadt machen. Da ist keine Spur von Gefahr, Mißtrauen oder Bedrohung. Das einzige, wovor man auf der Hut ist, wenn überhaupt, wäre etwas zu sagen, das wehtun könnte.

Solche Beschreibungen helfen uns, die Erfahrung der Freundschaft wachzurufen und uns an ihre Seltenheit zu erinnern. Doch es bleibt die weitere Frage: Worin besteht die besondere Bedeutung der Männlichkeit im Erleben von Freundschaft? Viele Menschen, ganz besonders in unserer emanzipierten Zeit, sind der Ansicht, die Idee einer Unterscheidung zwischen männlicher Freundschaft und einer Freundschaft zwischen den Geschlechtern oder zwischen Frauen entbehre jeder Realität. Doch obgleich das männliche Element in Männerfreundschaften letztendlich ungeklärt bleiben muß, können wir einige seiner Aspekte aufzeigen.

Es gibt einen besonderen Hintergrund, vor dem die Vertrautheit gesehen werden muß, die man mit einem engen männlichen Freund erlebt: die übliche Rivalität und das Konkurrenzverhalten, Mann gegen Mann. In der modernen Wettbewerbsgesellschaft werden alle Männer mehr oder weniger als potentielle Feinde angesehen. In der Schule sind sie Konkurrenten. Auf dem Sportplatz sind sie Konkurrenten. Nach dem Schulunterricht sind sie potentielle Aggressoren. Wenn wir erwachsen werden, konfrontieren sie uns mit ihrer Kritik und ihrem Taktieren um Positionen in den Hierarchien von Macht, Geld, Berühmtheit, Leistung und um die Eroberung von Frauen. In den Bürokratien, in denen die meisten von uns arbeiten, liegen Männer auf der Lauer, vielleicht um zu helfen, vielleicht um uns zu hintergehen und unseren Platz einzunehmen. In den Bürokratien, mit denen wir zu tun haben – Finanzämtern, Kraftfahrzeugstellen, Krankenkassen –, kann der fremde Mann uns als Objekt, als lästiges Individuum oder als potentiellen Missetäter ansehen. Auf der Straße, in dem schweren Stahlpanzer seines Automobils, ist der andere Mann stets auf dem Sprung, uns zu überholen oder den Weg abzuschneiden. Wir leben unser Leben in einer Welt von fremden, scheinbar zahmen, doch, wie wir wissen, potentiell gefährlichen Männern.

Die meiste Zeit ignorieren wir die Gefahr; wir lächeln und bleiben freundlich, machen schüchterne Gesten der Unterwerfung oder setzen uns durch, wir behalten unseren Humor, wir kommen durch. Aber ein Maßstab unserer tiefen gewohnheitsmäßigen Anspannung sind die besondere Entspannung und Lockerheit, die wir mit einem Freund empfinden. Diese unterscheiden sich von der Wohligkeit, die uns eine Geliebte zu geben vermag, auch wenn alle Instrumente der Welt, angeschlossen an Herz und Gehirn, es schwer hätten, den Unterschied zu messen. Mit einem Freund erleben wir eine heitere Erregung, eine Lässigkeit, die körperliche Entspannung bringt.

Angesichts solcher Empfindungen müssen wir zugeben, daß Wilhelm Reich gar nicht so verrückt war, wenn er von männlicher »Körperpanzerung« sprach. Er beschrieb, wie die geschmeidigen Körper kleiner Buben sich allmählich zu schweren Gewebeschichten verhärten, zu erwachsenen Brustplatten, einer tiefen und permanenten Festigkeit und Spannung von Hals, inneren Organen und Schenkeln, auch wenn der betreffende keinen Sport treibt. In Gegenwart eines echten Freundes schmilzt diese starre Panzerung für Augenblicke dahin. Der Atem geht langsamer und tiefer. Der Rücken entspannt sich, und kaum merklich entspannen sich sogar die Hoden. Sicherheit. Die Sicherheit, die aus der unmittelbaren Erfahrung kommt, daß dieser eine von allen Männern keine Bedrohung darstellt. Und daß dieser Mann, im Falle eines Angriffs, buchstäblich deinen Arsch schützen würde, so wie du den seinen schützen würdest.

Normalerweise sind diese Gefühle und Empfindungen unbewußt, doch sie werden trotzdem erlebt. Ein etwa sechzigjähriger Psychologe, der sowohl zu seiner Frau als auch zu einem Freund eine ungewöhnlich tiefe Beziehung hat, hat sich eingehend mit der Frage befaßt und kam zu dieser sehr bildhaften Unterscheidung: »Bei Cynthia denke ich, ›Sie wird in allem zu mir stehen, Schulter an Schulter‹, aber bei Michael denke ich, ›Rücken an Rücken – er hilft mir, Rücken an Rücken zu kämpfen‹.«

Ein kerniger Armeeoberst sagt mir, »Sie wissen, wie oft man im tiefsten Frieden und an friedlichen Orten, etwa im Restaurant, einen Platz wählt, wo man mit dem Rücken zur Wand sitzt und dem Gesicht zur Tür? Das ist instinktiv, unbewußt und primitiv. Und es sind keineswegs nur Soldaten, die das tun – ich habe das bei Börsenmaklern, Rechtsanwälten, bei vielen Menschen bemerkt. Ich denke, ein Aspekt von Männerfreundsdchaft ist das Gefühl, daß einem der Rücken gedeckt wird.«

Es gibt noch weitere Möglichkeiten, die maskulinen Dimensionen der Freundschaft zu beschreiben. Einem anderen Mann voll zu vertrauen, heißt, das Vergnügen zu erleben, wie unsere Erwartungen sich ändern, von Rauheit hin zu Sanftheit und Frieden. Wenn wir uns andere Männer in physischer Hinsicht vorstellen, erscheinen sie uns gewöhnlich als zottige Kreaturen mit Stoppelbart und rauher Haut, die nichts gemein haben mit den Frauen, nach deren Berührung uns verlangt. Tatsächlich ist uns die physische Anziehung, die Frauen für andere Männer empfinden, ein Rätsel. Wir schrecken vor dem Anblick des erwachsenen Körpers anderer Männer zurück, wie wir oft vor unserem eigenen zurückschrecken. Wie der Dichter Delmore Schwartz es ausdrückte, sind wir angeekelt von »the heavy bear that goes with me, a manifold honey to smear his face« (dem tapsigen Bär, den ich in mir habe, das Gesicht mit Honig verschmiert). In einer tiefen Freundschaft sind diese kulturbedingte Abneigung gegen die Männlichkeit und die Entfremdung davon, die immer auch ein gewisses Maß an Selbstentfremdung bedeutet, von einem Augenblick zum anderen verschwunden.

Das muß nicht heißen, daß Freunde sich überhaupt je berühren. Wir sind vielmehr in einer Freundschaft von der inneren Schönheit des anderen Mannes trotz der unwillkürlichen Abneigung gegen die äußere Erscheinung, angezogen. Wir sind angetan von seinem Geist, vom Ausdruck seiner Augen, der uns das Gefühl gibt, gesehen zu werden. Uns gefällt seine augenscheinliche Sanftmut, seine Direktheit, sein Mut. Wir mögen seine Energie, eine männliche Kraft, die wir teilen und die uns aufrichtet, wenn das Leben uns niederzudrücken scheint. Hinter dem zottigen Tier-Äußeren, der bedrohlichen Andersartigkeit, die auch unser eigenes körperliches Selbst ist, finden wir ein Herz, das mit dem unseren schlägt, einen Gleichklang im Denken, ein Verständnis, das dieselbe Männlichkeit miteinschließt, die zu oft im Leben eine Last ist.

Ein Polizeidetektiv in mittleren Jahren rührt an die tiefe Bedeutung dieses Wissens. »Eines der Geheimnisse, das ich mit meinen jetzigen Freunden teile, ist, daß wir alle die Initiation der Reife bestanden haben. Wir alle mußten bestimmte Dinge tun, um unabhängig zu werden, und wir wissen um die Erfahrungen. Die schmachvollen, die wertvollen und das Zerbrechen unserer Illusionen. Man erkennt das in dem anderen Mann, ohne es je auszusprechen, und man baut darauf.«

Ein Aspekt des erfreulichen Kerns der Männerfreundschaft besteht demnach darin, schon in der Vorstellung die ständige Angriffshaltung zu überwinden. An deren Stelle tritt das gemeinsame Wissen um Siege und Niederlagen, zusammen mit einer fürsorglichen und schlichten Akzeptanz der Männlichkeit des anderen.

Diese Erfahrung geschlechtsspezifischer Vorsicht und Abneigung, um dann doch ein Risiko einzugehen und schließlich friedlich beisammenzusein, wird in jeder echten Freundschaft sich stets wiederholen. Wenn dies geschieht, haben wir das Gefühl, uns zu kennen. Selbst das Tier, das unser gemeinsames Schicksal ist, ist vertraut. Und auf irgendeine sonderbare Weise erlösen wir das Tier gemeinsam, und aus Freude darüber, Männer zu sein, können wir tanzen und schreien – oder wir könnten, wenn derartige Freudenausbrüche in unserer Welt gestattet wären.

Dann, aus keinem tieferen Grund als der Vergänglichkeit aller menschlichen Befriedigung, ist die Erfahrung verloren, und wir sind wieder isoliert, stehen wieder einem fremden Mann gegenüber.

Dieser Vorgang hat nichts außergewöhnliches an sich; und bis zu einem gewissen Ausmaß kann er an den allergewöhnlichsten Orten passieren und Männern widerfahren, die nur flüchtige Freunde sind. Sie sind etwas zu früh in dem Restaurant erschienen, wo Sie sich mit einem Freund zum Essen verabredet haben. Sie sitzen an dem gedeckten Tisch und spielen mit dem Besteck. Die Tür geht auf, und Sie schauen hoch. Ein Mann tritt ein. Im ersten Moment scheint es nur irgendeine männliche Silhouette zu sein. Sie bleiben gewappnet. Als er näher kommt, erkennen Sie Ihren Freund, aber Sie sind sich nicht sicher, ob er gut gelaunt ist oder nicht. Die Panzerung bleibt bestehen. Sie lächeln, erheben sich von Ihrem Stuhl, Sie strecken die Hand aus, um seine Hand zu ergreifen, Sie bleiben unauffällig kritisch, um herauszufinden, ob alles in Ordnung ist. Jetzt, vielleicht, nehmen Sie den Panzer ab, lassen ihn – ganz oder teilweise – fallen. Oder vielleicht belassen Sie es bei einem Lächeln und lenken ab mit einem »Hallo, wie geht's, wie lange hast du Zeit, vielleicht sollten wir bestellen, der Lachs sieht gut aus . . .« Bis es paßt, falls es – irgendwie, vielleicht nach ein paar Drinks – überhaupt paßt, und Sie durch einen unmerklichen Prozeß sich plötzlich vertraut sind. Aber dann, während des Essens, kann es passieren, daß Sie sich – innerlich – wieder versteifen, wegen etwas, das er gesagt hat oder wovon Sie meinen, er hätte es gesagt, und Sie strecken innerlich ihre Arme aus, um ihn abzuwehren. Am Ende, wenn er – genau wie Sie – davoneilt, werden Sie ihn mit kaum verhohlener Bitterkeit abschreiben, weil er Sie abgeschrieben hat, oder zumindest müssen Sie wieder ein echter Mann sein, hart und sprungbereit. Das Essen ist vorüber. Das Gespräch ist vorbei. Das Spiel ist beendet.

Die Erfahrung, einem anderen Mann auf diesem sicheren inneren Terrain zu begegnen, ist etwas so Besonderes und Wichtiges, daß Männer sich äußerst merkwürdigen Possenspielen unterziehen, um das zu erleben. Zahlreiche Kommentatoren haben sich abschätzig über den Umstand geäußert, daß insbesondere amerikanische Männer es scheinbar nötig hätten, sich im Umgang miteinander rauhbeinig aufzuführen. Die Kritik bezieht sich auf das Puffen, den sprichwörtlichen Schlag auf die Schulter, das ironische Witzeln und das kämpferische Gebaren, wenn Männer einander treffen.

Wir alle kennen dieses derbe Frotzeln und Knuffen, auch wenn es nun langsam aus der Mode kommt. Aber was hat es zu bedeuten? Ist es einfach eine Absage an die Zärtlichkeit, ein Verbergen sanfterer Gefühle? Es ist genau das und paradoxerweise auch das Gegenteil. In unserer Kultur, in der es einfach nicht üblich ist, daß erwachsene Männer sich ihre Zuneigung offen zeigen, beschwören manche Männer ihre freundschaftlicheren Gefühle, indem sie sie scheinbar leugnen. Das führt manchmal zu einer Dramatisierung, fast einer Parodie des üblichen kämpferischen Verhaltens zwischen rivalisierenden Männern, was zu einem echten Kontakt führen kann.

Joseph Heller erzählt, daß er zu seinen Freunden niemals sentimentale Dinge sagt, beispielsweise daß er sich um sie sorgt. Männer tun das nicht, betont er; es wäre nicht angebracht. Eher macht er sich über sie lustig. Wenn sein Freund, Mel Brooks, ihn für einen Artikel interviewt und zu einer langen Frage anhebt, in der Brooks offensichtlich darum ringt, seine eigenen Ideen zu formulieren, antwortet Heller, »Oh, Mel, aber was *du* denkst, interessiert doch keinen.«

Hellers Angriff ist gespielt. Er beabsichtigt nicht, wehzutun. Der Schlag wird als Reiz genommen, wie das sprichwörtliche Schulterklopfen, und wie durch eine Art magnetischer Anziehung des Gegenpols entsteht dadurch ein Gefühl von Intimität und Entspanntheit. Wir kämpfen nicht *wirklich,* wir sind ja Freunde. Natürlich. Erst wenn genug Püffe gewechselt sind, gemildert durch reichlich Alkohol, kommen solche Männer zu den freundlicheren Gefühlen, die sie nur schwer ausdrücken können. Und es gibt manche Männer, die einem einfach nicht trauen, bevor sie nicht körperlich oder sonstwie mit einem gekämpft haben. Sie müssen den Panzer hervorkehren, müssen ihn gebrauchen, bevor sie sich gestatten können, ihn abzulegen. Die berühmte Ringkampfszene in *Women in Love* (Liebende Frauen) von D. H. Lawrence ist von dieser Art.

Es gibt noch andere Aspekte des maskulinen Ausdrucks der Freundschaft – die Freude an Wildheit oder gemeinsamen Aktionen zum Beispiel –, die von einer zu straff organisierten Gesellschaft häufig frustriert werden. Ein Aspekt der besonders wichtig erscheint, ist die Bewunderung, die enge Freunde füreinander empfinden. Während das moderne Leben zumeist von uns fordert, bereit zu sein, miteinander zu wetteifern (und uns damit ständig zwingt, andere herabzusetzen, zu kritisieren, nach Schwächen zu suchen), erlaubt uns die Freundschaft, den anderen ganz offen zu schätzen. Wenn Männer, die enge Freunde haben, oder Männer, die in ihrer Jugend enge Freunde hatten, über diese reden, leuchten ihre Augen, erhellt sich ihr Gesicht, und ohne zu erröten, preisen sie die Qualitäten des anderen, seinen Charakter, seine Stärke, seinen Mut, seine Gewandtheit, seine Intelligenz, seinen Humor, seine Großzügigkeit. Diese Wertschätzung an sich ist schon eine wohltuende Befreiung für unseren ansonsten frustrierten Gerechtigkeitssinn, indem sie die höchsten Ideale traditioneller Männlichkeit ausdrückt. Und weniger selbstlos und wie durch Magie fügen wir durch die Bindung, die wir empfinden, die Qualitäten, die wir bewundern, in unseren unbewußten Phantasien den unseren hinzu.

Dies sind einige der besonderen Aspekte enger Männerfreundschaft: bereit zu sein, für einen anderen ein Risiko einzugehen; sich bei ihm entspannen zu können, sich sicher zu fühlen; mit dem Konkurrenzdenken aufzuhören, mit der Entfremdung und der Selbstentfremdung; darüber Freude zu empfinden, andere Männer gerecht beurteilen zu können; das Gefühl, die eigene Vitalität und das Selbstwertgefühl zu steigern; und vor allem, den Freund im Herzen zu bewahren.

2 Der Verlust der Vertrautheit in unserer Zeit

Ich muß ganz offen zugeben, daß ich nur langsam und oft qualvoll zu einem Verständnis der Männerfreundschaft gelangte. Ich hatte schon ein ganzes Jahr mit der Suche zugebracht, bevor mir der Gedanke kam, ein Buch über das Thema zu schreiben und ich den Cowboy-Akademiker interviewte. Und dann dauerte es noch beinahe ein zweites Jahr, bis ich einigermaßen wußte, wonach ich persönlich eigentlich suchte.

Während dieser ersten beiden Jahre setzte ich meine persönlich motivierte Suche nach tieferen Freundschaften mit alten Bekannten und auch mit einigen neuen Männern fort. Zur gleichen Zeit, und teilweise wegen meiner eigenen Suche, sah ich mich gezwungen, mich auch mit unpersönlichen Fragen zu beschäftigen. In meinem Bemühen um bessere Beziehungen stieß ich auf viele unerklärliche Hindernisse. Das Unternehmen gestaltete sich bisweilen so schwierig, daß ich manchmal selbst an seiner Berechtigung zweifelte. Und mehr als einmal kam mir der Gedanke, irgendetwas könne mit mir nicht stimmen, weil ich etwas wollte, was nur fünf Prozent aller amerikanischen Männer besaßen. Ich machte mir schon Sorgen, daß ich ein für einen modernen Mann ziemlich ungewöhnliches Bedürfnis nach Vertrautheit hätte.

Aber schließlich, was ist ein »Mann« heutzutage?

Jemand, der allein steht, unabhängig von allen Bindungen. Von einem Mann wird erwartet, daß er in den späten Teenagerjahren oder in den Zwanzigern seine unreifen Kumpel aufgibt, um sich seinem Job zu widmen, zu heiraten und seriös zu werden. Sollte er in seinem Leben etwas vermissen, so erwartet man, daß er sich keine Gedanken darüber macht, daß er stoisch über seine Enttäuschungen hinwegsieht. Unsere Gesellschaft scheint der Meinung zu sein, ein echter Mann brauche und wolle niemanden – außer vielleicht eine Frau. Und selbst sie könne temporär sein.

Während ich solche Zweifel hegte und darunter litt, bekam ich glücklicherweise durch meine Lektüre und durch die Interviews, die ich im zweiten Jahr machte, eine klarere Vorstellung von der historischen Normalität des Bedürfnisses nach engen menschlichen Bindungen und auch eine Einsicht in die vielen Gründe für das gegenwärtige Aussterben der Männerfreundschaft. Zwar konnten diese Erkenntnisse den Schmerz meiner Selbstzweifel nicht vollständig verdrängen, doch sie bestätigten, daß das Bedürfnis nach Vertrautheit so alt ist wie die menschliche Kultur und daß die Schwierigkeiten, die ich erlebte, zumindest teilweise das Ergebnis weitgreifender neuer gesellschaftlicher Kräfte waren. Der Niedergang der Freundschaft in unserer Zeit muß vor dem Hintergrund des Rückganges von Intensität und Nähe in allen menschlichen Beziehungen gesehen werden.

Wir haben vergessen, wie nahe Menschen einander früher waren. Intimität, die wir heute nur noch mit dem mehr oder minder gelegentlichen Geschlechtsverkehr in Verbindung bringen, war in der Tat die normale Lebensform für die meisten Menschen. Zu glauben, das Bedürfnis nach einer Beziehung wie Männerfreundschaft sei etwas Merkwürdiges und darin etwa eine mangelnde Bereitschaft zu sehen, auf eigenen Füßen zu stehen, hieße, unsere Natur und unser Erbe zu leugnen. Denn bis vor nicht allzu langer Zeit, allerhöchstens zweihundert Jahre, wurde man in die Intimität hineingeboren, lebte und arbeitete in ihr und starb in ihr. So gesehen war vor unserer heutigen Zeit niemand je alleine.

In einigen abgelegenen Teilen Europas, besonders in römisch-katholischen und südlichen Gegenden, wird diese historische Intimität bis zu einem gewissen Grad noch heute gelebt. Aber das erste Beispiel hierfür kommt aus dem nördlichen England des Jahres 1619: das Leben einer typischen Bäckerei, wie es von dem Historiker Peter Laslett beschrieben wurde. Dreizehn Menschen gehörten zu dem Betrieb: der Bäcker, seine Frau, vier bezahlte Angestellte, die sogenannten Wandergesellen, zwei Mägde, zwei Lehrjungen und die drei Kinder des Bäckers. Sie alle nahmen jede Mahlzeit gemeinsam ein; niemand ging abends nach

Hause; tatsächlich durften dem Gesetz nach nur die Wandergesellen außerhalb wohnen. Alle waren Abhängige des Bäckers:
alle, selbst die Kinder, arbeiteten zusammen innerhalb des Haus-
halts. Und dies war durchaus nicht bloß ein kommerzielles
Unternehmen: *Familie* war das einzige Wort, das man zur
Bezeichnung einer solchen Gruppe von Menschen gebrauchte.

Ich will damit die alten Sitten keineswegs idealisieren. Für den
modernen Menschen hat der Gedanke, lebenslang in einer einzi-
gen Familie eingesperrt zu sein – mit denselben Gesichtern, an
demselben Ort, in demselben Gewerbe, ohne Abwechslung und
persönliche Freiheit – bestimmt seine Schrecknisse. Und gewiß
war eine solche Einrichtung nicht frei von Tyrannei, Ausbeutung, Eifersucht und Spannungen. Das Leben damals war hart,
und im allgemeinen waren menschliche Beziehungen nicht durch
Zärtlichkeit gekennzeichnet, noch hatten die Menschen ein allzu
ausgeprägtes Feingefühl. Aber wie der Sozialhistoriker Philippe
Ariès bemerkt: obwohl unsere Vorfahren in einer Art Promiskui-
tät lebten, war es doch auch eine Ordnung gegenseitiger Unterstützung, eine Ordnung, die zwar den Haß keineswegs aus-
schloß, doch es war eine Art von Haß, die der Liebe ähnelte. Ein
Leben sozusagen Wange an Wange, ganz eng, ein extrem eng-
maschiges Gewebe.

Die Erinnerung an diese Nähe steckt uns noch immer in den
Knochen. Zwar würde kaum einer von uns sich wünschen, unter
den vorindustriellen Bedingungen zu leben, doch wir spüren den
Verlust dieser Intimität trotz der heute verbreiteten Ansicht, daß
das Bedürfnis nach tiefer Vertrautheit etwas Merkwürdiges
sei.

Barbara Tuchman, die Autorin von *A Distant Mirror,* beschreibt
einen weiteren Aspekt des traditionellen Zusammenlebens in
Westeuropa.

Das Leben im Mittelalter war ein Leben im Kollektiv, das sich in
unzähligen Gruppen, Orden, Vereinigungen und Bruderschaften
abspielte. Nie war der Mensch weniger alleine. Selbst in den
Schlafzimmern schliefen die Ehepaare oft zusammen mit ihren
Kindern und ihren Knechten. Alleinsein und Zurückgezogenheit gab

es nur für Eremiten und Einsiedler. Und wie die Adeligen ihre Ritterorden hatten, so hatte der einfache Mann die confrèrie oder Bruderschaft seiner Zunft oder seines Dorfes, die ihn in allen entscheidenden Situationen des Lebens umgab... Mit einer Mitgliederzahl von gewöhnlich zwanzig bis einhundert Männern ... begleiteten sie ein Mitglied bis an die Stadttore, wenn es auf Pilgerschaft ging, und sie trugen ihn zu Grabe, wenn er starb. War ein Mann zum Tode verurteilt, so geleiteten seine Mitbrüder ihn zum Schafott. Ertrank er durch ein Unglück, wie in dem Fall in Bordeaux, so suchten sie in der Garonne drei Tage lang nach seiner Leiche.

Sie führten religiöse Schauspiele auf und veranstalteten an Festtagen kostümierte Umzüge. Im heutigen Europa werden pittoreske Überbleibsel dieser Traditionen für Touristen vorgeführt, aber man kann sich die Intensität und Bedeutsamkeit solcher Anlässe in den geschlossenen Gemeinden des vierzehnten Jahrhunderts vorstellen. Die confrèries hatten ihre Schutzpatrone, ihre Riten und Schwüre, ihre alle miteinschließende Geselligkeit und ihre Reibereien.

Selbst in den normalen Hierarchien feudaler Beziehungen – ob zwischen Bäcker und Wandergesell oder Bauer und Herr – wurde die Bindung zwischen den Menschen nicht vorwiegend als eine rein wirtschaftliche angesehen. Man arbeitete nicht nur für seinen Herrn, man mußte auch für ihn kämpfen, und er hatte einen zu beschützen. Wie Marx bemerkte, geschah der ökonomische Austausch auf der Ebene persönlicher Beziehungen.

Wieviel an Intimität wir Heutigen verloren haben, besonders im Hinblick auf die freundschaftlichen Bindungen zwischen Männern, führt uns der Anthropologe Robert Brain in einer hervorragenden Studie vor Augen. In seinem Buch *Friends and Lovers* (Freunde und Liebende) führt er uns über das westliche Mittelalter hinaus zurück in kulturgeschichtliche Zeit, zu den üblichen Lebensgewohnheiten älterer Gesellschaften. Bei den Bangwa in Afrika beispielsweise ist es üblich, daß junge Männer, die befreundet sind, sich stundenlang bei der Hand halten, wenn sie gemeinsam über den Markt schlendern... Mit zunehmendem Alter gewinnen auch die Freundschaften an Bedeutung – die

Älteren sitzen mit ihren Freunden herum, schwatzen über dörfliche Angelegenheiten oder den Ärger mit einer eigensinnigen jungen Ehefrau. In dieser Gesellschaft genießt der beste Freund eines Mannes sogar das Privileg, mit dessen Ehefrau auf einer Bank sitzen zu dürfen, was einem anderen sofort als Ehebruch ausgelegt werden würde. Andererseits hat der beste Freund endlose Pflichten und Obliegenheiten: er muß seinen Freund bei dessen Verehelichung unterstützen, hat bei seinem Begräbnis als einer der Hauptleidtragenden aufzutreten und muß nach dessen Tod seinen Besitz verteidigen.

Solche historischen Muster von Männerfreundschaften sind nahezu universell. Man findet sie in Eingeborenenkulturen in Afrika, in Polynesien, in Melanesien und in Südamerika. Sie sind typisch für den Menschen.

Aber wenn Intimität und Freundschaft zu den Normen des menschlichen Lebens gehörten, so werden solche Beziehungen, die nicht nur zwischen besten männlichen Freunden existieren, sondern zwischen allen Arten von Verbindungen – Vätern und Kindern, Ehemännern und Ehefrauen, Onkeln und Nichten, Besitzenden und Arbeitern –, von der modernen Zivilisation unbarmherzig unterminiert.

Wirtschaftstheoretiker, wie Karl Marx, machen dafür vor allem die Ausbreitung der Marktwirtschaft verantwortlich. Die Arbeitskraft wurde zu einer Handelsware degradiert. Man kauft die Zeit des anderen. Der Mensch als Individuum ist nicht mehr der geliebte oder auch gehaßte Vertraute; er wird zu einem Wirtschaftsfaktor. Sein Wert schwankt gemäß den Regeln eines unpersönlichen Marktes: sein Wert dem Nächsten, den anderen und sich selbst gegenüber. Folglich will er mobil werden, um möglichst schnell dorthin zu gelangen, wo sein Wert am höchsten ist und wo er am meisten für seine Arbeitskraft bekommt.

Je größer die Möglichkeiten eines Ortswechsels werden, um höhere Löhne zu erzielen – oder je größer die Notwendigkeit wird, den Ort zu wechseln, wenn Arbeitsmärkte sich verlagern –, desto beweglicher muß das Intimleben werden. Die Folge davon ist, daß wir nur noch den Ehepartner oder die Kleinstfamilie mit uns nehmen können und daß alle anderen Bindungen, wie die Großfamilie oder Freunde, an Bedeutung verlieren.

Schon 1894 sah der große französische Soziologe Emile Durkheim die weitreichenden Folgen dieser neuen Mobilität und sagte voraus, daß mit dem Aufstieg einer Marktwirtschaft alle Institutionen, die das soziale Leben zusammenhielten – wie die Kirche, die Familie, der Verein oder eine freiwillige Vereinigung (wie die mittelalterliche *confrèrie*) und die Nachbarschaft –, an Einfluß und Vitalität verlieren würden. Als eine Folge würden die Menschen das Gefühl für ihre eigene Identität verlieren, sie würden unter etwas leiden, was er Anomie nannte. Und Durkheim sagte weiterhin voraus, daß wegen dieses Mangels an Intimität die moderne Welt von bisher nie dagewesenen Seuchen heimgesucht werden würde, wie Scheidungen, psychische Erkrankungen, Selbstmord, Mord sowie Alkohol- und Drogenabhängigkeit. Wir alle wissen, wie recht er hatte.

Aber nicht nur die Ausbreitung der Marktwirtschaft trägt dazu bei, daß alle menschlichen Beziehungen, einschließlich der Männerfreundschaften, an Tiefe und Dauer verlieren, praktisch alle bedeutenden Strömungen der Neuzeit weisen in dieselbe Richtung. In der Religion, zum Beispiel. Auch der Niedergang des mittelalterlichen römischen Katholizismus und der Aufstieg des Protestantismus führten zu einer Aufweichung der alten Muster des Zusammenlebens. Der Nachdruck, den der Protestantismus auf die Einzelseele legt – im Gegensatz zu einer *Beziehung* zwischen der Seele und der Kirche und der Kirche und Gott –, läßt jeden Mann und auch jede Frau auf sich allein gestellt. Die gesamte Hierarchie spiritueller Wesenheiten, vom einzelnen Menschen über den Priester und die Gemeinde, über Kirche und Papst, über die ansteigende Ordnung der Engel bis hin zum Göttlichen, ist hinweggefegt. Und der Einzelne bleibt sich selbst überlassen, in einsamer und nackter Herrlichkeit (oder Not) auf den Knien vor Gott sein Heil zu finden. Das ist eine freie, heroische Rolle, die die meisten von uns natürlich nicht aufgeben wollen, aber sie ist auch das Urbild der Einsamkeit. Diese Art zu denken hat große Energien freigesetzt, aber sie hat auch unsere

Nähe zu anderen und unser Vertrauen in sie untergraben. Der Drang nach heroischer Erlösung wirft uns stets und immer wieder auf unser einsames Ich zurück.

Darüber hinaus ist mit der Ausbreitung des Protestantismus ganz generell ein allmählicher Rückgang des christlichen Glaubens zu verzeichnen. Diese Entwicklung trug dazu bei, die Seele aus den menschlichen Beziehungen insgesamt auszusparen. Der einzelne Mensch wird zunehmend als seelenloses Wesen gesehen. Wir betrachten uns, wie der Psychologe Rollo May gesagt hat, »mit dem Gefühl – ›Er ist nichts als ein Bündel Knochen, genau wie ich.‹ Wo ist das Fleisch? Wo ist die Wärme? Einen Abklatsch davon gibt es zwischen Mann und Frau, obwohl auch diese Beziehung oft nur ziemlich mechanisch ist. Doch unter Männern fehlt dieser Wärmeaustausch, den wir uns doch mit einem echten Freund wünschen, meistens völlig.«

Ebenso wie die Religion vertritt praktisch die gesamte neuzeitliche Philosophie diese Trennung der Individuen voneinander. Für Gottfried Leibniz, den deutschen Philosophen des siebzehnten Jahrhunderts, zum Beispiel, ist die Realität in »Monaden« unterteilt, feste, undurchdringliche Substanzen, und zwischen ihnen gibt es keine Türen oder Fenster. Eine solche Philosophie ist in vieler Hinsicht positiv. Sie erklärt frühere Einstellungen, welche die großen Reisen von Magellan und Kolumbus möglich machten, den Aufbruch des Einzelnen ins Nichts. Aber seit Leibniz' Zeiten gibt es kaum noch einen Philosophen, der irgendwie Gewicht auf unsere Bezogenheit legt. Da gibt es Henri Bergson und vor ihm die Romantiker und Marx mit seinem Gerede von der Brüderschaft der Revolution und Martin Buber mit seinem Ich und Du, aber im Großen und Ganzen dreht sich die neuere Philosophie um das Alleinsein. Wir sind verloren und verlassen.

Auch politische und gesellschaftliche Theorien, insbesondere hier in den Vereinigten Staaten, legen mehr Nachdruck auf Isolierung als auf Beziehung. Alexis de Tocqueville, französischer Historiker des neunzehnten Jahrhunderts, der die Natur der amerikanischen Demokratie untersuchte, bemerkte, daß es nie ein Land gegeben habe, das – gemessen an den kollektiven Bedürfnissen – so sehr den Wünschen des Einzelnen verpflichtet gewesen sei. Der Begriff des Individualismus als soziale Idee – im Unterschied zu juristischen, religiösen oder philosophischen Formulierungen – wurde im wesentlichen in den Vereinigten Staaten erfunden. Natürlich hatten auch andere Länder ihren Anteil an Selbstsucht und individuellem Egoismus. Aber es war in den Vereinigten Staaten, wo der Triumphzug dieser Ideologie seinen Anfang nahm, derzufolge die Gesellschaftsordnung in erster Linie dem Einzelnen und seinen Bedürfnissen Rechnung tragen sollte. Wie die Soziologen Seymour Lipsett und Everett Ladd es ausdrückten: »Eine Gesellschaft ist danach zu beurteilen, wieweit es ihr gelingt, ihre Menschen glücklich zu machen.« In der Gesellschaftsideologie des »Amerikanismus« sind alle wesentlichen Elemente – Freiheit, Leistung und sogar Privatbesitz – auf die zentrale Idee des Individualismus ausgerichtet. Menschen müssen die Freiheit haben, sie selbst zu sein, so zu handeln und sich so zu entwickeln, wie sie es für richtig halten. Sie sind nach ihrer individuellen Leistung zu beurteilen, nicht nach ihrer Herkunft. Das Privateigentum muß geschützt werden, aber nicht in erster Linie, weil es zur Produktivität anspornt, sondern weil es den Menschen die Freiheit gibt, sich selbst zu verwirklichen.

Es ist leicht einsehbar, wie eine solche Ideologie, wie wertvoll sie auch ist, ein Volk hervorbringt, das sich in zunehmendem Maße gegen das Soziale, das Kollektive und damit gegen das Vertraute richtet. Im Laufe der Entwicklung Amerikas hat sich der Gedanke der Rechte des Einzelnen verfestigt, und immer mehr Normen sozialen Verhaltens – wie sexuelle Tabus oder Tabus gegen Bewußtseinsveränderung – sind über Bord geworfen worden. Das heißt, eine ständig wachsende Anzahl von Menschen folgt dem Rat, den Emerson in *Self-Reliance* gibt: »Tu', was du willst.« Und sie tun es mit immer weniger Bindungen untereinander.

Selbst die geographischen Gegebenheiten des amerikanischen Lebens haben diese Tendenz, weg vom Vertrauten, hinein in die Einsamkeit, unterstützt. Dies war ein Kontinent, der erforscht und erobert werden mußte. So sind wir ein Volk, das stets von der Landstraße, von irgendeiner verschwommenen Grenze angelockt wird. Wir haben einen Drang, das, was uns nicht gefällt, hinter uns zu lassen und weiterzuziehen auf der Suche nach etwas Besserem. Älteren Gesellschaften fehlt dieser Sinn für Ausdehnung und Flucht. Ihr begrenzter Raum, Stadtmauern, uralte Hecken und Zäune, all dies bedeutet Einschränkung und führt zu sozialeren Vorstellungen über den Platz des Einzelnen. Wir Amerikaner dagegen entledigen uns der Beziehungen, die nicht so funktionieren, wie wir es möchten – egal, ob es sich dabei um Verwandte, Ehegatten oder Freunde handelt. Wir werfen sie weg wie Kleenex-Tücher. Wenn es unbequem wird, schmerzhaft oder schwierig, stoße ich dich ab. Ich gehe auf die Landstraße.

Die Landstraße ist nicht unproblematisch. Obwohl sie uns lockt mit erregenden Aussichten auf die Befreiung von der Vergangenheit und auf das neue strahlende Unbekannte, erfüllt sie uns auch mit Furcht. Es ist nicht mehr sosehr die Furcht vor einer Begegnung mit feindlichen Indianern oder Gesetzlosen, sondern die Furcht, daß wir nichts gewinnen könnten, wenn wir dem Ruf der Straße folgen. Das Morgen könnte trotz der Veränderung genauso sein wie das Heute. Deshalb trifft man in den zahllosen Restaurants und Imbißhallen an den Landstraßen Amerikas auf eine seltsam unstete Mischung von Gefühlen. Die Straße hat etwas Aufregendes und Abenteuerliches, wie ein heroisches Hinausspähen in die Dämmerung. Und gleichzeitig erfahren die Menschen, während sie ihre Hamburger essen und ihren Kaffee trinken, eine merkwürdige Bedrücktheit und Beklemmung. Vor den Fenstern, wo auf sechs Spuren Tag und Nacht die Fahrzeuge über den Highway donnern, führt die Straße nach nirgendwo. Die Freude über die bloße Veränderung bricht unweigerlich zusammen unter der Drohung einer fortgesetzten Leere.

Aber je weiter sich unser Lebensstil ausbreitet, desto mehr verbindet sich die Doktrin des Individualismus mit der Faszination der Geschwindigkeit. Die ganze Welt beginnt die amerikanische Erfahrung einer endlosen Grenze zu leben. Das heutige Verkehrswesen ermöglicht, ja erzwingt geradezu, die mühelose

Trennung, die durch die amerikanischen Siedlergrenzen einst begünstigt wurden. Vielleicht mehr als jede andere technische Neuerung hat das Auto oder die Tatsache, daß fast jeder ein Auto besitzt, den begrenzten Raum durchbrochen, in dem menschliches Miteinander stattfand. Wo früher die Menschen gezwungen waren, bestimmte Wesenszüge und Umgangsformen zu entwickeln, die ein Zusammenleben ermöglichten, weil sie eben auf einen begrenzten Raum beschränkt waren, sind derartige Zwänge heute irrelevant, angesichts der stets offenen Möglichkeit, ins Auto zu steigen und davonzufahren.

Vielleicht fährt man nur aus der Stadt hinaus, nach der Arbeit, nach Hause in einen Vorort. Aber auch da ist nichts statisch. Denn sofort muß man zu einem relativ weit entfernten Ladenzentrum fahren. Und dann von dem Vorort zum Flughafen, zu Geschäftsterminen in fremden Städten oder Ferien in fernen Ländern. Wenn das Einkommen und der soziale Status nicht ganz so viel Ortsveränderung zulassen, ist mindestens der Wunsch danach vorhanden. Man beneidet die Menschen, die am weitesten und am schnellsten fahren, und man strebt danach, es ihnen gleichzutun, hofft, jedes Jahr einen noch stärkeren Wagen kaufen zu können oder einen Zweit- oder Drittwagen oder eine Reihe entsprechender Freizeitvehikel.

All dieses Herumfahren verbraucht sehr viel an persönlicher Energie und Zeit, die man für stabile Beziehungen einsetzen könnte. Außerdem scheint die Möglichkeit, große Entfernungen in relativ kurzer Zeit zurückzulegen, den Raum zu zerstören, in dem Menschen zusammenkommen könnten. Moderne Häuser ähneln oft eher einem Hotel oder einem Wartesaal als einer Wohnung. Das Leben der Menschen ist häufig nicht auf Bleiben ausgerichtet, sondern auf die Erwartung der nächsten Fahrt oder die Erholung von der letzten. Das Familienleben spielt sich in einer Transport- und Verkehrsatmosphäre ab. Tischgespräche drehen sich um künftige Reisepläne. Je größer die Entfernungen werden, die der Einzelne täglich zurücklegt,

41

desto schwieriger wird es, andere zu finden. Vielleicht ist eine Lösung des Problems unserer tiefen Einsamkeit nur dann möglich, wenn wir unseren Bewegungsdrang ein wenig einschränken.

Auch andere technologische Errungenschaften tragen zur Auflösung menschengerechter Räume und der Beziehungen zwischen den Menschen bei. Das Telefon ist häufig ein wirkungsvolles Mittel, uns einander zu entfremden. Da es uns die Illusion vermittelt, überall und jederzeit miteinander kommunizieren zu können, verleitet es uns, in immer größer werdenden Entfernungen von denen zu wohnen, die wir lieben könnten. Aber wie wir alle wissen, ist über das Telefon keine vollständige Kommunikation zwischen Menschen möglich; es erlaubt nur den Austausch von Informationen. Unterhaltungen am Telefon lassen selten ein echtes Gefühl herüberkommen, das Gefühl, wirklich bei der anderen Person zu sein. Aber wir verwenden das Telefon in immer stärkerem Maße, um das zu verfolgen, was wir für unser Leben halten, und sind dann entsprechend frustriert.

Die entmenschlichte Qualität der Technologie greift zunehmend auf unsere eigene Natur über. Der Vormarsch der Vernunft als dominierende menschliche Funktion entfernt uns von der Erfahrung. Zu Beginn unserer heutigen Kultur fingen die Menschen an, die Maschinen zu bewundern, und sie versuchten, sie nachzuahmen. Große Industriebetriebe gingen dazu über, ihre Arbeiter wie Maschinen zu behandeln. Ein hohes Maß an Zuverlässigkeit, Toleranz gegenüber den ständigen Wiederholungen, Konzentration auf die Arbeit, ohne Rücksicht auf Natur oder menschliche Gefühle – das waren die neuen Ziele. Von Angestellten wurde erwartet, daß sie nie müde wurden, daß sie ihren Platz in den Erfolgsstatistiken nicht verloren, daß sie sich nicht langweilten und daß sie nicht nach Abwechslung verlangten.

Nachdem das Management cleverer geworden ist und die schlimmsten Formen der Ausbeutung gelockert wurden, sind menschliche Unzulänglichkeiten gegenwärtig erlaubt, aber nur erlaubt. Jetzt ahmen wir den Computer nach. Das Bild von uns selbst wird der Mensch als Vernunftswesen, der Mensch als

42

Identifikation mit seinen mentalen Prozessen, mit seiner Denkfähigkeit.

Die Gesellschaft lehrt uns, uns von unserer emotionalen, physischen und sozialen Natur zu lösen und uns gemäß den Regeln eines Berufes zu verhalten. Unter solchen Reglementierungen leistet man zunehmend limitierte Geistesarbeit, ob es sich nun darum handelt, einen Körper aufzuschneiden, ein Gedicht, ein Marktprofil oder eine Menge Berechnungen zu erstellen. Die Erfolgreichen in diesem System sind in der Lage, über einen langen Zeitraum hinweg zuverlässige Leistungen zu erbringen. Die sehr Erfolgreichen schaffen es sogar irgendwie, sich den äußeren Anschein von Charisma, Charme oder Anziehungskraft zu geben, oder welche Qualitäten auch immer förderlich sind, um Vertrauen zu gewinnen und mit Führungsrollen bedacht zu werden. In jedem Fall aber ist das Ergebnis das gleiche: Man identifiziert sich mit einer gesellschaftlich kultivierten Maske, deren wesentliches Kennzeichen ihr Mangel an menschlicher Tiefe und ganz besonders ihr Mangel an Gefühlstiefe ist. Können Menschen unter solchen Umständen echte Freunde sein?

Unter dem Eindruck so intimitätsfeindlicher Kräfte wie Rationalismus, Professionalismus, Individualismus und dem Zwang zu ökonomischer und physischer Mobilität haben die Menschen versucht, das alte engmaschige Netz von Beziehungen durch eine einzige Beziehung zu ersetzen. Die Entwicklung der letzten zwei Jahrhunderte brachte es mit sich, daß die romantische Liebe nicht mehr als etwas angesehen wurde, das nur den Reichen vorbehalten war. Und wie der Sozialhistoriker Carl Degler herausgefunden hat, ging man mehr und mehr dazu über, Liebe und Heirat miteinander in Verbindung zu bringen.

In der Vorstellung der meisten Menschen wurde die Idee einer lebenslangen erregenden Intimität mit einer Person des anderen Geschlechts zum beherrschenden Thema. Daß diese Erwartung nur selten erfüllt wird, hält niemand von einem Vesuch ab. Trotz der hohen Scheidungsrate heiratet heute ein höherer Prozentsatz der amerikanischen Bevölkerung als je zuvor.

In einer Welt, die uns unserer Gefühle zu berauben droht, klammert sich der Mensch an einen Partner. Es ist daher kaum überraschend, daß die meisten Amerikaner ihren Ehepartner als ihren besten Freund bezeichnen, wobei sehr viel mehr Männer dieser Überzeugung sind als Frauen. Die Folge davon ist, daß Beziehungen außerhalb der Ehe mit Angst- und Schuldgefühlen verbunden sind. Wenn ein Mann zum Beispiel abends mit seinen Freunden ausgehen will, so tut er das nicht einfach so; er muß erst seine Frau fragen, ob der gemeinsame Terminplan es zuläßt. Er hat keine Freizeit, über die er ohne weiteres verfügen könnte, außer es ist mit seiner Frau abgesprochen und von ihr gebilligt.

Durch ähnliche Übereinkünfte ist natürlich auch die Frau gebunden, obwohl die Frauenbewegung ihr mehr Freiheit für Beziehungen mit dem eigenen Geschlecht erkämpft hat, als die Männer sie derzeit haben. Im Kern ist der Mann gefühlsmäßig völlig abhängig von seiner Frau geworden. Und wegen der Veränderungen im gesetzlichen Status der Frauen und ihren wachsenden Möglichkeiten zu beruflicher Tätigkeit müssen Ehemänner stets fürchten, einen Fehler zu machen. Schließlich könnte eine Frau es sich heute leisten, ihn sitzen zu lassen und sogar die Kinder mitzunehmen.

Die vitale Energie des Mannes, die in eine Beziehung zu einem anderen Mann einfließen könnte, wird zunehmend ausgetrocknet. Er sehnt sich vielleicht nach dem speziellen abenteuerlichen Flair männlicher Kameradschaft oder sogar echter Freundschaft, aber er hütet sich davor, es auszusprechen. Das führt dann zu dem Problem, daß er – so gut das Verhältnis zu seiner Frau auch sein mag – schließlich unter Klaustrophobie zu leiden beginnt, einem Gefühl, in den Armen der Großen Mutter erstickt zu werden, jenem Archetypus, den er zunehmend auf seine Frau projiziert, je lebloser seine Beziehungen zu Männern werden.

Viele Frauen sind sich dieser Zusammenhänge bewußt und ermuntern ihre Männer, sich Freunde zu suchen. Aber die schon erwähnten gesellschaftlichen Zwänge stehen ihm im Wege. Die Folge davon ist ironischerweise, daß die Frau ihren Mann weniger interessant und abenteuerlustig findet, als sie es wünschte, und der Mann sich als Versager erlebt, der es nicht einmal schafft, den einfachen guten Rat seiner Frau zu befolgen. Damit sind wir dann wieder bei der Großen Mutter und jener Art von Mißstimmungen, die das Eheleben oft so vergällen.

All dies droht schließlich auch das Sexualleben des Paares zu untergraben. Die sexuelle Anziehung und Erregung hängt nicht zuletzt von den Unterschieden zwischen den Partnern ab, die dann durch den Funken der Sexualität überbrückt werden. Wenn die Unterschiede zwischen Männlichem und Weiblichem zu sehr verschwimmen, wie es häufig in allzu engen und eintönigen Ehen geschieht, nimmt die sexuelle Anziehung ab. Der Sexualwissenschaftler C. A. Tripp bemerkt, daß »viele Frauen diese Auftankwirkung intuitiv verstehen, und obwohl sie ihre Männer vielleicht vermissen, wenn sie mit ihren Freunden unterwegs sind, diese Zeit zur eigenen Erholung nützen, indem sie ganz richtig erkennen, daß sie am Ende die Nutznießer dieses ablenkenden Zeitvertreibs der Männer sind. Ihre Ahnung ist richtig, wie auch die Ahnung jener anderen Frauen, die sich insgeheim darüber beunruhigen, wenn ihre Männer keine engen Freunde haben.« Man könnte also sagen, wenn Männer enge Beziehungen zu anderen Männern hätten, wäre ihr eheliches Sexualleben besser.

Einer der Gründe, weshalb Männer heute versuchen, all ihre emotionalen und persönlichen Bedürfnisse in das Nest einer romantischen Ehe zu packen, ist auf die tiefempfundenen Gefühle des Schmerzes, der Scham und der Schuld zurückzuführen, die mit der Vergänglichkeit und dem Scheitern ihrer früheren engen Freundschaften mit Männern verbunden sind. Wegen all der historischen Gründe, die wir angemerkt haben, ist Unbeständigkeit typisch für Männerfreundschaften, wie für alle anderen Beziehungen heutzutage. Und es gibt Autoritäten, die sich mit der Frage der Freundschaft beschäftigt haben, wie die amerikanischen Psychologen John Reisman und Joel Block, die uns nahelegen, solche Veränderungen einfach als Tatsachen des heutigen Lebens zu akzeptieren. Sie wundern sich, wie sie sagen, darüber, daß das überkommene Ideal »lebenslanger Freundestreue« von den Menschen so hochgehalten werde, wo doch in der Tat die meisten Freundschaften keineswegs ein Leben lang halten. Sie raten den Leuten, realistischer zu werden, anzuerkennen, daß verschiedene Freunde in verschiedenen Perioden des Lebens verschiedenen Bedürfnissen dienen, und daß diese Aufeinanderfolge mehr oder weniger vorübergehender Beziehungen ein normaler Bestandteil persönlichen Wachstums ist.

Die Haltung, persönliches Wachstum höher zu schätzen als die Beständigkeit menschlicher Beziehungen, ist natürlich ausgesprochen modern. Als Idee erwächst sie aus dem ganzen Trend in Richtung Individualismus und Selbstverwirklichung, der den Menschen von heute, insbesondere den Amerikaner, kennzeichnet. Bedauerlicherweise fördert diese Ideologie des Wachstums den Zerfall menschlicher Beziehungen noch zusätzlich: indem sie das Wachstum des Einzelnen über die gegenseitige Bindung stellt, wirkt sie schon auf die Idee ernsthafter Männerfreundschaft zerstörerisch.

In seinem Roman *Der Menschen Hörigkeit* gab Somerset Maugham ein erschütterndes Beispiel für diese Entwicklung. Die Geschichte begleitet Philip Carey in seinen jungen Jahren, wie er verschiedene Stadien und Weltanschauungen durchlebt – Theismus, Ästhetizismus, Pessimismus –, um schließlich zu einem gesetzteren Selbst, symbolisiert durch eine geregelte Arbeit in einem modernen Beruf und eine liebevolle Ehe, zu finden. An einigen Punkten jedoch muß Philip erkennen, daß er auf jeder Stufe seines persönlichen Fortschritts seine Freunde zurückgelassen hat.

An einer Stelle sitzt er im Britischen Museum und starrt auf die antiken Grabsteine aus dem Athen des fünften Jahrhunderts:

Ein Stein war da, der besonders schön wirkte, ein Relief von zwei jungen Männern ... Es war ein erhabenes Denkmal des kostbarsten Gefühls, das die Welt darbietet: der Freundschaft. Als Philip betrachtend davorstand, traten ihm die Tränen in die Augen. Er dachte an Hayward und wie sehr er ihn bewundert hatte, als sie einander kennenlernten, wie langsam die Illusionen zerstört wurden und anteilnahmslose Gleichgültigkeit anstelle der Freundschaft trat, bis schließlich nichts mehr sie verband als Gewohnheit und Erinnerungen an alte Zeiten. Wie seltsam das im Leben ist: da sieht man einen Menschen tagein, tagaus, monatelang; man wird so vertraut miteinander, daß man den anderen nicht aus seinem Leben fortzudenken vermag; dann kommt die Trennung, und alles geht weiter, als wäre nichts geschehen; der Gefährte, der so wesentlich Teil unseres Lebens schien, erweist sich als entbehrlich. Das Leben geht weiter, und man hat ihn kaum vermißt.

In ähnlicher Weise sinnt Philip über einen Freund nach, den er in seinen Künstlertagen gekannt hatte, bevor er beschloß, Arzt zu werden:

Eines Abends gegen halb zwölf sah er Lawson den Piccadilly hinuntergehen. Er war im Abendanzug und kam wahrscheinlich aus dem Theater. Philip bog, einem plötzlichen Impuls folgend, in eine Nebenstraße ein. Er hatte ihn seit zwei Jahren nicht mehr gesehen und spürte, daß er die unterbrochene Freundschaft jetzt nicht mehr aufnehmen konnte. Er und Laswon hatten einander nichts mehr zu sagen. Philip interessierte sich nicht mehr für die Kunst. . . . Seine Aufgabe war, aus dem chaotischen Vielerlei des Lebens ein Muster zu gestalten; das Material, mit dem er arbeitete, ließ Farben wie Worte trivial erscheinen. Lawson hatte seinen Zweck erfüllt. Philips Freundschaft mit ihm war ein Motiv gewesen, das in das Muster hineingearbeitet worden war; es wäre reine Sentimentalität, wollte man die Tatsache übersehen, daß der Maler jedes Interesse für ihn verloren hatte.

Es ist nicht verwunderlich, daß am Ende des Romans Philip in den Armen seiner Braut liegt, er im Leben aber ohne Freunde dasteht.
Was Maugham nicht ausspricht, aber auf so schöne Weise andeutet, ist das entsetzliche Gefühl des Verlustes, der abgrundtiefen Schmach und der furchtbaren Trauer, das durch den allzu leichten Wechsel und die Opferung früherer Beziehungen hervorgerufen wird. Beziehungen, die in der Psyche des Mannes unter dem schützenden Ideal geheiligter Freundestreue stehen. Schmach und Trauer, die so bitter sind, daß sie verdrängt werden müssen. Für den erwachsenen Philip ist es ganz in Ordnung, wenn er sich einredet, es sei richtig, die Begegnung mit Lawson zu vermeiden, und alles andere wäre nur sentimental. Aber was

ist mit den Gefühlen der Liebe, der Bewunderung, der Sehnsucht, der Enttäuschung, der Schmach und der Schuld?

Unsere heutige Mobilität, die die Menschen auf grausamste Weise voneinander trennt, verbindet sich mit unseer individualistischen Ideologie von persönlichem Wachstum, um unsere Vergangenheit mit toten Freundschaften zu pflastern. Wir hetzen uns ab, um die beängstigende Leere mit der Liebe zu Frauen und Vorstellungen über unsere Entwicklung zu vernünftigen Erwachsenen zu füllen.

Jeder Mann weiß, daß diese Taktik nicht ganz funktioniert. Dieses Wechseln und Zerreißen, insbesondere von männlichen Beziehungen, die man für dauerhaft gehalten, wirkt sich zersetzend auf die Seele des Mannes aus. So kommen wir dazu, an anderen zu zweifeln und uns selbst zu hassen. Wir beginnen, am Leben selbst zu zweifeln. Wir können versuchen, »reif« zu sein, wie Philip. Oder wir können versuchen, so zu sein, wie viele Psychologen es uns empfehlen, und uns einreden, daß das Leben nun einmal so sei und daß Freunde zu unterschiedlichen Zeiten unterschiedlichen Funktionen dienten. So viele Werkzeuge für unser Leben. Aber das ist ganz gewiß und überhaupt nicht, was wir uns für unsere Freundschaften mit Männern vorgestellt hatten.

Doch indem sich die Last von Schuld und Schmach und Enttäuschung über unserer Jugend auftürmt, begraben wir – wie Philip – unsere Traurigkeit und verbergen unseren Zynismus. Schließlich können wir nicht den Rest unseres Lebens mit uns alleine verbringen. Wir unterhalten weiterhin freundliche Beziehungen zu vielen Menschen. Und tatsächlich werden wir mit zunehmendem Alter scheinbar immer weniger zurückhaltend, scheinbar immer toleranter und unkomplizierter. Und neuen Menschen begegnen wir mit »Hallo!« und einem raschen und bereitwilligen Lächeln.

Aber trotz unserer Verdrängungsstrategien und unserer Vorstellungen, die uns davor bewahren, völlig allein dazustehen, sind wir immer noch einsam. Viele amerikanische Männer behaupten von sich, sie hätten Freunde. Und einige behaupten, daß Freundschaft ihnen wichtig sei. Aber fast alle Männer gestehen ein, daß sie sich tiefere und intensivere Freundschaften wünschten als die, die sie jetzt haben. Der Schmerz über frühere Fehlschläge wird nicht so leicht vergessen. Und diese alten Wunden klingen durch, wenn so viele Männer, mit denen ich sprach, die Schwierigkeit, neue Freunde zu finden, wenn die Jugend erst einmal vorbei ist, mit solchen Phrasen erklären, wie »der Organismus verhärtet sich«, »man wird steifer«, »man wird verschlossener und weniger formbar«. Der männliche Panzer, der sich durch frühere Freundschaften aufgelöst hatte, kehrt zurück, leichter, doch fester denn je. Deutlicher ausgedrückt, das Herz wird hart unter den Stößen und starr unter den Schmerzen, und unser Mißtrauen bereitet uns Ekel vor uns selbst wie vor den anderen.

Einige Männer fühlen sich durch diesen Ekel vielleicht dazu getrieben, etwas zu unternehmen. Vielleicht kommen sie allmählich dahin, daß sie versuchen, eine Freundschaft zu erfinden, die den Bedürfnissen ihres heutigen Erwachsenenlebens gerecht wird. Ich selbst bin diesen Weg gegangen.

3 Erste Versuche in Männerfreundschaft

Wie ist das, wenn man keinen engen Freund hat?
Den meisten Männern ist das nicht einmal bewußt. Fügsam, wie
wir sind, haben wir gelernt, unsere Isolierung hinzunehmen.
Doch es können Umstände eintreten, die sie uns bewußt werden
lassen.
Deine Frau, vielleicht von der Frauenbewegung angesteckt,
beginnt, ernsthaftere Beziehungen zu anderen Frauen zu entwik-
keln. Du hörst, wie sie telefoniert, während du am Abend vor
dem Fernseher sitzt. Höflich steht sie auf und schließt die Tür,
damit du nicht gestört wirst. Aber irgendwie stört dich das noch
mehr. Gelegentlich hörst du den Klang eines besonders herzlichen Lachens, das es in deinem eigenen Leben nicht gibt, eines
Lachens, wie es deine Frau mit dir niemals teilt. Ein Schatten fällt
auf dein Gemüt, doch du weißt nicht so recht, was du damit
anfangen sollst. Du respektierst ihre neuen Freundschaften, aber
du bist neidisch.
Oder du wirst geschieden. Plötzlich ist das Leben außerhalb der
Arbeit merkwürdig leer. Samstagabend, Sonntagmorgen. Nach
fünf Uhr. Du bemühst Dich, diese Zeit mit Frauen auszufüllen,
doch das ist nicht immer möglich. Außerdem denkst Du nicht
daran, jetzt ein ernsthaftes Verhältnis anzufangen, nicht nach all
den schmerzhaften Erfahrungen der letzten Zeit. Also rufst Du
die Paare an, mit denen Du und Deine Frau verkehrt haben; aber
nun, da Du nicht mehr verheiratet bist, begegnen Dir die Leute
unbeholfen; jeder verhält sich, als würde etwas oder jemand
fehlen. Die Paare wissen nicht recht, wie sie Deine neuen
Freundinnen behandeln sollen. Und wieder stehst Du allein da.
Oder Deine Ehe ist in Ordnung, aber manchmal möchtest Du
einfach ausgehen. Es ist ein fast animalischer Drang, ein ge-
dämpfter Ruf der Wildnis in unserem zivilisierten Zeitalter. Du

möchtest trinken, ein Abenteuer erleben, schneller fahren als erlaubt, über die sichtbaren Vorzüge vorbeikommender Frauen reden. Das Ganze kommt Dir selbst atavistisch, wie ein Rückfall in Urzeiten vor, doch es ist ganz real. Du rufst einen Bekannten an, aber der sagt nur, »Na, das hört sich toll an, aber heute abend muß ich noch arbeiten – im Büro ist der Teufel los –, machen wir's doch ein andermal.« Abgesehen davon, daß dieses andere Mal niemals kommt; er ruft nicht mehr an, um etwas zu verabreden; Du denkst daran, selbst anzurufen, aber irgendwie möchtest Du, daß *er* es tut.

Oder die Erfahrung geht etwas tiefer. Du hast Deine kleine Gruppe. Jede Woche spielt Ihr zusammen Tennis oder Poker, oder Du gehst mit denselben Jungs auf ein paar Drinks. Dann plötzlich hast Du ein echtes Problem – ein krankes Kind, Dein Job ist in Gefahr, Deine Gefühle für Deine Frau sind so, daß Du Dich selbst nicht ausstehen kannst. Aber unter all Deinen männlichen Bekannten, mit denen Du regelmäßig zusammen bist, ist niemand, mit dem Du reden könntest. So überlegst Du, ob Du Dir einen Psychiater suchen, einer Encounter-Gruppe beitreten oder mit einer sympathischen Kollegin reden solltest. Aber Du fühlst Dich nicht verrückt, und Du magst keine Gruppen, und Du fragst Dich, wo diese Unterhaltung mit der sympathischen Kollegin hinführen könnte; im Moment wäre das ganz bestimmt nicht das, was Du bräuchtest.

Oder vielleicht ist es etwas subtiler. Eine sehr stille und langsame Verbitterung, die sich in der Arbeit aufstaut, weil Du es allmählich müde bist, niemandem vertrauen zu können. Auf dem Nachhauseweg überlegst Du, mit wem Du reden könntest, der Dich wirklich versteht, aber es fällt Dir niemand ein. Und Du spürst den Schmerz des Alleinseins. Oder Du findest in Deiner Post eine Karte aus einem fernen Land. Du freust Dich, aber dann wird Dir bewußt, daß Du den Urlauber seit Jahren nicht mehr gesehen hast. Er gehört nicht mehr zu Deinem Leben. Oder Du arbeitest am Wochenende alleine im Büro und kannst irgendwann keinen Gedanken mehr fassen, aber Du hast keine Lust, nach Hause, zur Familie zu fahren. Und doch, während Du zum

Auto gehst, wird Dir klar, daß Dir niemand einfällt, zu dem Du stattdessen gehen und mit dem Du etwas unternehmen könntest. Also steigst Du in den Wagen und fährst herum, schaust Frauen an, schaust Menschen an, aber Deine Fenster sind fest geschlossen.

Tausend kleine Erlebnisse, eine Vielzahl unbedeutender Sehnsüchte, eine oder zwei größere Krisen können bei einigen Männern eine Leere bewußt werden lassen. Und bei einigen wenigen kann es dazu führen, daß sie sich nach einer Freundschaft sehnen oder gar auf die Idee kommen, nach einem Freund Ausschau zu halten. Doch Männern wird beigebracht, nicht über solche Dinge zu reden und auch nicht darüber nachzudenken. Natürlich macht das jede Suche noch schwieriger. Denn heute ist alles, was mit Freundschaft zu tun hat und dabei nach Absicht schmeckt, tabuisiert.

Willie Morris hegt eine elegant formulierte Verachtung für alles, was nach »Kunst der Freundschaft« riecht.

Man kann jemandem beibringen, Fußball zu spielen oder einen Blinddarm zu entfernen, aber einige Dinge kann man nicht lernen. Wenn es so etwas wie eine Kunst der Freundschaft gibt, so existiert sie in der Realität und nicht in dem Bemühen darum. Wie die meisten der etwas komplexeren Errungenschaften des Lebens – sexuelle Liebe, Gemütsruhe oder die Aufnahmefähigkeit für Schönheit, Leidenschaft und Wahrheit – könnte Freundschaft vielleicht sogar ein Gottesgeschenk sein, also zufällig und demnach ein seltener Segen.

Natürlich, mache Dir nichts vor: Du bist entweder gesegnet oder nicht, verdammt oder nicht. Und da ist nichts, was Du tun könntest. So sieht die übliche Volksweisheit aus. Und ich habe, wie die meisten Männer, instinktiv diese Meinung übernommen. Sicher, Freundschaft oder Liebe waren stets ein »Wunder«, und die heute angebotenen Bücher über »Die Kunst der Freundschaft«, die Morris kritisiert, sind wirklich meistens einfältig und dumm.

Aber in meinem Leben war genug passiert, daß ich einen Versuch machen mußte. Es war ein Zusammentreffen von persönlichen

Problemen und gewissen Erkenntnissen: ich war frisch geschieden, hatte die Leitung einer Forschungseinrichtung aufgegeben und begann gerade, mich auf dem Beratungssektor selbständig zu machen; und irgendwo, tiefer drin, hatte ich das Gefühl, daß in mein Leben endlich wieder eine engere Beziehung zu einem oder ein paar Männern einkehren müßte, wie die Freundschaften, die ich im College gehabt hatte, aber etwas erwachsener. Ich fühlte mich zu sehr allein, irgendwie ausgehungert. Es war an der Zeit, mich nach echter Freundschaft zu erwachsenen Männern umzusehen.

Irgendwo war mir klar, daß ich etwas besonderes suchte. Ich hatte noch nicht die richtigen Worte dafür. Aber ich wußte, daß ich mehr wollte als die sorgsam auf Seichtheit bedachten Beziehungen – am Arbeitsplatz, mit Ehepaaren und Tennispartnern –, die gewöhnlich im Leben eines Mannes als Freundschaften durchgehen. Ich wollte jemand finden, den ich sehr gern hatte und dem es umgekehrt genauso ging; ich brauchte jemand, der echt interessant war; und ich brauchte jemand, der wirklich offen und vertrauenswürdig war. Meine Ziele waren hochgesteckt.

Ein wenig schüchtern begann ich mit Männern, die ich schon kannte: Hälften von Paaren, einem früheren Mitarbeiter, einem Nachbarn. Ich werde auf diese Männer zurückkommen, die ich seit fünfzehn Jahren kenne. Bislang kann ich nur feststellen, daß die Tatsache, daß *ich* stillschweigend zu einer tieferen – regelmäßigeren, offeneren und bedeutungsvolleren – Beziehung bereit war, uns nicht automatisch zu einem besseren Verständnis verhalf. Ich hatte noch keine Ahnung von den massiven gesellschaftlichen Kräften, die engeren Beziehungen zwischen Männern entgegenwirken. Mir fiel nur auf, daß da ein mysteriöser, unbeschreiblicher Widerstand vorhandenzusein schien, über die Grenzen unserer üblichen Konversationen hinauszugehen. Unsere Freundschaften schienen in alten Bahnen und auf gewohnten Gebieten festgefahren zu sein. Zwar konnten wir zusammenkommen und über alte Zeiten reden oder über Leute, die wir kannten, bisweilen sogar über unsere Probleme, doch es fehlte den Beziehungen an Tiefe. Natürlich hatte ich Angst davor, diesen Punkt anzusprechen.

Irgendwann beschloß ich dann, mich mit mehr Selbstbewußtsein an die Sache heranzumachen. Und als ich den Entschluß faßte, ein Buch über Männerfreundschaften zu schreiben, stellte ich mir vor, daß diese selbstgestellte Aufgabe mir Mut machen und mich durch konzentriertes Vorgehen eine angemessene »Kunst der Freundschaft« finden lassen würde. Schließlich, so überlegte ich, war es keine Ruhmestat, zu Hause zu sitzen und untätig auf ein Wunder von Gott zu warten. Wenn ich das Bedürfnis nach der Liebe einer Frau verspürte, suchte ich danach. Warum also sollte ich nicht genauso zielstrebig nach der Freundschaft mit Männern suchen?

Also gab ich mir selbst einen Ruck, überwand meine angeborene Schüchternheit und Zurückhaltung und begann, unter den vielen Menschen, die meine Arbeit und mein soziales Netz mir boten, nach möglichen neuen Freunden Ausschau zu halten. Und ich fing an, ein Tagebuch zu führen, um wichtige Details nicht zu übersehen.

Aber die meisten Männer, die ich traf, interessierten mich nicht. Da war keine Resonanz. Erst nach einigen Monaten schien sich so etwas wie ein erster Erfolg abzuzeichnen.

Was folgt, sind Auszüge aus meinem Tagebuch. Darin ist zu lesen, wie es für einen Mann in mittleren Jahren war, der den Versuch unternahm, neue enge Freunde zu finden.

(Harry Solano ist ein Mann Anfang Dreißig, den ich einige Monate zuvor kennengelernt hatte, als ich mich bei einer Agentur nach einem Job als Berater umsah, für die er gelegentlich tätig war.)

Etwa ein Jahr nach meiner Scheidung

Bis heute war Harry Solano für mich vor allem immer der Mensch mit den besten Manieren gewesen, die mir je begegnet sind. Seine Art, sich zu geben, ist so sanft wie das weiche braune Leder seiner handgemachten Schuhe, die legere Zerknautschtheit seiner maßgeschneiderten Anzüge, die Ruhe seiner dunklen Augen.

Ich hatte ihn gemocht und er mich auch. Zumindest schien es so.

Und wir waren ein paarmal zusammen essen gegangen. Heute morgen war die Sonne San Franciscos wieder einmal besonders perfekt. Einer dieser goldglänzenden Frühlingstage, wie man sie das ganze Jahr über antreffen kann: Es war nicht direkt heiß, aber gegen elf Uhr war es so, daß man seine Jacke lieber auszog.

Ich hatte ihn überredet, aus der Steinwüste der Innenstadt herauszukommen, wo er im Unternehmen seiner Familie arbeitete. Wir trafen uns in einem jener Restaurants, ganz aus Holz, mit üppigen Farngewächsen, ein bißchen Chrom, ein bißchen Glas und pfirsichwangigen Kellnerinnen. Gewöhnlich mag ich solche Plätze nicht, aber heute schien die Sonne die Luft gereinigt zu haben, sogar drinnen, wo sie nicht direkt hindrang, und damit war die Scheinnatürlichkeit irgendwie entschuldigt. Es war überhaupt nicht schwer, guter Dinge zu sein.

»Wie läuft das Beratergeschäft?« fragte Harry.

»Ich habe jetzt einen Auftrag in Berkeley bekommen.« Wir unterhielten uns über den Job, er gab mir Ratschläge, und ich dankte ihm.

»Wirst Du weiter in Eurem Familienbetrieb arbeiten, oder hast Du Dich entschlossen, wieder zur Jazzmusik zurückzukehren?« Ich hörte ihm zu, wie er mir seine Konflikte zwischen der Familientradition und seinen eigenen Interessen darlegte, zwischen der Stabilität seiner jetzigen gesicherten Position und einer eigenen selbständigen Existenz. Ich gab ihm Ratschläge. Er dankte mir.

»Was wirst Du nach der Beratertätigkeit machen?« fragte er. Ich erzählte ihm von meinen Plänen und Sorgen; er gab mir Ratschläge; ich dankte ihm.

»Wie geht es mit Deiner Frau und mit Deiner Freundin? Wirst Du Dich scheiden lassen?«

Wir sprachen über seine häusliche Situation. Ich gab ihm Ratschläge. Er dankte mir.

Ein normales, freundschaftliches Essen, wie in Kalifornien üblich. Heiter. Offen. Nützlich. Aber die Worte verrieten nicht, was zwischen uns aufzukeimen begann. Da war einerseits meine Sympathie für diesen Mann. Sein Feingefühl rührte mich an: das freundliche Lächeln, die weichen dunklen Augen, die ruhige, aufmerksame Art zuzuhören. Natürliche Empfindsamkeit war bei ihm zur Perfektion herangereift. Ich will einen Freund wie ihn. Das ist meine Reaktion einerseits. Andererseits spürte ich die banale kalifornische Unsitte, sich allzu rasch selbst darzustellen, schnell zu kommunizieren, oberflächliche Fragen über private Angelegenheiten zu stellen und routinemäßig verständnisvoll Ratschläge zu geben. Die beiden Seiten paßten nicht ganz zusammen.

Die Worte, die Fragen und Antworten – was die Psychologen hier als Mitteilen bezeichnen – waren nicht ganz befriedigend. Sie wurden der vorsichtigen, doch echten Zuneigung, die ich für Harry empfand, nicht gerecht. Natürlich hätte ich ihm geradeheraus sagen können, was ich empfand, aber das wußte er schon, auch ohne daß ich es aussprach, und außerdem war ich mir sicher, daß es zu diesem Zeitpunkt nichts bringen würde. Alles, wozu wir imstande zu sein schienen, war, uns gegenseitig zu helfen. Oder uns gegenseitig zu therapieren. Man könnte es den Import der professionellen Haltung in die Domäne der privaten Beziehungen nennen. Etwas, das man schnell lernt heutzutage. Aber an diesem Tag – vielleicht lag es an der Luft – war alles so vollkommen, daß bloße Freundlichkeit, Hilfsbereitschaft, Fragen und Antworten allmählich immer unnötiger schienen.

Unsere Sätze wurden kürzer. Bald kamen die Fragen weniger häufig. Und die Antworten schienen trotz der Bedeutung der Themen – Arbeit, Liebe, Zukunftsaussichten – weniger wichtig.

Ich selbst hätte es nicht gewagt. Ich hätte gar nicht gewußt, wie man es anstellt, ein so guter Schwätzer war ich. Aber er, er hatte sich viel mit Musikern herumgetrieben und hatte eine Menge Hasch geraucht. Und einmal, als gerade wieder eine Antwort in der Luft hing, um auf die nächste Frage zu warten, ließ er sie einfach dort hängen. Stumm folgte ich ihm. Und schon nach kurzer Zeit waren wir einfach zwei Menschen, die sich nur gegenübersaßen, Oberkörper nach vorne gelehnt, Kinn auf die Hand gestützt.

Stille.

Wenn Liebende beisammensitzen und sich in die Augen schauen, offenbaren sich ihnen ganze Welten. Sie verzehren sich und leiden vor Verlangen nach dem, was der andere ist. Auch wenn sie sich nicht rühren, werden sie angezogen – wie die Liebenden in Donnes »Ecstasie«.

Dies hier war anders. Was mit uns geschah, hatte nichts mit Anziehung oder Spannung zu tun. Unsere Blicke streiften aneinander vorbei. Mannhaft unterdrückten wir unsere mögliche Verlegenheit und den Impuls zu lachen oder zu zucken oder, Herrgottnochmal, einfach etwas zu sagen, um das Schweigen zu brechen. Nein, wir hielten beide still. Der altmodische hölzerne Ventilator drehte sich in seiner Halterung über uns. Die Kellnerinnen befaßten sich mit anderen Tischen. Messer und Gabeln klirrten anderswo. Aber wir waren stumm.

Da war so etwas wie Erregung. Verschwommen. Ich konnte es in meinem ganzen Körper fühlen. Ich forschte, ob es etwas Sexuelles sei, wie man heute annehmen würde, doch nein, das war es nicht. Es war nicht in meinen Genitalien. Es war nicht lokalisierbar. Aber erregend.

Normalerweise hätte ich vermutlich gekichert, angesichts des doppelten Vergnügens von Erlebnis und Entdeckung, aber ich hatte genügend Feingefühl, mich zu beherrschen und die Disziplin des Schweigens einzuhalten. Des Zusammenseins. Des Teilens dieser Stille, die wir, irgendwie, gemeinsam geschaffen hatten. Eine Art gemeinsamer Leistung, deren Bestand aus dem willentlichen Akt des Loslassens erwuchs.

Dann sagte jemand etwas. Ich weiß nicht mehr, wer – ich oder Harry oder die Kellnerin.

Wir hatten gewußt, daß es nicht für immer dauern würde. Das war ein Teil des Vergnügens gewesen. Das Gefühl, daß vor dem Rhythmus unseres ruhigen Atems die Zeit gegen die Ewigkeit lief.

Wir zahlten die Rechnung. Wir standen auf. Wir gingen zu Harrys Wagen. Wir lächelten und gaben uns die Hand. Wir kannten den zerbrechlichen Wert dessen, was geschehen war. Aber wir sprachen nicht darüber. Insgeheim dankte ich ihm dafür, daß er den Mund halten konnte. Es war nur eine kurze Erfahrung.

Am nächsten Tag

Ich bin erfreut über mich selbst. Gestern wäre nicht passiert, hätte ich mich nicht gezwungen, Harry anzurufen. Früher hätte ich nicht angerufen. Ich hatte es so ziemlich aufgegeben, neue Freundschaften zu schließen. Und wir wären nie zusammen essen gegangen. Ich hätte auf ein Wunder gewartet. Statt dessen habe ich ein bißchen nachgeholfen und bekam das Wunder.

Das Schweigen, das wir miteinander erlebten, erinnerte mich an etwas, das ich gewußt, aber wieder vergessen hatte. Intimität gehört zu den schönsten Dingen im Leben.

Natürlich. Jedermann weiß das. Aber ich hatte es vergessen. Wenn Menschen es im Leben geschafft haben, wenn sie Erfolg und Reichtum erlangt haben, wonach streben sie dann? Nach Schönheit. Nach Philosophie und spirituellem Leben. Und Intimität: Menschen. Sie wenden sich Menschen zu. Während ich in meinen Dreißigern um ein bißchen Erfolg kämpfte, hatte ich ganz vergessen, was Intimität eigentlich bedeutete – ihre Beschaffenheit und ihre Freuden. Ich bin sicher, Harry hatte heute dieselben Gedanken. Ich glaube, unsere Freundschaft hat begonnen.

»Hallo, Büro von Mister Solano!« Harrys Sekretärin ist immer etwas dienstlich, um nicht zu sagen schroff. Dummerweise nehme ich es persönlich, daß Harrys Sekretärin schroff ist, wenn ich anrufe. Aber ich kann ihn nicht zu Hause anrufen, denn er ist gerade umgezogen, und ich weiß nicht wohin. Ich möchte mich über Juanitas Schroffheit beschweren, doch ich weiß, daß es zwecklos ist.

»Hier ist Stuart Miller, Juanita. Ist Harry da?«

»Mister Solano ist gerade nicht im Büro, Mister Miller«, sagt sie schnippisch.

»Könnte er mich anrufen, wenn er zurückkommt?«

»Ich werde es ihm bestimmt ausrichten, Mister Miller!«

»Danke.«

»Keine Ursache, Mister Miller.«

Drei Tage später

»Hallo.«

»Hallo, Stuart, hier ist Harry. Hör' zu, es tut mir leid. Ich war so eingespannt, daß ich nicht früher zurückrufen konnte.«

»Ich verstehe, Harry. Ich weiß, Du hast eine Menge um die Ohren. Ich wollte Dich nur wissen lassen, daß ich bereit bin, Dir zu helfen, wo ich kann.« Ich weiß nicht, was ich sonst sagen sollte, denn eigentlich kenne ich den Knaben kaum. Ich war nie bei ihm zu Hause. Ich habe seine Frau nie kennengelernt. Wir hätten das alles nachgeholt, aber es kam ganz anders. »Wir sollten uns treffen.«

Ich höre, wie Harry seinen Kalender durchblättert.

»Eine gute Idee, Stuart. Aber nicht diese Woche. Ich muß das Wochenende mit meinem Kleinen verbringen. Dann haben wir das Familientreffen – mit meinen Eltern. Und schließlich ist da noch meine Frau.«

»Bist Du noch mit Deiner Freundin zusammen?«

»Ja, das geht gut.«

»Freut mich.« Ich war froh, daß etwas für ihn gutging.

»Hör' zu. Was hältst Du von nächstem Freitag? Nicht diesen, sondern den darauf?«

»Okay«, sage ich ein bißchen enttäuscht.

Er bemerkt es. »Es tut mir leid, daß es so lange dauert, bis wir uns sehen können. Aber ich hoffe, Du verstehst.«

»Natürlich, Harry, natürlich.«

Neun Tage später

»Hallo.«
»Hallo, Mister Miller? Hier ist Juanita Briggs, die Sekretärin von Mister Solano. Mister Solano läßt Ihnen ausrichten, er kann die Verabredung am Freitag nicht einhalten. Er muß verreisen. Er bittet um Ihr Verständnis. Er wird Sie anrufen, sobald er zurück ist.«
»Kann ich ihn sprechen?«
»Tut mir leid, er ist gerade in einer Sitzung.«
»Gut, dann grüßen Sie ihn.«
»Das werde ich bestimmt, Mister Miller!«

Drei Wochen später

»Gott, das tut mir leid, daß ich so spät komme, Stuart. Ich hoffe, Du hast nicht zu lange gewartet.« Noch ziemlich abgehetzt, schweift sein Blick durch das Restaurant.
»Etwa fünfundzwanzig Minuten. Aber das macht nichts.« Und das tut es wirklich nicht; es ist bloß, daß ich anscheinend mit diesem Menschen nicht zusammenkommen kann.
Wir reden hauptsächlich über Harry.
Über seine Frau.
Über das Kind, das krank ist.
Über seine Freundin.
Über seine beruflichen Pläne.
Über seinen Psychiater.
»Was wirst Du machen?« frage ich.
»Ich weiß nicht, aber ich habe das Gefühl, daß alles gutgehen wird.«
»Das Gefühl habe ich auch, Harry. Es wird alles gutgehen.«

Einen Monat später

»Hallo, Stuart? Tut mir leid, daß ich mich erst jetzt bei Dir melde. Ja. Es ist alles in Ordnung. Aber ich muß verreisen. Tut mir leid, daß ich nicht angerufen habe. Du weißt, wie das ist.«
»Ich weiß.«
»Wir sollten uns treffen, wenn ich wieder zurück bin.«
»Sicher. Sollen wir etwas ausmachen?«
»Das kann ich jetzt noch nicht. Ich werde Dich anrufen.«

Unsere Beziehung kam über dieses Stadium nie hinaus. Zuerst dieses wunderbare stille Offensein füreinander im Restaurant. Dann. Dann was? Selbst jetzt bin ich mir noch nicht im klaren. Die einfachste Erklärung ist vermutlich, daß Harry einfach keine Zeit für einen neuen Freund hatte.

Aber ich glaube nicht, daß es nur eine Frage der Zeit war. Auch wenn er arbeitet, Harry ist immerhin Millionär. Er könnte sich leichter Zeit nehmen als die meisten. Er könnte weniger arbeiten. Er hat alle Zeit, die er nur will. Andere Leute, die weniger reich sind, können auch Prioritäten verschieben, Arbeiten delegieren und straffen, dies und das arrangieren. Wenn sie wollen. Ich glaubte eher, daß Freunde und Freundschaften auf Harrys Rangliste nicht so wichtig waren wie andere Punkte.

Wahrscheinlich hatte es nichts mit mir zu tun. Er zeigte deutlich, daß er mich mochte.

Ich weiß, daß ich mich bemüht habe, wenigstens, was die grundsätzlichen Dinge angeht, indem ich angerufen, die Plätze im Restaurant bestellt habe und einfach beharrlich blieb. Aber wir erreichten nie wieder auch nur annähernd die Intimität jenes einen Nachmittags. Harry war zunehmend abgelenkt. Die wenigen Male, die wir uns trafen, tauschten wir Unmengen Informationen aus, aber das wirkliche Zusammensein kam nicht mehr zustande. Irgendwie war es ein Wunder, daß es überhaupt je passiert war. Wer könnte auch von einem formellen Essen, das zwischen Geschäftstermine eingezwängt ist, erwarten, daß es einem ein tiefes Vergnügen bereitet? Und wo wäre ohne Vergnügen die Basis für eine Freundschaft?

Meine Gefühle wurden verletzt: Ich war sogar gekränkt darüber, daß ich fast die ganze Arbeit für die Aufrechterhaltung unserer Beziehung tat. Ein Jahr nach jenem bewußten Essen schrieb ich, frustriert von der Seltenheit unserer Zusammenkünfte und deren Mangel an Tiefe, einen Brief an Harry, in dem ich ihn fragte, was geschehen sei. Der Ton des Briefes war ein bißchen verärgert, aber ich erwähnte auch, daß ich einer Erneuerung der Dinge sehr offen gegenüberstünde. Auch das hatte mit der »Kunst der Freundschaft« zu tun, der Versuch, die Situation zu klären, und die Hoffnung, es würde dann wieder weitergehen. Ich erhielt nie eine Antwort. Es sah so aus, als habe er mit einem stillschweigenden Mord unsere im Entstehen begriffene Freundschaft allmählich begraben. Und ich werde den Grund nie erfahren. Falls es überhaupt einen Grund gibt.

Etwa vier Monate nach dem berühmten Essen mit Harry Solano

Es ist der Moment, meine Beziehung zu Ronald Sutherland Richard Byrd zu überdenken. Wir lernten uns vor ein paar Monaten durch einen gemeinsamen Bekannten kennen. Meistens auf mein Betreiben hin waren wir mehrmals in einem nahgelegenen chinesischen Restaurant zum Essen. Er liebt die Kunst und war jahrelang im Kunstgeschäft tätig. Er ist schlank und charmant, seine Stimme sehr sanft. Er trägt helle Jeans und italienische Rollkragenpullover, und er raucht dünne holländische Zigarillos. Seine Unterhaltungen sind mit französischen Redewendungen durchsetzt. Ein Angeber? Ein Blender? Vielleicht.

Aber ich mag seine Eleganz: die auffallend ruhige Art zu sprechen, das Flair von Gelassenheit und unendlich viel Zeit. Und mir gefällt an ihm, daß er – wie ich – in vielen Jobs gearbeitet hat und in vielen Welten zu Hause war.

Außerdem gefällt mir Ronalds Exzentrik. Die Küche seines bescheidenen gemieteten Hauses erinnert an eine Ausstellung von (Marshall) McLuhan. Zeitungsausschnitte mit Bildern und Schlagzeilen unserer Zeit bedecken die Wände in geheimnisvoll offenbarenden Arrangements.

Unsere Telefone trennen uns mehr als sie uns verbinden. Wenn ich einen warmen, freundlichen Impuls verspüre, Ronald anzurufen, ist es schlimmer als ein Anruf bei Harry Solano. Ronald betreibt ein von ihm gegründetes nicht profitorientiertes Unternehmen außer Haus, und sein Telefon ist an einen billigen Anrufbeantworter angeschlossen, der – bald in Bariton, bald in Sopran – stets das gleiche Band abspielt: »Im Augenblick ist niemand hier, um Ihren Anruf entgegenzunehmen«, beginnt die Stimme in vornehmem Ton. »Wenn Sie freundlicherweise Ihren Namen, Ihre Nummer und den Zweck Ihres Anrufes angeben wollen«, – das Band wird schneller, die Stimme fängt an zu kreischen – »wird jemand von uns Sie zurückrufen« – und endet in einer Art unterdrücktem Schrei.

Gestern abend waren Ronald und ich wieder einmal chinesisch essen.

»Ich denke, ich weiß da einen Job für Dich.«

»Phantastisch, *mon vieux*.« Ronald schenkt sich genüßlich ein Glas weißen Faßwein aus einer gekühlten Karaffe ein.

»Eine kulturelle Organisation, die ich kenne, sucht einen leitenden Mitarbeiter. Ich glaube, das wäre etwas für Dich.«

»Ausgezeichnet. Ich danke Dir vielmals.« Anerkennend erhebt er sein Glas. »Was meinst Du, wie sollen wir an die Sache herangehen?«

Wir besprechen die Einzelheiten, genauso wie wir schon öfter über andere Verdienstmöglichkeiten gesprochen hatten: Beraterjobs für einen von uns, mögliche Buchprojekte, Unterrichtskurse, die wir abhalten könnten, mögliche Europareisen. Nachdem wir beide auf die Vierzig zugingen, waren wir daran gewöhnt, in aller Freundschaft Tips, Taktiken und Strategien auszutauschen, stets auf der Suche nach dem nächsten Schritt in unserem Leben.

Gestern abend jedoch suchte ich nach etwas Schlichterem zwischen uns. Es ist an der Zeit, über unser Zurschaustellen vergangener und künftiger Errungenschaften hinauszugehen, Zeit für etwas mehr Persönliches.

Ich wartete, bis das Geschäftliche sich totgelaufen hatte. Die Rechnung war schon gekommen. Aber es war noch Zeit. Was könnte uns voranbringen, um hinter die Maske unserer jeweiligen Fähigkeiten zu gelangen?

»Was treibst Du so, Ronald?« frage ich so behutsam ich kann. »Was beschäftigt Dich außer den verschiedenen Projekten? Was bekümmert Dich? Wovor hast Du Angst? Ich weiß, daß Du nicht der Typ bist, der so ohne weiteres über solche Sachen spricht, aber ich will, daß Du weißt, daß mich das interessiert. Ich mag Dich.«

Ronalds Kopf neigt sich kaum merklich zurück, während ich spreche. Er schenkt sich ein weiteres Glas Wein ein. Wieder mit großer Sorgfalt. Er überlegt seine Antwort.

»Und ich mag Dich auch, Stuart.« Er fixiert mich ganz ruhig, als wolle er sagen, dies sei alles, was ich bekommen würde. Daß es zu früh für ihn sei, vielleicht immer zu früh sein würde, für ihn in seiner südstaatlerischen Art. Aber er will mich auch nicht allzu schroff zurückweisen. Ich kann das sehen. Er sieht mich mit seinen kühlen grauen Augen an. »Und, was ich so treibe, ist dasselbe wie seit zwanzig Jahren: Meditation, Musik, Geschichte – ich bin fast die ganze Zeit in Ekstase!«

Ronald lächelt mich an.

Ich verstehe das Signal zum Aufbruch, frage mich, ob es richtig war, gerade diesen Mann auszusuchen, um mit ihm Freundschaft zu schließen. Ich mag ihn. Ich respektiere sogar seine Reserviertheit.

Aber ich frage mich, ob es je möglich sein wird weiterzugehen. Doch, wie auch immer, ich brauche einen Freund, und er hat eine Menge guter Qualitäten. Ich werde es wieder versuchen. All diese Versuche, Freunde zu finden, sind neu für mich; ich weiß nicht so recht, wie ich es anstellen soll.

Am nächsten Morgen

Was ich gestern schrieb, stimmt nicht. Ich lasse zuviel aus. Ich schreibe an manchen Tagen, als ob all diese bewußten Versuche, einen neuen Freund zu finden, für mich ein leichtes wären.
Tatsache ist, als ich in dem Restaurant saß und Ronald nach seinen Gefühlen und Empfindungen fragte, mußte ich mich dazu zwingen. Da sitze ich und betrachte den lässigen, charmanten Südstaatler und will wissen, was wirklich mit ihm los ist. Aber dann, wenn er mich mit seinem ruhigen Lächeln ansieht, denke ich wieder, da sei nichts. Er ist ein glücklicher, in sich selbst ruhender Charakter, ein Mann, der sich selbst kennt und mit sich zufrieden ist. Und was bin ich? Eine merkwürdig bedürftige Kreatur mit dem Verlangen nach einer Art Nähe, die andere scheinbar nicht nötig haben. Einer, der mit jemand vertraut sein will, teilen will, einen Bruder, einen Intimus sucht – ich bin nicht einmal sicher, ob ich wirklich weiß, was ich will, und noch weniger weiß ich, wie ich es erreichen kann. Und was wird der andere Mann von mir denken? Er wird mich geringschätzen, wenn ich den ersten Schritt tue. Dieses Bedürfen und Suchen stellt meinen Stolz in Frage. Ich kenne diese Gefühle und muß sie andauernd bekämpfen, solange ich diese verrückte Sache mache. Mein Unterfangen hat etwas Heroisches an sich. Auch das ist mir bewußt.

Es war ein Gradmesser für den gesunkenen Zustand der Männerfreundschaft, daß ich schließlich von einer jungen Expertin, einer erfahrenen Kämpferin der Frauenbewegung, einen Hinweis bekam, wie ich die Freundschaft mit Ronald voranbringen könnte. Sie selbst hat enge weibliche Freunde.

Etwa zwei Wochen später

»Du mußt den Einsatz erhöhen«, sagt sie.
Ich schaue blöde.
»Gewissermaßen hast Du das schon getan, als Du Ronald nach

seinen Gefühlen fragtest. Aber er hat nicht angebissen. Probiere es weiter: mehr Chips auf den Tisch. Erhöhe den Einsatz! Ich habe es auch getan – mußte es tun – mit meinen neuen Freundinnen in den vergangenen Jahren. Es kommt ein Punkt, wo eine neue Beziehung steckenbleibt. Man lernt sich kennen, man mag die Person, man trifft sich zum Essen. Aber dann tut sich nichts mehr. Also muß einer dem anderen irgendwie nähertreten.

»Natürlich«, so schloß sie trocken, »kann das auch ins Auge gehen.«

Zehn Tage später

Ronald und ich sitzen in unserem üblichen China-Restaurant, und ich denke über das nach, was er vor zehn Minuten sagte: »Mein Vermieter will, daß ich ausziehe. Das heißt, ich muß mit meinen Möbeln, den zehntausend Büchern meiner Bibliothek, mit allem in ein anderes Domizil umziehen.«

»Wie schrecklich.«

»*Mon vieux,* das wird, wie man sagt, ein ›Scheißgeschäft‹.«

»Wirst Du eine Umzugfirma beauftragen?« Ich bin etwas besorgt, da ich weiß, daß Ronald im Augenblick wenig Geld hat.

»Die Kinder meines Vermieters werden mir zur Hand gehen, *mon ami*«, antwortet er scheinbar guten Muts.

Mir ist klar, daß Ronald trotz der enormen Unannehmlichkeiten keine Spur von Erregung zeigen wird. Mir ist schon der Gedanke gekommen, daß ich ihm bei seinem Umzug helfen sollte, wenn ich sein Freund sein will. Aber ich zögere, es ihm anzubieten. Nicht nur, weil es harte Arbeit bedeuten und viel Zeit in Anspruch nehmen würde. Sondern hauptsächlich, weil er nicht um Hilfe gebeten hat.

Schon wieder dieses Besorgtsein um die Unabhängigkeit.

Auf dem College, als wir alle arm waren, und in den Jahren unmittelbar danach – den Jahren, als wir noch Freunde hatten – war es ganz selbstverständlich, daß Freunde einem beim Umzug halfen. Es war beinahe ein Ritual: Man schleppte dieselben schäbigen Möbel von einer schäbigen Wohnung in eine andere schäbige Wohnung. Und dann das rituelle Wändestreichen: nur nicht weiß.

Nun aber sind wir erwachsen. Wir besitzen wertvolle Möbel – sogar Antiquitäten, eine ansehnliche Bibliothek, ein oder zwei Ölgemälde. Solche Besitztümer zeugen von unserem Erfolg im Leben. Es macht die Menschen glauben, daß wir unabhängig sind und genug Geld haben, um andere dafür zu bezahlen, unseren Umzug zu machen. So gesehen brauchen wir niemand – zumindest niemand bestimmten. Die Erklärung von Wünschen, der Austausch von Bedürfnissen, was einst die Grundlage für Zusammenschlüsse von Menschen bildete – Männer im Krieg, Bauern, die gemeinsam eine Scheune hochzogen, Menschen, die gefühlsmäßige Unterstützung brauchten – das alles ist heute nichts mehr für richtige Männer. Es ist unter unserer Würde.

In unserem Alter ist die angemessene Arena für Männerfreundschaft das gemütliche Essen oder der Golfplatz oder vielleicht bestimmte Arten von Arbeit. Aber gewiß nicht ein solches Engagement für das Privatleben des anderen. Außerdem würde ich mir wahrscheinlich meinen nicht mehr ganz jungen Rücken zerren. Lächerlich.

So betrachte ich Ronald, wie er seinen schwarzen Tee schlürft, und sage nichts.

Am nächsten Morgen

Gleich nach dem Aufstehen rief ich Ronalds Anrufbeantworter an und sagte dieser nervtötenden Apparatur, daß ich ihm bei seinem Umzug helfen wolle und daß ich für ihn da sei, wenn er es wünsche. Eine halbe Stunde später rief Ronald zurück. Er war erfreut und bat mich, morgen gegen Mittag zu kommen. Der Einsatz ist gemacht: Ich bin stolz auf mich und komme mir gleichzeitig ein bißchen dumm vor.

Am Abend des folgenden Tages

Es war ein äußerst vielschichtiger Tag.

Zuallererst hatte ich die Langeweile vergessen. Wenn man mit jemandem etwas Körperliches und Praktisches tut, so gibt es da auch die Langeweile, die bei jeder Arbeit auftritt. Die Minuten, die verstreichen, während wir zum Beispiel vor einer Bücherwand stehen und uns überlegen, wo wir anfangen und wie wir sie transportieren sollen. Diese Langeweile ist etwas anderes als das, was entsteht, wenn der einzige Schauplatz einer Freundschaft das Essen zu Hause oder im Restaurant ist. Dort ist die Langeweile subtiler, und sie geht tiefer – die Frustration darüber, daß die Gespräche über gewisse Bahnen nie hinausgehen, daß wir auf der gesellschaftlichen Ebene agieren, auch wenn wir scheinbar private Vertraulichkeiten austauschen. Diese Langeweile ist immer verdeckt: verborgen hinter strahlendem Lächeln, hinter teilnahmsvollen Mienen, hinter Geschwätz. Wir sind uns bewußt, daß wir für unsere Freunde unterhaltsam zu sein haben. Aber bei dem Umzug mit Ronald entstand die Langeweile natürlich und frei, weil jede körperliche Aktivität Momente mit sich bringt, in denen man sich leer und ausgelaugt fühlt. Also erlebten Ronald und ich Seite an Seite die Langeweile. Es war eine vergessene Art des Zusammenseins.

Trotzdem war dieser Umzug für mich ein intensives Erlebnis. Mir war bis dahin nie aufgefallen, wie kulissenhaft unsere Häuser eingerichtet sind. Farben betonen, dramatisieren, beeindrucken. Schatten überdecken, was wir verbergen, Lichter beleuchten, was wir hervorkehren wollen. Die Anordnung der Möbel soll ein Gefühl von Harmonie vermitteln, soll den Eindruck von Ordnung, Gediegenheit und Geschmack erwecken.

Und es läßt sich kaum ein ausgesuchteres Arrangement vorstellen als das im Zentrum von Ronalds Haus, das er wie eine Art Museum angelegt hatte.

Aber ich kann euch sagen, ich, der das Bettzeug von seiner Schlafstatt abgezogen und für den Transport gefaltet hat, daß unter Ronalds Bettdecke eine Seidensteppdecke liegt, und diese Decke ist seit Jahren weder gewaschen, noch gereinigt worden. Ich weiß es, weil der Fleck von Menstruationsblut in ihrer Mitte die unverwechselbare Farbe von uralter Oxidation hat. Ich kann bezeugen, daß in den Ecken seiner Wandschränke kleine Bündel alter, schmutziger Socken liegen. Daß kein Staubsauger je unter das Sofa gekommen ist, um den dort angesammelten Dreck einzufangen.

Der elegante Südstaatler ist schmutzig. Er kümmert sich mehr um das Aussehen seiner Wände oder den Kauf neuer Kunstbücher, als um die Reinigung seines Bettzeuges. Plötzlich weiß ich um so viel mehr von Ronald. Das nimmt mir etwas von der Angst, die ich seiner scheinbar kühlen Perfektheit gegenüber empfinde. Aber ich frage mich auch, wieder einmal, ob ich einem Mann, der so viel Fassade hat, vertrauen soll.

Insgesamt jedoch stärken solche Entdeckungen meine Gefühle für Ronald mehr, als sie mich abschrecken. Ich bin dankbar für die Vertrautheit, die sich dadurch ergibt, daß ich einem Freund beim Umzug helfe. Ich mache Fortschritte.

Im Laufe des Nachmittags erscheint Ronalds Exfrau, um beider Sohn für das Wochenende abzuliefern. Die Mutter zeigt schon Neigung zum Dickwerden. Ein hübsches, etwas verschwommenes Gesicht. Die Eltern sprechen in jener eigenartig zivilisierten Art von Exgatten in einem aufgeklärten Zeitalter miteinander: einer sorgsam gewahrten Freundlichkeit. Sie war nicht brillant genug für ihn, glaube ich. Das ist der Grund für ihre Scheidung. Das Kind ist für seine fünf Jahre hochgewachsen und unruhig. Schön, energisch und mit Ronalds Intelligenz begabt. Entweder es bekommt einen Knacks, bevor es zehn ist, wegen der gravierenden Spannungen in der Beziehung seiner Eltern, wegen der gegensätzlichen Erbanlagen, die sie ihm mitgegeben haben, oder es wird gesund und überdurchschnittlich intelligent. Ich sehe die besten Qualitäten des Vaters in dem Kind.

Dann treffe ich den Mitbewohner. Kurz zuvor hatte Ronald noch gesagt: »Ich werde ihn umbringen.«

»Warum?«

»Ich habe in den letzten Tagen fünfzig Stunden damit verbracht, meine besten paar hundert Bücher im Wohnzimmer des neuen Hauses zu sortieren. Gestern Abend kam Tom zurück, brachte diese drei Regale mit und stellte alle Bücher einfach wahllos hinein. Ich bin selten wütend, *mon vieux*, aber heute wirst Du mich kennenlernen!«

Ich sehe ihn weder wütend, noch kann ich erkennen, welchen Schaden der Mitbewohner angerichtet haben soll. Anscheinend bevorzugt Ronald für diese speziellen Bücher eine besondere Anordnung. Er, ein Mann der Kunst, drapiert sie gerne wie für eine Ausstellung, und Tom hatte sie alle einfach der Reihe nach in das Regal gestellt. Aber es kommt zu keiner Explosion, als der glücklose Mitbewohner erscheint. Ronald nimmt ihn beiseite und spricht nur ganz ruhig und ernsthaft mit ihm. Ich lerne also, daß Ronald nicht schlicht und einfach wütend werden kann. Eine weitere Entdeckung.

Das meiste jedoch, gemessen an reiner Uhrzeit, war einfach Schleppen, wie ich es von früher kannte. Arme vollpacken, bücken und beugen und zurückkommen und wieder aufpacken. Den ganzen Nachmittag eine Liebesarbeit. Ein Geschenk für einen Freund, eine langweilige Pflicht. Sorge um eine heruntergefallene Schallplatte. Das Vergnügen gemeinsamer harter Arbeit.

Später gingen Ronald und ich und das Kind eine Pizza essen. Die Sonne war am Untergehen; der Nebel war hereingezogen. Die Arbeit war beendet, und es war kühl. Wir stopften uns voll, und er bestand darauf zu bezahlen. Ich ließ ihn. Geschenk um Geschenk. Ich hatte gearbeitet, und er erkannte die Hilfe an. Pizza und Bier und das gelangweilte, erschöpfte kleine Kind. Das war mehr als unsere gemeinsamen asiatischen Essen. Es könnte der Beginn einer Vertrautheit sein. Meine Bemühungen – denn das sind sie – um Freundschaft mit ihm sind nicht ganz vergebens. Obwohl ich Ronalds Distanziertheit noch keineswegs durchbrochen habe. Er scheint immer noch ziemlich weit weg. Wahrscheinlich Sorgen wegen des Umzugs. Was er nie zugeben würde. Aber es war ein guter Tag.

Acht Monate nach Ronalds Umzug

Wenn ich mir überlege, was aus all den Versuchen während des vergangenen Jahres geworden ist, muß ich feststellen, daß der Umzug das letzte Ereignis ist, woran ich mich bezüglich meiner Beziehung mit Ronald erinnern kann. Ich bin nicht einmal sicher, ob wir uns danach überhaupt noch getroffen haben. Ich weiß, daß zwischen seinem Anrufbeantworter und meinem Telefondienst Botschaften ausgetauscht wurden. Daß wir beide zu reisen begannen und unsere Anrufe vermißten. Daß scheinbar ich meistens derjenige war, der diese Anrufverwirrungen in Gang setzte – oder ist das bloß meine Einbildung, meine Überempfindlichkeit gegenüber Geringschätzung, mein typisch männliches Aufrechnen im Sinne von: Wer tat was für wen, und wieviel hat ein jeder investiert, und habe ich vielleicht mehr getan?

Ich kann mich erinnern, daß ich verärgert war, weil ich lange Zeit nichts von ihm gehört hatte, aber war das allein sein Fehler? Oder wurde mir, halb im Unterbewußtsein, klar, daß der Blutfleck und die schmutzigen Socken, die normalerweise verborgen sind und nur bei so außergewöhnlichen Gelegenheiten wie einem Umzug zutage treten, alles an Offenbarung wären, was ich je bekommen würde? Daß die Zurschaustellung in der neuen Wohnung zunehmen würde. Daß jedes der zahllosen Bücher in dem neuen Wohnzimmer auf das Feinste placiert werden würde, für immer. Und daß im Grunde nichts bleiben würde als die elegante Lässigkeit, die Reserviertheit des Südstaaten-Gentlemans und die permanente Verschlossenheit. Kurz, daß ich immer das Gefühl haben würde, mir werde etwas vorenthalten, ohne je zu erfahren, was es ist.

Vielleicht ist es so, daß *ich* mich unbewußt von *ihm* zurückgezogen habe.

Ich weiß es nicht. In jedem Fall verlief diese Erfahrung in einer nebulösen, unergründlichen Sackgasse. Der Mann, der uns damals miteinander bekannt gemacht hatte, erzählte mir neulich, daß auch er nichts mehr von Ronald gehört habe. »Er ist einfach verschwunden.«

Ich muß zugeben, das hat mich beruhigt. Ich hatte schon befürchtet, Ronald könnte mich vielleicht einfach uninteressant gefunden haben. Vielleicht ist das auch der Fall. Oder möglicherweise ist Ronald zu sehr mit dem Kampf ums Überleben beschäftigt, um noch die

Energie und den Mut für neue Freunde aufzubringen. Für einen Mann in mittleren Jahren ist es heute nicht leicht, sich über Wasser zu halten. Auf allen Ebenen wird man vollgesogen, und manchmal ist die eigene Schwere alles, was man ertragen kann. Aber wie auch immer, ich werde diesen Telefonbeantworter nicht anrufen, um es herauszufinden. Ich habe mich weit genug vorgewagt. Und ich will meine Gefühle nicht erneut verletzen lassen.

Der Leser möge mich nicht falsch verstehen. Ich geriet nicht bei jedem Mann, den ich traf, in Aufregung und wollte mit ihm Freundschaft schließen. Aber ich hatte es mir zur Aufgabe gemacht als etwas, das ich tun mußte und tun würde. Mir sind in diesem Jahr Hunderte von Menschen begegnet, aber nur mit vier Männern versuchte ich, Freundschaft zu schließen. Von Harry und Ronald habe ich erzählt. Ulysses Grant Richardson, ein Bankmanager und früherer Mitarbeiter im Weißen Haus, und Norman Goldberg, ein arbeitsloser Wirtschaftswissenschaftler aus New York, der erst vor kurzem mit seiner beruflich erfolgreicheren Frau an die Westküste gekommen war, waren die beiden anderen.
Ich glaube, Richardson überraschte mich von allen am meisten. Ein alter Bekannter hatte die Idee gehabt, daß wir uns einmal privat treffen sollten. Richardson war mir vor Jahren behilflich gewesen, ein Darlehen für mein altes Forschungsinstitut zu bekommen, und eines Tages lud er mich zum Essen in sein Haus ein.
Das Haus war eine steingewordene Mischung aus dem Wohnsitz eines Samuraikriegers und einer gotischen Kathedrale. Es war deutlich zu erkennen, daß hier ein sehr teurer kalifornischer Architekt, wahrscheinlich zu Beginn seiner Karriere, die im Laufe der Zeit nüchterner werden würde, die Gelegenheit erhalten hatte, sich auszutoben. Es war schön und imponierend, aber man fragte sich unweigerlich, ob man selber in diesem architektonischen Sammelsurium mit kreuzförmigem Grundriß, Gewölben, Galerien und gebogenen Balken leben wollte.
Der Mann, für den es gebaut worden war, war in seiner äußeren Erscheinung weniger bunt, aber genauso monumental und ein-

drucksvoll. Einsfünfundneunzig groß, mit Beinen wie Baumstämme, sein Kopf massiv und kräftig, die Brust breit von langjährigem Training. An der Wand seines Arbeitszimmers hing ein Bild seiner hübschen blonden Frau. Alles andere war riesig: der antike französische Schreibtisch, an dem er arbeitete, die Aussicht aus den Fenstern, die Chinesisch-, Französisch- und Italienisch-Wörterbücher, mit deren Hilfe er sein derzeitiges linguistisch-philologisches Steckenpferd betrieb.

Richardson kredenzte mir ein leichtes Mahl mit einem nonchalant gewählten schweren französischen Wein. Dann erzählte er mir, daß seiner Meinung nach Männerfreundschaft ein nicht hinreichend bedeutender Gegenstand für ein Buch sei. Er selbst bevorzuge Themen, die mehr im Rahmen der großen Traditionen stünden, sagte er, etwa in der Art von »das gute Leben« oder »Gerechtigkeit«. »Es gibt schon zu viele Bücher über alle nur erdenklichen nebensächlichen Themen«, sagte er. Abgesehen von diesem schweren Angriff, den ich auf die schlechten Sitten geschäftsmäßiger Kampfeslust schob, war er herzlich und charmant. Er erzählte von Sprache und Mythologie und Geschichte und scherzte über den saloppen Gebrauch der englischen Sprache, mit dem ihn seine kalifornischen Psychologen-Bekannten quälten. Ich erfuhr, daß er nicht nur in seinem Beruf und in seinem Hobby aktiv war, sondern auch in den Vorständen eines halben Dutzends wohltätiger Organisationen. Als ich ging, war ich sehr beeindruckt und ein wenig niedergeschlagen, und ich hatte das Gefühl, ziemlich deklassiert worden zu sein.

Dann, etwa eine Woche später, erhielt ich zu meiner großen Überraschung den folgenden Brief:

Lieber Stuart:
Ich schlage vor, daß wir, Du und ich, ganz offen fortsetzen, was – wie ich glaube – schon begonnen hat, eine Freundschaft zwischen uns beiden. Ich mag Dich sehr gern: Ich fühle mich in Deiner Gesellschaft wohl. Insbesondere fühle ich, daß mein Geist und mein Humor bei Dir Anklang finden, etwas, das nicht so häufig ist und das mir fehlt. Oft habe ich das Gefühl, daß mein Humor isoliert ist: folglich bin ich froh, wenn ich das Vergnügen mit jemand gemeinsam erleben kann.

In jedem Fall, vorwärts. Wie geht es weiter? Meinst Du, die Frauen sollten mit dabei sein? Natürlich möchte ich, daß Du Harriet und die Kinder kennenlernst. Die Hunde hast Du schon gesehen. Wie wär's mit einem Solo-Essen in den nächsten Tagen?
Dir Freundschaft willens,

Ulie

Ich war gerührt. Nicht bloß, weil ich ihn auf ein so hohes Podest gestellt hatte (so hoch wie die Dachbalken seines Hauses) und er mich offenbar als einen auf gleicher Ebene Stehenden gesehen hatte. Das war natürlich beruhigend, um nicht zu sagen schmeichelhaft. Aber noch mehr beeindruckte mich sein Mut, offen zuzugeben – noch dazu schriftlich –, daß er die Freundschaft suchte. Das war ein Musterbeispiel männlicher Geradheit. Ich selbst hatte erfahren müssen, daß es heute für Männer, mich eingeschlossen, eher natürlich ist, in dieser Hinsicht ausweichend und zurückhaltend zu sein. Hier war ein Mann, der ein lohnender Freund sein könnte. Ich rief ihn sofort an.
Aber ach! Der Rest der Geschichte war in den groben Zügen schon allzu vertraut. Einige Verabredungen zum Essen, Telefonanrufe, die immer seltener wurden; dann persönliche Probleme für Ulysses, einschließlich Scheidung von der hübschen Frau und Trennung von Haus, Kindern und Hunden. Ich rief ihn mehrmals an, sagte ihm, daß ich für ihn da sei, wenn er mich bräuchte, lud ihn zu mir ein. Er fand nie die Zeit zu kommen. Ich glaube, er holte sich die Unterstützung in seiner Krise bei einer Männergruppe, mit der er sich seit zwei Jahren getroffen hatte. Aber ich bin nicht sicher, denn wenn ich ihn danach fragte, sprach er immer sehr ironisch über die Gruppe. Dann heiratete ich wieder.
Vielleicht begannen wir zur falschen Zeit, er und ich. Aber selbst wenn ich all diese großen Lebensveränderungen außer acht lasse, die wenigen Male, die wir uns – in den üblichen Speiselokalen – persönlich trafen, erweckte er nicht den Anschein, als könne er das Versprechen seines Briefes einhalten. Stattdessen hielt er Minivorträge über das, was ihm am Gebrauch der englischen Sprache in Kalifornien besonders absurd erschien. Dann

schnaubte er: »Was soll denn ›Das fühlt sich für mich nicht richtig an‹ eigentlich heißen?« Über sein Geschäft zu reden, frustrierte ihn, und er konnte oder wollte mit mir, einem relativ Fremden, das Unglück nicht teilen, das über ihn hereingebrochen war, also hielt er sich an die Philologie und hoffte, daß ich, wegen meiner früheren Tätigkeit als Englischprofessor, mitspielen würde. Aber solche Spielchen interessierten mich schon lange nicht mehr.

Mit Ulysses war es wie mit Harry und den Augenblicken des Schweigens. Wir erreichten nie wieder die Höhen der anfänglichen Begeisterung. Obwohl wir vermutlich beide an der Kunst der Freundschaft arbeiteten und die neue Beziehung mit Sorgfalt und Besonnenheit behandelten. Eine weitere Enttäuschung, die zu denken gab.

Mit Norman Goldberg war es von Anfang an anders gewesen. Norman war so etwas wie ein Landsmann, ein kleiner, rothaariger und hyperaktiver New Yorker Jude, der mehrere moderne Sprachen sprach, in Kunst, Soziologie, Theater und drei Dutzend anderen Gebieten bewandert war, viel lachte und sich meistens benahm wie Mel Brooks mit einem Doktor der Philosophie. Seine großgewachsene Freundin, deren Buch ich als Berater betreute, war auf die Idee gekommen, uns bekannt zu machen, weil Norman »neu in San Francisco war und Freunde brauchte«. Wir trafen uns zum erstenmal, wie mittlerweile scheinbar unvermeidlich, zum Essen in einem Restaurant. Wir lachten miteinander. Und insgeheim gefiel mir auch, daß Norman neu in dieser Stadt und nicht in Arbeit eingespannt war. Er bestand darauf zu bestellen, und wir aßen sehr gut und hatten ganz allgemein eine herrliche Zeit.

Aber jedes Treffen danach war eine Katastrophe. Norman entpuppte sich als ein völlig anderer als der muntere, gesellige Intellektuelle, für den ich ihn anfangs gehalten hatte. Norman der Wüterich; Norman das Großmaul; Norman der Egozentriker und Wichtigtuer, ein »Narzißt« – ein Wort, das er später selbst gebrauchte – von höchsten Maßen. Die Desillusionierung war so niederschmetternd, seine Aggressivität so betäubend, daß ich mich monatelang bemühte, es einfach nicht zu glauben. Ich schob es auf seine Schwierigkeiten, weil er noch keinen Job gefunden hatte; auf seine etwas rauhen Ostküstenmanieren, die sich mit der Zeit abschleifen würden; oder auf meinen eigenen Mangel an irgendwas. Ich wußte nicht, was es war. Außer, daß es nie aufhörte.

Schließlich, und ohne ihm etwas zu sagen, kam ich zu dem Entschluß, mich aus seinem Leben zurückzuziehen. Ich wußte, ich hätte ihn mit meinen Gründen konfrontieren sollen, nachdem Harry und andere mich nicht mit den ihren konfrontiert hatten. Aber ich sagte mir, ich hätte einfach nicht den Nerv, noch weitere Beleidigungen zu ertragen. So erwiderte ich seine Telefonanrufe allmählich immer seltener, schob ein Treffen immer weiter hinaus und gebrauchte Frau, Familienangelegenheiten und Geschäftstermine als Ausreden. Kurz, mit Ärger, Groll und sogar etwas echter Beschämung darüber, daß ich es auf diese übliche Weise tat, verschwand ich einfach, so wie andere scheinbar vor mir verschwunden sind.

Was habe ich aus diesem Jahr der Suche nach neuen Freunden gelernt? Mit einem Wort: Trotz gegenteiliger Behauptungen in den neuen Büchern über die »Kunst der Freundschaft«, ist es *nicht leicht,* sich auf den Weg zu machen und echte Freunde zu finden, wenn man die Fünfunddreißig überschritten hat. Auch wenn man, wie ich, sehr sorgfältig Männer auswählt, die ähnliche Interessen, einen ähnlichen Sinn für Humor und einen ähnlichen intellektuellen und kulturellen Hintergrund mitbringen. Auch wenn man sich redlich abmüht, wenn man zwei oder drei Telefonanrufe macht für jeden, den man bekommt, wenn man so weit geht, Verhaltensweisen aus der Jugendzeit wiederaufzunehmen und beispielsweise, ohne darum gebeten zu werden, bei einem Umzug zu helfen. Selbst wenn man mit großer gegenseitiger Begeisterung beginnt, wenn am Anfang, wie im Falle von Harry Solano, ein Ereignis steht, das die eigene Meinung darüber, was wichtig ist im Leben, völlig verändert. Selbst wenn Ulysses Richardson sich schriftlich erklärt – ein erstaunlicher Akt in unserer übervorsichtigen Zeit, in der die Vergänglichkeit persönlicher Beziehungen als so normal angesehen wird, daß Gefühle nur höchst selten auf Papier festgehalten werden. Selbst wenn, mit Ausnahme von Norman aus New York, die Männer, die man sich aussucht, im Grunde durchweg kalifornische Softies sind, deren Aggressions- und Rivalitätsgefühle unterdrückt sind und die Hunderte von Therapiestunden und Gruppen hinter sich haben, um mit neuen Leuten offen und erfolgreich umgehen zu können. Selbst wenn man es, innerhalb der Grenzen der eigenen Vorurteile, mit so verschiedenen Leuten versucht hat, wie einem reichen Geschäftsmann-Musiker, einem Kunstprofi, einem Philologieliebhaber und Bankmanager und einem stellungslosen Wirtschaftswissenschaftler.

Selbst wenn man all diesen Bedingungen entsprochen und all diese Möglichkeiten ausprobiert hat, ist es schwer, jenseits der Fünfunddreißig noch einen Freund zu finden. Und vor allem, es gibt keinen natürlichen Nährboden, auf dem sich Freundschaft leicht entwickeln und festigen könnte.

Wir treffen uns in Restaurants wie auf neutralem Boden, zwischen dem, was wir für das wahre Leben halten. Freundschaft ist ein Luxus, eine Begleiterscheinung. Sie ist nicht mehr Bestandteil des angesehenen ursprünglichen Gebiets der Gemeinde, der Piazza, des Mannseins schlechthin. Wäre es also besser gewesen, ich hätte mir Freunde in meiner Arbeit gesucht? Vielleicht. Aber diese vier Männer und der größte Teil der anderen, die ich interviewte, hatten an ihrer Arbeitsstelle keine echten Freunde. Die Art von nicht zweckgebundener und echt engagierter Freundschaft, die ich suchte, ist dort selten zu finden.

Ich bekam allmählich das Gefühl, daß die fehlende Anerkennung und das mangelnde Ansehen der Freundschaft in unserer Zeit mit dazu beitrugen, daß die zwischen mir und Solano, Sutherland und Richardson sich anbahnenden Beziehungen so rasch im Keim erstickt wurden. Wenn ich anrufe und sie wegen anderer Verpflichtungen nicht selbst am Apparat sind, wird mein Anruf automatisch zu einem weiteren Punkt auf der Tagesliste, ein Gegenstand des Zeitmanagements. Angesichts von Kindern,

Zuhause, aushäusigen Ehefrauen, anspruchsvollen Geliebten und Arbeit, die durchweg automatisch Vorrang vor Freundschaft und mir haben, ist es kein Wunder, wenn meine Anrufe nicht sofort und manchmal überhaupt nicht erwidert wurden. Aber auf Grund meines neuen Bewußtseins, daß ich tiefere Freundschaften wollte, fand ich immer die Zeit, sie anzurufen. Und ich hielt mich daran, trotz meiner eigenen Liste dringender Verpflichtungen.

In einer intakten Gesellschaft und auch in allen westlichen Gesellschaften bis in die Gegenwart würde der Anspruch auf Freundschaft genauso laut gehört worden sein wie viele, wenn nicht alle der obengenannten Belange des Mannes. Ich weiß, das klingt wie Ketzerei, aber es war immer so bis heute. In der abendländischen Tradition besaß die Freundestreue einen genauso hohen Stellenwert wie Frau, Arbeit und Kinder. Männerfreundschaft war ebenso wie diese eine wesentliche Institution.

Als ich den angriffslustigen Norman zurückwies, konnte ich dies so einfach tun, weil es außerhalb eines sozialen Netzwerkes geschah und weil keine Erwartungen einer öffentlich angesehenen Institution dahinterstanden. Ich verschwand einfach in die Drähte meines Anrufbeantworters, so wie andere verschwunden waren. Ich tauchte unter in meinem privaten Kalender, der gespickt war mit Terminen, die für ihn keinen Platz ließen, obwohl er anrief und darauf bestand; da mußte ich »an Konferenzen teilnehmen«, »Klienten besuchen«, »Geschäftsreisen machen«, »Berichte schreiben«, »an diesem Abend mit meiner Frau zu einer Verabredung gehen« und so weiter. Ich ließ ihn fallen und ging meiner Wege, ohne einem gesellschaftlichen Umfeld gegenüber gezwungen zu sein, eine plausible Erklärung dafür zu geben.

Derart einfache und bequeme Rückzugsakte, ob wir sie nun anderen gegenüber praktizieren oder andere uns gegenüber, sind durchaus modern und buchstäblich zum Wahnsinnigwerden. Wenn jemand einfach so aus einer Beziehung aussteigt, neigt man leicht dazu, sich selbst für verrückt zu halten.

Da steht man nun und greift ins Leere, wo vorher jemand da war. Ein Freund. Das ist natürlich ein idiotischer Zustand. Und weil man ein rationales Wesen ist, fängt man an zu denken. Man beginnt sich zu fragen, was es wohl sein könnte, das einen in diese kritische Lage gebracht hat. Man fängt an, darüber nachzugrübeln, ob man nicht geistreich genug war, um dem anderen zu gefallen, oder vielleicht nicht genug sonstwas. Oder liegt es, wie man möglicherweise in etwas lichteren Momenten denkt, daran, daß es für Freundschaften keinen sozialen Nährboden und keine institutionelle Einbindung gibt?

Wer von solchen Zweifeln geplagt wird, gerät leicht in Gefahr, sich noch weit schlimmeren Phantasien über die eigene Minderwertigkeit hinzugeben. Wem wäre es in dunkleren Momenten nicht schon ebenso ergangen? Man kann sich also vorstellen, daß die anderen sich ähnlich gebärden und dieselben Zweifel hegen.

Das sind gewiß keine erfreulichen Erfahrungen. Sie sind begleitet von Scham und Schuldgefühlen, lassen die Einsamkeit noch stärker fühlen und vertiefen die Desillusionierung: genug Stoff, um die Panzerung eines Mannes zu verhärten. Niemand würde es übelnehmen, wenn er mit seinen Versuchen aufhörte und nur nach seiner eigenen Schulter griffe, ruhig, ohne einen Pieps und ohne je wieder ernsthaft auf andere zuzugehen. Wenn ich sehr niedergeschlagen war, dachte ich oft daran, mein Vorhaben ganz aufzugeben.

Doch der Gedanke blieb bestehen, daß Willie Morris, gewiß ein kluger Kopf, doch nicht völlig recht haben konnte. Wir können einfach nicht dazu verdammt sein, auf das Wunder der Freundschaft warten zu müssen, das in unserer Gesellschaft so selten geschieht. Eines hatten meine Fehlschläge mich zumindest gelehrt: Wer neue Möglichkeiten der Freundschaft schaffen will, darf nicht glauben, daß dies ein schnelles, leichtes und schmerzloses Unternehmen sein würde. Fast überall, wo ich hinsah, mußte ich erkennen, daß Freundschaft tot war, daß nicht einmal ihre Idee ernst genommen wurde. Gegen all diese Widrigkeiten anzusteuern, würde gewiß einiges an Klugheit und Geduld erfordern, an Beharrlichkeit und irrationalem Glauben. Um mein Ziel zu erreichen, würde ich also große Anstrengungen in Kauf nehmen und Ausdauer mitbringen müssen und mehr Kenntnisse, als ich sie zu dem Zeitpunkt besaß.

So wandte ich mich an die wenigen Männer unter meinen Interviewpartnern, die – seltsam genug – wirkliche Beziehungen zu haben schienen.

4 Drei Männer

Es ist oft darauf hingewiesen worden, daß uns modernen Menschen literarische Vorbilder großer Freundschaften fehlen. Daß die moderne Literatur zwar viele berühmte Liebesgeschichten aufweist, aber nur sehr wenige über Freundschaft. David und Jonathan, Pylades und Orest, Roland und Oliver, Amis und Amilie, diese treuen Heldenpaare finden in der modernen Literatur kein Äquivalent, eine Tatsache, die die Möglichkeit, Freundschaft im Leben zu finden, nicht gerade unterstützt.
Wir haben keine literarischen Modelle der Freundschaft, weil Freundschaft in unserer Zeit ihr hohes Ansehen verloren hat. Trotzdem gibt es noch einige Freundschaften, draußen in der weiten Welt. Bis zum Ende des zweiten Jahres hatte ich Hunderte von Männern über ihre Freundschaften befragt. Und obwohl die meisten von ihnen offen zugaben, daß sie keine wirklichen Freunde hatten, und die überwiegende Mehrzahl der übrigen vorgab oder glaubte, sie hätten welche, auch wenn es nicht stimmte, fand ich doch ein paar echte Freundschaften.
Die drei folgenden Darstellungen sind keine hohe Literatur über zeitgenössische Freundschaft. Es sind vielmehr die Aufzeichnungen ganz gewöhnlicher Männer, die versuchen, mit einem engagierten Zuhörer über ihre Beziehungen zu sprechen. Die meisten von uns – einschließlich dieser drei Männer – sind keine Dichter, und wir können, auch mit noch so vielen Worten, nicht präzise ausdrücken, *was* uns wichtig ist. Noch sind diese drei Männer heroische Figuren, denen man spontan nacheifern möchte. Sie sind keine Modelle, und ihre Freundschaften gehören nicht einmal zu den vollkommensten, die man sich vorstellen kann.
Aber sie sind echt. Und jeder Leser wird darin, ebenso wie ich, eine eigene individuelle Bedeutung finden. In einem weiteren

Sinn sind sie für unsere Zeit der Vereinsamung Verkünder von Möglichkeiten, Beschwörer des Archetypus, Töne, auf die man sich einstimmen kann. Sie helfen, den Mangel an Hinweisen in der zeitgenössischen Literatur erträglicher zu machen. Wenn wir genügend Phantasie aufbringen, die folgenden Berichte mit offenem Herzen zu lesen und mit einem Gespür für das, was nicht unbedingt gesagt, aber doch angedeutet ist, können sie uns von Nutzen sein. Denn, es ist, wie mir im Laufe meiner eigenen frustrierenden Suche klar wurde, nicht so sehr eine neue Literatur der Freundschaft, die wir brauchen. Wir müssen vielmehr – und zwar höchst dringend – einzeln und gemeinsam in unserer Vorstellung die Möglichkeiten für eine Erneuerung der Freundschaft schaffen. Bei dieser Aufgabe kann die Betrachtung solcher existierender Freundschaften von großem Nutzen sein.

Äußerlich war Scott Deering kein ungewöhnlicher Mann. Zuhause kleidete er sich wie ein typischer Neu-Engländer: Mokassins, Khakihosen. Seine Brille hatte ein Stahlgestell, und die blonden Haare auf dem Kopf seiner einsachtzig großen Gestalt waren glatt und glänzend. Ungewöhnlich war er dadurch, daß er von sich aus über seine Freundschaften reden wollte. Die meisten Männer reden nur ungern ausführlicher über dieses Thema. Im allgemeinen wird Freundschaft als etwas Heikles, Geheiligtes und Männliches angesehen, über das man besser nicht spricht. Aber Scott, der von seiner Frau, einer alten Bekannten von mir, gehört hatte, daß ich an diesem Thema arbeitete, bestand darauf, interviewt zu werden. Sie hatte mir schon erzählt, daß er insofern untypisch war, als er noch immer mit einer Gruppe von Kameraden aus der Kindheit in Verbindung steht – trotz seiner annähernd vierzig Jahre und obwohl sie über das ganze Land verstreut lebten. Innerhalb dieser Gruppe, sagte sie, habe er einige besonders enge Freunde, aber diese intensiven Beziehungen zwischen den heute Erwachsenen seien erst aufgrund der Existenz der Gruppe entstanden.

Als erstes wollte Scott mir erklären, weshalb diese Gruppe überleben konnte, wo doch die meisten anderen amerikanischen

Männer ihre Kindheitskameraden verloren hatten. Er begann analytisch. Erst allmählich und nachdem ich ihn dazu gebracht hatte, weniger theoretisch und allgemein zu sprechen, bekam die Gruppe für mich etwas von der Lebendigkeit, die sie für ihn hatte.

»Vor allem«, sagte Scott, »hatten diese Freundschaften nichts mit dem Beruf zu tun. Sie waren nicht auf einen Zweck hin orientiert oder auf ein spezielles Ziel oder auf eine Beschäftigung, wie es unter Berufskollegen meist der Fall ist. Als ich etwa Mitte Zwanzig war und sehr, sehr hart arbeitete, um festen Boden unter die Füße zu bekommen, war ich mit einigen Rechtsanwälten befreundet. Diese Beziehungen gründeten sich hauptsächlich auf die gemeinsamen Interessen an ganz bestimmten Dingen. Mit meinen Freunden in der alten Gruppe dagegen ist jedes Gesprächsthema und jede Beschäftigung möglich. Und diese Vielfältigkeit ist entscheidend.

»Ein weiterer Grund, weshalb die Gruppe noch besteht, sind die Traditionen. Sie begannen und waren am lebendigsten, als wir zwischen zwölf und achtzehn waren. Wir bildeten feste Institutionen.«

Ich war von der Idee begeistert und fragte ihn ganz genau, was er damit meinte.

Er stutzte, etwas überrascht, daß ich nicht intuitiv wußte, was ihm so klar war. »Nun, irgendwann beschlossen wir, daß wir alle zehn Jahre zu einem großen Treffen zusammenkommen wollten, und das taten wir auch. 1968 kamen alle; und achtundsiebzig ebenfalls, einschließlich eines Burschen, von dem wir zehn Jahre hindurch überhaupt nichts gehört hatten, und das war tragisch. Oder wir wählten den ›Verlierer‹ des Sommers, das war immer derjenige, der am meisten Pech gehabt hatte, und wir machen das heute noch. Einmal hatten wir es vergessen und holten es dann sogar hinterher am Telefon nach. Und das Kartenspielen am Samstagabend. Und die Hauptsache, das Treffen jeden Sommer, auch jetzt noch, obwohl ich hier lebe und die anderen fünf über das ganze Land verstreut sind.«

Er verfiel in Schweigen, aber ich wollte noch mehr von dem

hören, was für ihn so lebendig war. Dieses Tabu, daß Männer nicht über das sprechen, was ihnen wirklich nahegeht, sitzt so tief, daß ich Scott, der sich ja von sich aus bereit erklärt hatte, immer wieder drängen mußte weiterzureden. Dabei bemühte ich mich, mein Interesse nicht wie Neugier aussehen zu lassen, um seine angeborene Neu-England-Zurückhaltung nicht noch mehr zu provozieren. Also beschränkte ich mich darauf, ihn durch gezielte, aber behutsam gestellte Fragen anzutreiben.

»Wo trug sich das alles zu? In welcher Umgebung?«

»Es ist ein Ferienort an einem See, wo unsere Familien immer den Sommer verbrachten. Den Winter über waren wir alle in verschiedenen Internaten. Aber im Sommer war der See unsere Heimat.«

»Und wie sieht es da aus?«

»Nun, es ist eben ein See. Etwa zwölf Kilometer lang.«

»Was siehst Du, wenn Du ihn Dir vorstellst?«

»Ein paar kleine Segelboote, einen Yachtclub. Die Leute wohnen an verschiedenen Plätzen um den ganzen See herum, und wir besuchten uns gegenseitig mit Motorbooten. Es gab Tennis und Wasserski, Partys und Segeln. Wir trafen uns zum erstenmal vor über zwanzig Jahren im Yachtclub. Als Kinder halfen wir dort beim Aufräumen der Stühle – es waren weiße Holzklappstühle –, und dafür durften wir gratis zu den Tanzveranstaltungen.«

»Erzähle mir noch mehr über den See.«

Er blickt einen Moment lang etwas verdutzt drein, nickt dann aber zustimmend mit dem Kopf und fährt fort.

»Eine Straße führt ringsherum. Kies. Hat sich kaum verändert, seit ich ein Kind war. Vor gut zehn Jahren haben sie dort eine Highway-Trasse entlang gebaut, aber man merkt kaum etwas davon. Sie ist hinter den Bäumen versteckt. Vielleicht sind die Bäume jetzt auch höher. Die Häuser sind immer noch niedrig, Ferienhäuschen mit drei Schlafzimmern. Sie sind seit jenen Jahren alle etwas erweitert worden. Aber wegen der Bäume sieht man die Häuser kaum.«

»Bäume und Hügel und Wasser«, fasse ich zusammen, um das Gespräch voranzubringen, »Kiefern und Ahorn und Eichen?«

»Ja.«

»Und wenn Ihr Euch jetzt trefft?«

»Jetzt gehen wir samstagabends nicht mehr in den Yachtclub, so wie früher. Wir treffen uns in dem Haus, das wir früher immer am Sonntag besuchten. Es gehört jetzt zwei Brüdern aus unserer Gruppe, und es hat einen großen quadratischen Tisch. Es ist interessant – damals waren es die Kinder, die die Eltern zusammenbrachten. Das waren wir. Und die Eltern sehen sich heute noch. Auch sie fahren noch jeden Sommer dorthin.«

»Heutzutage ist das ziemlich ungewöhnlich, eine Gemeinschaft, die zwei Generationen umfaßt und die Freundschaften begünstigt.«

Nun plötzlich will Scott die Sache vorantreiben. Er möchte, daß ich das Wesentliche daran erkenne, das ihm, nachdem ich ihn dazu angespornt hatte, nun langsam offenbar wird. »Es war eine Gemeinschaft, wie Du sagst, aber sie war anders als alle anderen, die ich kenne. Sogar anders als die Gemeinschaft im College, die Freundschaften gleichfalls begünstigt. Weißt Du, das war alles im Sommer. Heiße, schwüle und zeitlose Wochen, in denen es in dem Alter damals nichts zu tun gab, wo man nirgendwo hinmußte, nichts zu beweisen hatte. Ich glaube, man könnte sagen, der See ist wie ein Symbol für diese Ungebundenheit. Klar, rein und still.

»Was die Sache sonst noch so besonders macht, ist der Umstand, daß wir uns zu einer Zeit kennenlernten, als wir keine kleinen Kinder mehr waren, aber auch noch nicht alt genug, um zu arbeiten. In den Schulgemeinschaften, in denen jeder von uns während des Winters lebte, ging es immer darum, etwas darzustellen – Du kennst das ja, dieses Cliquenverhalten und Rollenspielen. Aber im Sommer – heiß, am See, ohne Kleider, in der Sonne und ohne eine große Gemeinschaft, gegen die man kämpfen mußte –, da war es möglich und sogar geboten, natürlich zu sein. Da war nicht der übliche soziale Druck, etwas darstellen zu müssen. Wer kann man schon sein im Wasser? Oder auf einem Floß im See?«

»Das heißt, da waren Kinder – oder besser gesagt – junge

Menschen, die in offener und spielerischer Beziehung zur Sonne, zum See und miteinander lebten?«

»Ja. Wir sind dann auch in den Winterferien dorthin gefahren. Einige der Geschichten, die wir immer wieder erzählen, sind Wintergeschichten. Wie Bobby in einem Jahr, als er ankam, auf dem vereisten See ausrutschte und die Flasche Haarwasser in seiner Gesäßtasche zerbrach. Genau wie zehn Jahre später, als Hank heiratete und Bobby eine Flasche Scotch fallen ließ, die er während der ganzen Anreise im Zug sorgsam gehütet hatte. Oder damals, als Laurie, Bobbys Schwester, über etwas, das ich gesagt hatte, so heftig lachte, daß ihr die Spaghetti aus der Nase herauskamen. Solche Situationen, die woanders absolut befremdlich wären, werden in diesem Kreis akzeptiert und sogar über das Normale hinaus hochgehalten. Als Hank nacheinander vierundzwanzig Mädchen anrief, um sich mit ihnen zu verabreden, und keine einzige ja sagte. Und wir erinnern uns mit großer Sympathie, daß er die letzten zehn nur deshalb noch anrief – es war sechs Uhr an einem Samstagabend –, um einen Weltrekord aufzustellen.

Eine weitere Tradition bestand darin, daß wir am Ende des Sommers zu einem nahegelegenen Sportclub gingen, wo es einen Golfplatz mit neun Löchern gab und ein paar ziemlich heruntergekommene Tennisplätze – ein trostloser Ort. Wir trugen dort ein Turnier aus, sehr kämpferisch. Aber es wurde irgendwie nie ernst genommen. Wir konnten uns nie entscheiden, wer gewonnen hatte, und es gab deshalb immer große Meinungsverschiedenheiten.«

»Keine Rangordnung, keine Fassaden, kein Versteckspielen. Und das alles draußen, in der freien Natur.« Einen Moment lang saßen wir beide schweigend da. »Das klingt romantisch«, fuhr ich fort, »eine Landidylle in Neu-England. Eine Welt, wie aus dem *New Yorker* Magazin, mit netten, privilegierten Kindern, nicht ausgesprochen reich, aber auch nicht arm. Den Sommer über frei. Liberale Familien. Gesunde Naturen. Treu bis auf den heutigen Tag.«

»Ja. Wir waren glücklich dran. Sogar privilegiert, wie Du sagst.

Und bislang haben wir es auch alle ganz gut geschafft. Jeder hat sein Geschäft, wir sind selbständig, und das ist heute ungewöhnlich. Also noch mehr Glück. Laurie hat Hank geheiratet. Sie ist Lehrerin. Und dann ist da noch Kent.«

»Warum klingst Du so bitter?«

»Kent ist vor etwa zehn Jahren verschwunden. Aber zum zwanzigsten Treffen tauchte er wieder auf: am Neujahrstag 1978, mittags. Er rief an diesem Morgen an und wollte wissen, ob es noch stattfand. Er sagte, er würde nicht kommen, weil er kein Geld hatte. Natürlich fuhr ich hin und holte ihn ab.«

Scotts gutaussehendes Gesicht verzog sich schmerzvoll. Er sah, daß ich es bemerkte.

»Zuerst war es eine Riesenfreude, ihn wiederzusehen, und dann war es deprimierend. Kent ist ein kleiner Mann mit lockigen schwarzen Haaren. Er erzählte, daß er nachts arbeitete. Für mich war das Problem nicht, daß er arm war. Das Problem war, daß keine Freude in ihm steckte. Das ist nur schwer zu erklären. Es fällt mir sogar schwer, überhaupt darüber zu reden, weil es mich schmerzt, wenn ich an ihn denke.

Kent fühlt, daß er nicht viel aus seinem Leben gemacht hat. Als er uns wiedertraf, kam keine Fröhlichkeit auf. Wir versuchten, ihm zu helfen, wollten ihn zum Beispiel dazubringen, daß er seine Eltern zum erstenmal nach zehn Jahren wieder einmal besucht. Aber es klappte nicht.«

Scott machte eine Pause. »Kent ist immer derjenige, der fehlt. Wir haben ihn in den letzten zwölf Jahren stets zum Verlierer des Sommers gewählt. Alle klatschen, wenn sein Name genannt wird, und dann wählen wir auch noch einen anderen. Wir sind alle verärgert, daß wir ihn nicht wirklich miteinbeziehen können, daß wir ihm nicht helfen können. Keiner weiß, was man für ihn tun könnte.«

»Gibt es noch andere schmerzliche Punkte innerhalb der Gruppe?«

»Ja. Das ist mit eine der Grundlagen der Freundschaft. Zwei der Leute sind meine echten Freunde, in Deinem Sinn des Wortes *Freund*. Da ist zum einen Bobby. Ihm kann ich alles sagen. Wir führen alle paar Wochen ein Ferngespräch. Und dann ist da Hank. Ich besuche ihn fast jedesmal, wenn ich zu meinem Onkel fahre. Das ist eher eine potentiell tiefe Freundschaft, nehme ich an, aber sie hat etwas, das ich bei allen anderen, die ich später schloß, vermißte. Auch wenn wir kein Wort sagen, ist es mit Hank reicher, tiefer, voller – älter und mehr verwurzelt.«

»Und das Schmerzliche?«

»Ah, ja. Ich muß zugeben, daß die Gruppe sich allmählich auflöst. Susan, meine Frau, ist neu in dieser Szene. Ihr machen die Rituale und Traditionen keinen Spaß. Sie fühlt sich ausgeschlossen. Obwohl sie die meisten Einzelpersonen mag, ist die Gruppe nicht die ihre. Sie kann es auch niemals werden. Das beeinträchtigt mein Engagement. Außerdem wird der Gruppe immer weniger Zeit gewidmet. Heute verbringen wir während des ganzen Sommers nur noch eine einzige Woche dort. Und ich habe das Gefühl, auch das wird verschwinden, vielleicht wenn die Eltern anfangen zu sterben. Nur mit Bobby und Hank, da verbindet mich noch etwas Echtes, etwas, das weit, weit zurückreicht. Und dafür bin ich dankbar.«

Auch Robert Fuller wollte von sich aus über Freundschaft interviewt werden, aber er ist ganz anders als Scott Deering. Als ich in sein Haus komme, schlägt er vor, wir könnten das Gespräch gemeinsam im Hot Tub (Warmwasserbottich) sitzend führen. Es ist der Platz, wo er seine Musestunden zu verbringen beliebt. Obwohl er ursprünglich aus New York stammt, ist Fuller jetzt ein sehr kalifornischer Psychoanalytiker. Seine Haarlocken kräuseln sich im aufsteigenden Dampf, während wir die Aussicht auf die abendlichen Lichter von Sausalito und über die Bucht hinweg auf San Francisco genießen.

Er beginnt mit einem Angriff. »Ich bin eine Ausnahme. Ich habe Freunde.«

»Wie alt sind Sie?«

»Neununddreißig. Interessant, daß Sie das fragen, denn noch vor vier Jahren hatte ich keine Freunde, aber Marcia, die Frau mit der ich zusammenlebe,« – er sagt es in der Art emanzipierter Männer, wie wenn es ein Wort wäre, *Frau-mit-der-ich-zusammen-lebe,* wie *Ehefrau,* aber anders – »hing dauernd am Telefon mit ihren Freundinnen, und so beschloß ich, daß auch ich solche Beziehungen haben wollte.

Nun, inzwischen habe ich ein paar Freundschaften von unterschiedlicher Intensität. Aber zwei Freunde sind mir besonders wichtig. Carl wohnt dort unten.« Er deutet auf Sausalito. »Er ist Tischler. Ich bin Psychoanalytiker mit einer großen Praxis. Ich spreche über ›Libido‹, ›Narzißmus‹, und ›Übertragung‹. Carl spricht meistens überhaupt nicht. Und das ist das Gute an unserer Freundschaft. Sie sollten ihn kennenlernen. Ich glaube, er hat eine ganze Menge Freunde: Er ist immer in der Crosstree Bar, und er ist immer mit Menschen zusammen. Wir trinken ein bißchen miteinander, manchmal spielen wir Karten. Es wird nicht viel geredet, aber er bedeutet mir viel.

Manchmal, wenn ich selber am Durchdrehen bin, wenn mich Ängste oder Sorgen plagen oder wenn es einfach in mir brodelt, dann kommt Carl und sagt, ›Gehen wir spazieren‹. Wir gehen, und er sagt kein Wort, aber nach und nach wird mir klar, daß es da eine Realität außerhalb dessen gibt, was in meinem Kopf passiert. Und ich entspanne mich. Das gibt mir das Gefühl, daß jemand mich wirklich mag.

Meine andere Freundschaft ist komplexer. Sie ist tiefer und bedeutender. John Huntington Smith. Ungefähr mein Alter. Er ist Chirurg in New York. Wir kennen uns seit fünfzehn Jahren, seit der Universität. Er verdient fünfmal soviel wie ich, obwohl wir beide Ärzte sind.

Nach unserer Universitätszeit haben wir uns einmal geprügelt und sahen uns dann zehn Jahre lang nicht mehr.«

Dies ist der erste Kampf, der mir in meinen Interviews begegnet ist. Der alte Wettstreit zwischen Männern, der sie in Freundschaft verbindet, wie zu Beginn der westlichen Literatur, vor annähernd viertausend Jahren, zwischen Enkidu und Gilgamesch. Ein fast vergessenes Ritual in unserem Mittelschicht-Zeitalter, und als Robert es nun erwähnt, trifft es mich wie ein Schock, und ich werde neugierig.

»Ich kann mich nicht einmal mehr erinnern, wie der Kampf begann. Irgendeine Bemerkung Johns über mein bohemienhaftes Wesen, wie er es damals ausdrückte. Wir hatten beide das Studium beendet, waren beide verheiratet. Die Frauen waren dabei. Ich ohrfeigte ihn. Er ohrfeigte mich. Die Frauen kreischten, und das war das Ende.

Bis vor fünf Jahren. Eines Abends rief er von New York aus an. Seine Frau war bei einem Autounfall ums Leben gekommen, ein plötzlicher, schrecklicher Schlag. Er bat mich, zu ihm zu kommen und mit ihm zu reden. Er wollte mir ein Ticket senden. Ich sagte, er solle das Ticket behalten, und flog hin. So redeten wir und weinten miteinander. Dann, ein paar Monate nach ihrem Tod, kam er für eine Woche hierher, und wir saßen in diesem Becken. Er trank Scotch, und ich rauchte Gras, und wir blickten einfach auf San Francisco.

Und seit einiger Zeit treffen wir uns gelegentlich. Manchmal fliegt er Weihnachten hierher: Letztes Jahr trafen wir uns zusammen mit meiner Partnerin und seiner Freundin zum Skifahren in Colorado.«

Ich will in tiefere Schichten eindringen und frage ihn: »Was ist so Besonderes an dieser Beziehung; warum wollen Sie darüber sprechen?«

»Als Psychiater und als Mensch würde ich sagen, der wichtigste Aspekt beim Freundschaftschließen besteht darin, von seinem hohen Roß herunterzukommen. Es ist schwer, Männer dazuzubringen herunterzusteigen. Sie wollen immer die Oberhand behalten, Gefühle vermeiden, Konfrontationen vermeiden. Sie wollen rational bleiben, geschäftsmäßig, geschützt und bedeutend. Analytisch gesehen haben sie Angst vor dem Unbewußten – vor den Dingen, die nie ausgesprochen und nur selten gedacht werden, vor den Schatten, die sie verfolgen, vor der Eifersucht, vor dem Verlangen nach Tiefe. Sie haben Angst davor, zu lieben.«

Ich bin ein wenig enttäuscht: Das alles klingt sehr ausdrucksvoll und überzeugt, aber auch ziemlich abstrakt und dozierend.

Etwas frustriert frage ich: »Aber was hat das mit Ihnen und John zu tun?«

»Nun, ich habe darauf bestanden, daß John und ich uns miteinander beschäftigen. Und das haben wir getan. Ich stecke ihn in diesen Bottich und lasse ihn sich entspannen. Ich bringe ihn dazu, daß er den eindrucksvollen Arztkittel ablegt, die Statuskrawatte, den ganzen Kram. Hin und wieder bringe ich ihn sogar dazu, einen Joint zu rauchen.«

»Und dann?«

»Und dann reden wir. Wir streiten eine Menge. Ich mag John. Ich liebe ihn sogar. Und es kotzt mich an, daß er soviel Angst davor hat, er selbst zu sein. Er bumst seine Freundin, aber er will nicht mit ihr zusammenleben. Er trinkt Scotch, will aber kein Gras rauchen, außer gelegentlich. Er will sich selbst nicht anschauen. Er möchte seine Mittelschichtwerte und diesen ganzen Trip behalten, aber natürlich sucht er gleichzeitig nach etwas Tieferem. Ich habe schon vor Jahren erkannt, daß der wichtigste Schritt in der Freundschaft mit einem Mann darin besteht, über diese Ebene hinauszukommen, wo man glaubt, man sei miteinander vertraut, weil man über Frauen redet. Man muß über dieses Gerede über Frauen hinauskommen. Man muß über sich selbst reden und über den anderen. Vor allem muß man bereit sein, über die Beziehung zu reden.

Das heißt, wenn einen etwas stört, muß man es sagen. Das bedeutet, ein Risiko einzugehen – man riskiert, daß der andere geht. Wir Männer sind – mit großem Widerwillen – manchmal bereit, das mit unseren Frauen zu tun. Wir fürchten, daß sie uns verlassen könnten. Aber wir sind bereit, uns mit ihnen – zumindest gelegentlich – gründlich auseinanderzusetzen, einfach weil ein enges Zusammenleben buchstäblich unerträglich wird, wenn man nicht darüber spricht. Natürlich ist es mit Frauen weniger riskant, denn da hat man normalerweise irgendeine Art Vereinbarung laufen, eine Art von formellem Selbstverständnis. In der Beziehung mit einer Frau ist es normalerweise selbstverständlich, daß man ausgiebig diskutiert, um die Beziehung aufrechtzuerhalten; daß man versucht, das Verhältnis zu verbessern.

Mit Männern dagegen gibt es dafür keine Modelle. Trotzdem muß man es tun. Man muß sagen, was man zu sagen hat und abwarten. Momente der Angst. Momente voller Schuldgefühle. Bis der andere reagiert. Und dann ist man sich nicht sicher, ob er recht hat oder nicht. Und wenn man wirklich ehrlich ist, muß man bereit sein, ihm – einem Mann – die eigene Unsicherheit zu zeigen. Man muß sich verwundbar machen. Man muß sich selber dazu bringen zurückzuschlagen, wenn es richtig ist. Und noch einmal und noch einmal und noch einmal.«

Beeindruckt und von seinen harten Forderungen etwas erschreckt, frage ich ihn mit gestiegener Hochachtung: »Worum drehen sich diese Konfrontationen zwischen Ihnen und John?«

»Um alles mögliche. Aber meistens geht es um seinen Konformismus und um seine Angst davor, er selbst zu sein. Ich meine, es erfordert eine Menge Individuation, eine Überwindung der Angst vor der Mutter, um ein Mann zu sein, man selbst zu sein und ein guter Freund. Gewöhnlich bin ich es, der ihn in diese Diskussionen verwickelt.«

»Das verstehe ich nicht«, protestiere ich. »Das klingt alles so einseitig. Sie sagen John, was Sache ist.«

Robert lächelt. »Habe ich diesen Eindruck erweckt? Wie interessant! Ja, ich ziehe ihn auf – mit seiner Hornbrille, mit seiner Freundin, dem teuren Internat für die Kinder, mit dem ganzen Zeug. Aber auch er schweigt nicht still. Nach ein paar Drinks zahlt er es seinem Freund heim, ›dem großmäuligen kalifornischen Psychiater‹, wie er mich nennt. ›Was beunruhigt Dich so, Robert? Warum interessiert es Dich so, wieviel Geld ich verdiene? Warum hast Du an meinem Lebensstil soviel auszusetzen, Robert? Bist Du Dir Deiner kalifornischen Scheiße vielleicht nicht so sicher, wie Du tust?‹ So ging es das letztemal. ›Dein verfluchter Hot Tub und das Hasch und Deine Freundin, die Du nicht heiraten willst. Warum mußt Du immer beweisen, daß Du recht hast?‹

Das ist wirklich ganz wesentlich, daß er mich so anpackt, und natürlich hat er in manchem auch nicht ganz unrecht. Außerdem ist es nicht immer gleich; wir streiten nicht immer. Aber ich meine, nur weil wir streiten können, weil wir uns beide und die gesamte Beziehung aufs Spiel setzen, sind wir so gute Freunde. Das ist zeitraubend und anstrengend, manchmal erheiternd, manchmal lästig. Aber für mich ist es sehr wichtig.«

Lambert de Boulonge lebt in Belgien, wo – anders als in Kalifornien – die Luft fast niemals warm ist. Der Himmel ist nicht klar, hängt eher schwer, tief und voller Wolken über der Erde. Das Tropf-Tropf langsamen, kalten Regens ist zu allen Jahreszeiten beinahe konstant. Dies ist ein Land, wo Trost und menschliche Wärme mit Bedacht geschätzt werden.

In den dunklen, aber gut gehegten Wäldern ist die gelbe Erde vom morgendlichen Regen schon ein wenig aufgeweicht, als ich Lambert auf seiner Runde begleite. Er ist ein großer, ziemlich hagerer Mann. Seine bräunliche Haut zeigt erste Altersflecken, obwohl er – wie er sagt – erst Anfang Sechzig ist. Er wirkt abgehärmt. Mit einem entschuldigenden Achselzucken beschreibt er sich selbst als ein Mitglied der ›Bourgeoisie, der *petite noblesse,* wenn Sie so wollen‹.

Er geht vor mir her, seine dunkelgrünen Gummistiefel schlurfen über den nassen Boden, der rechte Arm pendelt, um die Balance zu halten, im linken Arm hält er die lange Säge, mit der er seine Bäume zurechtstutzt. Sie sind – abgesehen von ein paar Anlagen im Ausland – sein Kapital, denn er lebt vom Handel mit Bau- und Feuerholz.

»Ich bin ein richtiger Landmann. Eigentlich wollte ich Wissenschaftler werden, aber während meines Studiums befiel mich irgendeine gottverdammte Krankheit, die mich für das Stadtleben und für eine sitzende geistige Tätigkeit verdarb. So kam ich dazu, die Familienwälder zu beaufsichtigen.«

Das Tropf-Tropf des Regens hält auch an, als wir uns auf den Weg zurück zum Haus machen. Lambert hatte den Morgen damit verbracht, die Bäume zu stutzen, das Holz aufzuschichten. Schwer ging sein Atmen, wenn er sich bückte, angestrengt hob die lange Gestalt die abgesägten Äste auf, um sie zu stapeln, und dann in großen Schritten der Marsch zum nächsten Baum, der seiner Pflege bedurfte. Eine Art stummer Würde umgibt diesen Mann. In seinem alten braunen Wollmantel hat er etwas von der schwerfälligen Kraft der Bäume selbst.

»Sie wollten mir etwas von Ihrem Freund Henri erzählen«, erinnerte ich ihn. Wir sitzen nun in seinem Wohnzimmer. Die Möbel sind – wie so oft in belgischen Häusern – alt, kostbar und zu groß. Gewaltige hölzerne Antiquitäten werden in den vornehmen Familien, die einst in Schlössern lebten, deren Unterhalt heute zu teuer ist, von Generation zu Generation vererbt. Von draußen kann man das Tropf-Tropf des Regenwassers hören, wie es sich vom Schieferdach löst und auf die Erde fällt. Er sitzt stumm da, als verweilten seine Gedanken noch im Wald. Mir wird klar, daß ich Lambert zum Reden auffordern muß; er wird nicht leichthin antworten, dieser Mann.

»Sie sagten, daß Henri und Sie echte Freunde waren. Hatten Sie ihn sehr lange gekannt?«

Er nimmt die kleine schwarze Pfeife aus dem Mund. »Eigentlich hatten wir uns zehn Jahre lang gekannt. Wegen der Musik. Wir waren beide Mitglied eines kleinen Kammerorchesters. Während der Herbst- und Wintermonate trafen wir uns einmal pro Woche. Nichts Besonderes, verstehen Sie; nur zum Üben, wir waren Amateure. In der Stadt Arles l'Envoi, wenn man die Straße hier entlang fährt. Man könnte sagen, wir waren während dieser ganzen Zeit Bekannte. Aber Freunde wurden wir erst vor vier Jahren.«

Wieder dieser gedankenverlorene Blick aus den weit geöffneten blaßblauen Augen. »Ach, das war keine große Sache – wir hatten am nächsten Abend ein Konzert. Ich fuhr zu den Proben in die Stadt, und er fragte mich, ob ich bei ihm übernachten wollte, anstatt nach Hause zu fahren. Der nächste Tag war ein Samstag. Seine Frau und seine Kinder waren nicht da, und wir redeten. Und so hat unsere Freundschaft begonnen. Danach redeten wir oft. Entweder ich besuchte ihn, oder er kam hier heraus, und wir redeten im Wald.«

»Worüber haben Sie sich unterhalten? Was hat Ihnen diese Freundschaft so wertvoll gemacht?«

»Wir redeten über alles mögliche, glaube ich.« Er zögert.

»Gab es irgendein besonders wichtiges Thema?«

»In unserem Alter konnten wir über die wirklich wichtigen Dinge reden.« Er zieht an seiner Pfeife. »Wir redeten über den Sinn des Lebens. Er war ein sehr religiöser Mann, der Henri, auf seine Art. Wie ich auch. Nicht im konventionellen Sinn, verstehen Sie, mit Kirchegehen und all dem, sondern mehr individuell, persönlich. Wir redeten viel über das Älterwerden. Darüber, daß unsere geistigen und körperlichen Kräfte nachließen, über die Schrekkensvorstellung, vielleicht eines Tages von anderen abhängig sein zu müssen. Wir redeten über den Tod.«

Das Tropf-Tropf unterstreicht das, was folgt.

»Und dann?«

»Und dann wurde Henri krank. Vor drei Jahren bekam er Krebs.«

»Waren Sie bei ihm, als er starb?«

»Ich ging jeden Tag ins Krankenhaus, manchmal zwei- und dreimal. Ich war dort, als er starb. Ich war dabei, als er begraben wurde.«

»Denken Sie noch an ihn?«

»Oft. An seinem letzten Tag war ich mit seiner jüngsten Tochter dort. Sie hatte eine Menge Probleme – mit Jungen, mit der Schule. Er konnte seine Hände kaum bewegen, aber er machte uns eine Andeutung, als wollte er zwei Dinge zusammenbringen. Und er sah uns beide an. So kommt sie nun oft und besucht mich, und ich kümmere mich um sie, gebe ihr Ratschläge, helfe ihr, so gut ich kann. So setzt es sich fort. Ich vermisse ihn.«

Auch der Regen setzt sich fort. Lambert raucht schweigend seine Pfeife. Ich sitze da, zufrieden mit dem, was er mir gegeben hat.

In meiner eigenen Suche schienen diese Männer – und auch ein paar andere ähnliche – bedeutende Werte zu verkörpern. In jeder ihrer Geschichten lag eine gewisse Zärtlichkeit, eine menschliche Wertschätzung für einige wenige, enge Beziehungen, von denen jede ihre eigene Gültigkeit hatte.

Und obwohl sie und ihre Freundschaften natürlich nicht auf

moralische Lektionen und abstrakte Einsichten reduzierbar sind, brachte ein jeder von ihnen mich auf bestimmte Ideen, die mir für die Zukunft von Nutzen sein konnten.

Bei Scott sah ich den besonderen Wert alter, seit Kindheit oder Jugend aufrechterhaltener Kameradschaften: ein spielerischer Lauf, der bis in das Erwachsenendasein fortgesetzt werden konnte. Ich war zu höflich mit ihm: Eigentlich hätte ich ihn anschreien sollen: »Haltet es fest! Laßt es nicht aufhören! Setzt Eure Treffen irgendwie fort, auch wenn die Eltern sterben; auch wenn Ihr in verschiedenen Teilen des Landes lebt; auch wenn Deine Frau die anderen nicht mag oder nicht dazu paßt. Vor allem, verliere die zwei Männer nicht aus den Augen, für die Du eine besondere Freundschaft empfindest.« Ich wünschte, Scott würde diese etwas kindliche, sonnige Verspieltheit beibehalten und gleichzeitig einen Weg finden, diese beiden Freundschaften in erwachsenere Dimensionen zu überführen. Keine leichte Aufgabe.

Vieles von dem, was Robert Fuller sagte, schien trotz seiner gelegentlichen Prahlereien wahr zu sein. Für eine tiefe Freundschaft ist es unerläßlich, sich »auf die Nerven zu gehen« – die Freiheit zu haben, die Beziehung in Frage zu stellen, das Risiko einzugehen, die Schattenseiten des eigenen Charakters zu zeigen und dem anderen dasselbe zuzugestehen. Obwohl ich persönlich weniger dazu neigte, so aggressiv und streitsüchtig zu sein, wußte ich durchaus, daß Freundschaften bisweilen auch solche Gefühlsstürme durchmachen müssen. Das schien zumindest für bestimmte Arten von Beziehungen zu gelten. Häufig wird Freundschaft als etwas dargestellt, das ausschließlich erfreulich ist, oder in manchen der Meisterwerke der Vergangenheit – bei Aristoteles und Cicero beispielsweise – als etwas, das von konstantem gegenseitigen Verständnis und einer sanften Ruhe durchdrungen ist. Als Psychoanalytiker war Robert ein Experte für Gefühle, und ich stimmte mit ihm darin überein, daß Freundschaft auch eine emotionale Beziehung ist und demzufolge bisweilen hitzig werden kann, wie jede andere enge Verbindung mit einem Menschen auch. Der Zorn des Achill, Davids Trauer um Jonathan: tiefe Gefühle sind Teil der Möglichkeit der Männerfreundschaft und ihrer Traditionen.

Für Lambert hegte ich großes Mitgefühl. Er war einer jener Männer, die mir auf meiner Suche begegneten, die zeigten, daß man auch als Erwachsener noch neue Freundschaften schließen und – was sehr viel ungewöhnlicher ist – auch wirkliche Tiefe erlangen kann. Seine Freundschaft, die er im hohen Alter fand, war von Weisheit und wahrhaft philosophischem Gehalt gekennzeichnet, und durch seine Treue zu der Tochter des toten Freundes bildete sie eine Kraft, die sie über das Grab hinaus weiterleben ließ.

Ich beneidete jeden dieser Männer ganz offen um ihre Freundschaften. Sie gaben mir Hoffnung. Und sie halfen mir, indem ich mich nicht mehr ganz so verrückt fühlte wegen meines Beharrens.

5 Qual und eine Erklärung

Über eine Zeitspanne von zwei Jahren hatte meine Suche mir nicht viel gebracht. Dabei war es durchaus nicht so, daß meine gesamte Aufmerksamkeit auf Männerfreundschaften konzentriert gewesen wäre. Ich hatte während dieser Zeit Jacqueline kennengelernt, und wir hatten geheiratet. Sie unterstützte meine Suche nach Freundschaft mit großer Loyalität – zuerst einfach deswegen, weil ich mich damit befaßte, und später, nachdem wir uns mehr und mehr über die damit zusammenhängenden kritischen Fragen unterhielten, mit Interesse und einfühlsamem Verständnis. Sie war es, die den Vorschlag machte, wir sollten in ihr Haus nach Brüssel ziehen, mitten im Herzen von Westeuropa. Ich benötigte Zeit, um nachzudenken, um mich mehr und mehr auf das Thema Freundschaft zu konzentrieren und darüber zu schreiben. Darüber hinaus konnte ich mir vorstellen, daß Europa uns Amerikaner einiges über Freundschaft lehren könnte.

In der relativen Abgeschiedenheit einer fremden Kultur, die ich trotz meiner Fremdsprachenkenntnisse und meines Studiums der europäischen Literatur empfand, gewann meine Suche an Intensität. Mit einer Unvermeidlichkeit, die nur durch diese Abgeschiedenheit und später auch durch Heimweh entstehen konnte, vertiefte ich mich mit wachsender Zielstrebigkeit in mein Thema.

Ich machte mich daran, Freundschaft mit aufmerksamem Herzen und sorgsamem Auge zu verfolgen, und schrieb auf, was ich um mich her und an mir selbst bemerkte.

Nach den ersten paar Wochen, in denen ich all das Neue in meiner belgischen Umgebung genoß, entdeckte ich den inneren Tribut, den die ersten beiden Jahre von mir gefordert hatten.

Eines Abends hatten wir einen freundlichen großen, vornehm aussehenden Mann zu Gast: einen dunklen, etwa vierzigjährigen Soziologieprofessor der Universität Löwen – intelligent, sensibel und, wie die Belgier sagen, »charmant«. Ich erwärmte mich für ihn und seine interessante Unterhaltung und dachte, nachdem er gegangen war, daß hier vielleicht ein neuer Freund sein könnte. Aber am folgenden Morgen schrieb ich:

Ein Jahr und sechs Monate nach dem Essen mit Harry Solano

Was ist es? Was stört mich?
Irgendetwas, das ich schon kenne. Ist es vielleicht die Leichtigkeit dieses Professors? Zuviel Leichtigkeit, wie bei Harry Solano? Ist er am Ende ein zu sanfter Mann? Zu charmant, wie Ronald Sutherland?
Oder ist es etwas, das mit ihm gar nichts zu tun hat, nicht einmal mit der Art von Mann, die er oder andere sein mögen? Vielleicht etwas Allgemeineres? Etwas in mir, das mich warnt: »Nicht so offen. Sei nicht zu eifrig. Verbrenn' Dir nicht wieder die Finger.«
Diese innere Stimme ist neu: Vorsicht. Ich bin überrascht, sie zu hören. Normalerweise bin ich sehr ehrgeizig, stürze mich in neue Erfahrungen. Nun plötzlich bin ich berechnend. Und meine Berechnung ist angebracht. Ich weiß inzwischen – leider – wie schwer es ist, eine neue Bindung einzugehen, ohne verletzt zu werden.
Erliege ich der Freundschaft erneut? »Zweimal tot?« Eine antiheroische Parodie des mystischen »zweimal geboren?« Oder ist es einfach Klugheit – wie der alte Cicero sie in *De Amicitia* empfiehlt? Was immer es ist, es gefällt mir nicht.

Meine innere Stimme machte mir bewußt, daß ich mich sozusagen *in flagranti* erwischt hatte: in dem unbewußten Prozeß der Selbstverteidigung, den wir alle im Alter zwischen zwanzig und Mitte dreißig durchmachen, wenn die Freunde unserer Jugend uns entgleiten und neue Verbindungen scheitern. Das ist die ständig wachsende Panzerung des Alters, und ich muß dagegen ankämpfen, wenn ich für neue Freundschaften offen bleiben will.
Nach einigen Monaten in Europa wendet sich mein Herz ganz natürlich und ohne mein bewußtes Zutun den Menschen – sowohl

Männern als auch Frauen – zuhause in Amerika zu, die ich seit Jahren kannte, die ich aber in diesem ersten Jahr der bewußten Suche mir nicht hatte näherbringen können. Trotz der Reise, trotz der Forschungsarbeit, trotz des Familienlebens werde ich von meiner Isolierung und meinem Kontaktbedürfnis getrieben. Dank der Entfernung bin ich in der Lage, diese alten Bekannten nun mit mehr Klarheit und Zuneigung zu sehen. Dabei hatte es an Zuneigung nie gemangelt; es war eher ein Mangel an tieferem Engagement füreinander.

Dann, an manchen Tagen, kann mein Herz sich den alten Bekannten in meinem Leben weit öffnen, und es erlebt Momente großer Offenbarung und intensiven Glücks.

Nach drei Monaten in Europa

Inzwischen seit Monaten von meinen alten amerikanischen Freunden entfernt. Monate, in denen ich meine Beziehung zu ihnen mit so viel Vorbedacht weiterführte, wie es im persönlichen Zusammensein unmöglich wäre.

Ich hatte jene Distanz, die meine französisch-sprachigen Bekannten *le recul* nennen. Das gab mir Gelegenheit, meine Beziehungen im Geiste lebendig werden zu lassen, nicht kühl intellektuell und distanziert, sondern eher als lebhaft phantasierte Realitäten, in denen ich in Gedanken oft stundenlang schwelgte. Soweit es unter diesen Umständen durch Briefeschreiben möglich war, habe ich vier oder fünf meiner alten Freunde im Herzen behalten.

Einige waren ehemalige Kollegen, mit denen ich einst die Freude über gemeinsame Leistungen oder die Enttäuschung über fehlgeschlagene Projekte geteilt hatte. Dann, nachdem jeder von uns eine neue Arbeitsstelle angenommen hatte, blieben wir gelegentliche Vertraute, nahmen wohlwollend Anteil an den persönlichen Kämpfen des anderen. Eingeladen von den Ehefrauen, kamen wir jeweils zu den Geburtstagsfeiern der anderen, luden uns gegenseitig zu Weihnachten ein, wenn – zu unterschiedlichen Zeiten – der eine oder andere einen Platz brauchte, wo er an den einsamen amerikanischen Feiertagen hingehen konnte. Wir halfen uns gegenseitig, Jobs zu finden, hörten uns Klagen über Chefs an, nickten verständnisvoll zu Berichten über die Qualen des Zusammenlebens in einer schwierigen Partnerschaft; halfen uns dann und wann sogar, unsere Träume zu analysieren. So waren wir also mehr als nur Kollegen, mehr als Kameraden, viel mehr als nur Bekannte und doch nicht das, was man echte Freunde nennen konnte.

Als erst kürzlich zugezogener Ausländer bin ich von einem tieferen persönlichen Kontakt mit den Leuten um mich herum ausgeschlossen. Deshalb schätze ich meine fernen Freunde sehr viel mehr, als wenn wir zusammen wären. Tag für Tag setze ich mich alleine hin, beschwöre jeden in meiner Vorstellung, lasse ihn im Geiste aufleben, so wie ich ihn in meiner Erinnerung und in meiner Phantasie erlebe, und schreibe lange, gedankenvolle Briefe.

Schöne Briefe, zumindest bemühe ich mich darum: Geschenke voller Offenheit, interessanter Beobachtungen und Zuwendung.

Diese langen, persönlichen Briefe gestatten eine besonders intensive Auseinandersetzung. Wenn niemand da ist, der antworten könnte, muß ein Mensch die Arbeit von zweien tun, er muß die Beziehung – in Vergangenheit und Gegenwart – für beide heraufbeschwören.

So habe ich Euch dort in Kalifornien oder New York oder Connecticut in meinem Geiste bewahrt. Ich habe Euch Tausende von Meilen entfernt gesehen. Ich mußte ein luftiges Nichts mit meiner Phantasie ausfüllen, um Eurem fernen Dasein Leben zu verleihen. Ich habe mir die Farben Eurer Wangen vorgestellt und mich mit größter Aufmerksamkeit an die Farbe Eurer Haare, an den Glanz Eurer Augen, an die ersten kleinen Fältchen erinnert. Hier, weit weg im wolkenverhangenen Belgien habe ich das alles getan.

Es kommt mir so vor, als hätte ich Euch genommen und Eure Bilder in meinem Herzen aufgehängt, wie wertvolle Ikonen in einer Kirche. Es ist in der Tat nicht zu hoch gegriffen, wenn ich behaupte, diese physische Trennung und mein Wille, sie zu überbrücken, habe zu einer Verehrung und einer Zärtlichkeit geführt, die sich mit Anbetung vergleichen läßt. Nicht Anbetung des Göttlichen, sondern geringerer Wesen ausgestattet mit den göttlichen Eigenschaften der Güte, der Wirklichkeit. In vielen einsamen Stunden vor den leeren Seiten meines Briefpapiers seid Ihr mir zu einer Familie von guten Geistern geworden, von Menschen, die ich durch die Abwesenheit umfassender lieben gelernt habe. Eine innere Familie, um die ich mich bemüht habe, die ich in meinem Herzen bewahrte und die ich mir durch die bloße Tatsache, daß ich es wirklich wollte, wahrscheinlich nähergebracht habe, als dies möglich gewesen wäre, wenn wir auf die alte und gewohnte Weise zusammengewesen wären.

Ich war dabei merkwürdig überzeugt, daß dies nicht bloß ichbezogene Phantastereien waren. Daß ich nicht nur phantasierte, sondern tatsächlich die Intensität dessen herausarbeitete, was uns wirklich verbindet, eine Intensität, die wir nicht beachten, wenn wir zusammen sind – sei es aus Scheu oder Unsicherheit oder sei es wegen der heute üblichen Einstellung, Freundschaften nicht wirklich ernst zu nehmen.

Es waren vor allem die Briefe, die das bewirkt haben. Meine mit viel Sorgfalt geschriebenen Briefe. Ihr seid gegen diese greifbaren Beweise meiner Existenz und meiner Aufmerksamkeit für Euch nicht immun gewesen. Wie hättet Ihr es auch sein können? Diese Briefe sind in Euer geschäftiges amerikanisches Leben eingedrungen – in diese verworrene, kreischende, medienüberflutete Welt – wie die Künder einer anderen Zeit, wie Anachronismen aus dem achtzehnten oder neunzehnten Jahrhundert, voller Aufrichtigkeit, Nachdenklichkeit und Achtung der Persönlichkeit einer geruhsameren Zeit. Aufregend, wunderbar. Nicht leicht für Euch.

Einer von Euch meinte, ich schriebe »einen guten Brief, wie aus dem vorigen Jahrhundert, sehr nachdenklich und umständlich«. Die Wortwahl dieser Beschreibung enthält eine Art sanften Protest. Wie, um Himmels willen, soll er darauf antworten? Wie soll er sein Manhattan-Leben mit diesem vor einer Woche in Europa aufgenommenen und seltsam anachronistisch durch nichts Geringeres als die Luftpost beförderten Sepia-Bild in Einklang bringen?

Dieser Freund protestiert – wie es der Rest von Euch stillschweigend getan hat – dagegen, daß ich Euch aus Eurer übertrieben modernen Wachheit zurück in die innere Verträumtheit der Wirklichkeit rufe. Wie alle modernen Menschen scheut Ihr Euch, Briefe zu schreiben. Ihr habt Angst davor, Euch zu verpflichten, und sei es auf dem Papier. Ihr verteidigt Eure Freiheit, spontan zu sein, zu telefonieren. Ihr Augenblicksmenschen. Aber da bin ich, handgeschrieben, und warte auf Antwort. Jeder Tintenbuchstabe auf jeder Seite des dünnen Briefpapiers eine Beschwörung meines Seins.

So seid Ihr nun gezwungen, Euch ein Bild von *mir* zu machen: Euch an *mich* zu erinnern: einen Stuart, der nicht nur der Schreiber des Briefes, sondern der auch Euer Stuart ist. Ich foppe Euch mit dem Paradoxon des doppelten Stuarts dieser Briefe: ein reales Wesen aus Fleisch und Blut, dort draußen jenseits des Ozeans, das Papier mit Tinte bedeckt; und auch eine reine Fiktion, die Schöpfung Eures Geistes. Ihr erkennt, daß meine Zeichen auf dem Papier nur Symbole sind, Worte als Ausdruck einer Präsenz, die Ihr rufen müßt wie einen Geist, wie einen Zeugen.

Wenn Ihr diese Arbeit verweigert und den Brief nur einmal hastig lest, ihn dann beiseite legt, läßt er sich nicht ganz vergessen. Er liegt schwer in Eurer Tasche. Wie durch Zauberei nimmt der Brief im Laufe der Zeit in dem Stapel auf Eurem Schreibtisch einen immer größeren Raum ein. Er ruft mich Euch ins Gedächtnis. Je mehr Zeit vergeht, um so mehr hält er Euch dazu an, Euch vorzustellen, wie ich nun sein mag, welche Veränderungen ich wohl durchgemacht habe, seit ich – vor ach so langer Zeit – geschrieben habe. Ironischerweise nimmt er, je länger Ihr Eure Antwort an mich hinausschiebt, einen umso größeren Platz in Eurem Bewußtsein ein.

Und daher müßt *Ihr,* wenn Ihr Euch – entgegen aller Gewohnheit – dazu zwingt zu antworten, zu schreiben, Euch am Ende eine ebenso klare und überlegte Vorstellung von mir machen, wie ich sie mir von Euch gemacht habe. Nun ist es an *Euch,* eine völlig neue Szenerie zu erschaffen, in der nur wir beide vorkommen. Ihr müßt Welten überbrücken, müßt belgische Wolken und kalifornische Sonne, Eure kurzen Hosen und braungebrannten Beine und meinen gegen die Kälte in einen Schal gehüllten Hals unter einen Hut bringen.

Jedesmal, wenn ich einen Eurer Briefe erhalte – und sei er noch so kurz und unverbindlich –, weiß ich, daß ich in Euch eingedrungen bin. Tiefer als in die Tiefen Eures Körpers habe ich mich in Euren Geist eingeschlichen.

Zu erkennen, wie wichtig die Vorstellungskraft für eine Freundschaft sein kann, zu verstehen, wie groß ihre Kraft ist, uns einander irgendwie näherzubringen, und zu sehen, wie mein Gefühl für meine amerikanischen Freunde tiefer wurde – all dies war zugleich eine bedeutende Entdeckung und ein Trost. Ein österreichischer Romanschriftsteller, den ich traf und mit dem ich mich über diese Dinge unterhielt, sagte, »Natürlich! In der Tat existieren wir füreinander immer *nur* in unserer jeweiligen Vorstellung.«

Absolut wahr, aber doch reichte es mir nicht ganz. Schließlich möchte man auch etwas Greifbareres.

Unbekümmert, vielleicht sogar tapfer ließ ich mich von meinem Wunsch erfüllen – dem Wunsch nach einfacher, echter Freundschaft. Ich erzählte nur Jacqueline von diesem wachsenden Bedürfnis, denn ich fürchtete, Freunde würden dadurch abgeschreckt werden. In meinem Innersten gestand ich mir diese Art des Alleinseins, meine Einsamkeit mehr und mehr ein. Und obwohl ich Gefahr lief, wieder enttäuscht zu werden, ließ ich mich näher darauf ein.

Einer meiner Freunde aus Amerika, vielleicht der, der mir in meiner stillen, privaten Erfahrung der liebste war, verbrachte gerade den Sommer in Spanien. Ganz erfüllt von meiner Sehnsucht nahm ich die Gelegenheit wahr, Wrestons Einladung, ihn zu besuchen, anzunehmen. Der folgende Tagebucheintrag spiegelt in seiner relativen Widersprüchlichkeit die Intensität meiner Gefühle wider, die ich mir zugestand.

Ich glaube, diese Intensität ist in vielen von uns versteckt vorhanden; jeder von uns verfügt über eine eigene besondere Form. Es ist eine Intensität, die das unterdrückte Gegenstück unserer bekannten modernen Krankheiten darstellt: Einsamkeit, Langeweile, Unsicherheit. Es ist die Intensität unserer wahren, aber verborgenen Freundlichkeit. Intensität und einiges an Widersprüchlichkeit sind Bestandteil der Suche nach echter Freundschaft.

Nach vier Monaten in Europa

Es ist lange her, seit ich in dieses Tagebuch geschrieben habe. Es war eine schwierige Zeit. Aber dann passiert etwas wie der Besuch bei Wreston, und ich fasse wieder Mut.

Wreston, der Schwierige, Wreston, der Reizbare, Wreston, der Zornige. Ich frage mich oft, warum ich ihn ertrage. Natürlich, die schlichte Antwort ist, daß ich ihn liebe. Nicht weil er so witzig ist, obwohl auch das dazugehört. Auch nicht weil er mir manchmal das Gefühl gibt, daß das Leben mit extremer Gefährlichkeit gelebt werden kann. Sondern weil ich ihn liebe. Das reicht.

Wreston ist älter geworden. Er geht auf die Sechzig zu, und sein Haar wird langsam weiß. Der Mann hat einiges hinter sich – Kindheit auf der Straße, berühmter Bildhauer, das Whitney-Museum und so weiter. Inzwischen ziemlich vergessen. Immer noch hartnäckig, schlägt er sich in jeder Hinsicht gerade so durch, wie er gerne sagt.

Sein Witz kann leicht und lässig sein, oder hart und scharf wie sein Meißel. Obwohl er sich in letzter Zeit eher großmütig zeigte, weiß ich nie, ob er nicht im nächsten Moment wieder gemein zu mir wird, so tief geht seine Irritation. Einmal, vor drei Jahren auf dem Flughafen von Seattle nach einem Mißverständnis zwischen uns, verletzte er mich mit dem, was er über mich sagte und womit er meine ganze Person unter Anklage stellte, so sehr, daß wir zwei

Jahre nicht mehr miteinander sprachen. Er hatte es geschafft, daß mir die Tränen über die Wangen liefen. Das war damals die schlimmste Zeit in meinem ganzen Leben gewesen, voll von persönlichen Katastrophen, und ausgerechnet da meinte Wreston, er müsse voll zuschlagen.

Gestern nun fuhr ich zu ihm, stundenlang über schmale Landstraßen durch spanischen Nieselregen. Meilenweit hohes, niedergedrücktes Gras und durchnäßte Schafe. Das Haus, bei dem Jacqueline und ich ankommen, ist klein, schummrig und kalt. Wrestons Familie ist – wie so oft – schlecht gelaunt. Mit der Bratpfanne in der Hand wandte Wreston sich von dem kleinen Ofen ab und herrschte seine junge Frau an, sie solle das schreiende Baby trockenlegen. Überall in dem Raum verstreut lagen Windeln, schmutzige Teller, amerikanische Zeitschriften und verschiedene Steinsplitter, die das Kind aus dem Atelier angeschleppt hatte. Das Paar war hierher gekommen, um für ein paar Monate dem Nieselregen in Seattle zu entkommen, und es geht ihnen nicht gut. Wrestons Frau bemühte sich, Ruhe zu bewahren. Gegen alle Widrigkeiten versuchte sie, die letzten Seiten von Thomas Manns *Der Zauberberg* zu lesen. Jeder war irritiert von dem seltsamen Wetter. Es war Juli und immer noch kalt und regnerisch.

Während der ersten paar Stunden war Wreston besonders abweisend. In sich selbst verschlossen. Launisch, wie ich es erwartet und befürchtet hatte. Die Nacht verging, und am nächsten Morgen forderte er mich auf, mit ihm Holzsammeln zu gehen – verlassene Zäune, Zweige, altes Bauholz.

»Gehört dieses Land hier auch Dir?« fragte ich.

»Es gehört diesem Hurensohn von Bauer, von dem ich mein Haus gekauft habe und der mich dann um ein Zimmer betrügen wollte – kannst Du Dir vorstellen, er wollte behaupten, daß einer der Räume nicht im Kaufpreis enthalten sei. Deshalb nehme ich das Holz von diesem Scheißkerl.«

Dies war einer von mehreren Dutzend zornigen Hinweisen, daß er besonders wut- und haßerfüllt war. Schon in den ersten Stunden meines Besuches war mir klar geworden, daß ich wohl keine besonderen Erwartungen hegen durfte. Ich wußte, daß ich hier weder Vergnügen noch Kameradschaft finden, ja nicht einmal eine oberflächlich angenehme Zeit erleben würde. Ganz zu schweigen von Freundschaft und Nähe. Er hatte sogar angefangen, Jacqueline zu kritisieren. Aber sie und ich wußten, daß es am besten war, nichts zu sagen. Obwohl ihn das nur noch mehr zum Angriff reizte. Wrestons Schmerz war so unverhüllt, seine Verletzlichkeit so offenkundig, daß es jedes normale Maß und alle Erwartungen überstieg. Jacqueline und ich, wir hatten beide ein bißchen Angst vor ihm.

Er zerrte an einer toten Baumwurzel. Während sein Gesicht noch der Arbeit zugewandt war, richtete er die Augen auf mich, ließ die Wurzel fallen, sah mich an und sagte sehr direkt und unvermittelt, nun plötzlich ganz hilflos: »Ich bin in letzter Zeit merkwürdig unruhig gewesen und konnte nachts kaum schlafen. Hast Du vielleicht ein paar Beruhigungspillen oder Schlafmittel bei Dir? Ich kann hier nichts bekommen, mein Spanisch ist zu schlecht.«

Es hört sich seltsam an, aber das hat die ganze weite Reise von Belgien her gelohnt. All diese Meilen durch das elende Land, den Regen und die Enttäuschung.

Ich habe schon gesagt, daß ich ihn liebe.

Es gibt keine vier Menschen auf dieser ganzen weiten Welt, die er – ob paranoid, wütend, abwehrend oder stolz – je um eine solche Hilfe bitten würde. Seine Frau, eine seiner Schwestern und jetzt ich. Es war ein so schlichtes und direktes Eingeständnis seiner augenblicklichen Schwäche: »Ich bin schwach, hilf mir!« Dieser unbeugsame Mensch, der die einsame Unabhängigkeit in billigen Cafeterias dem Bedientwerden in Restaurants vorzog (so sehr verabscheute er es, um etwas zu bitten). Aber er bat mich. Seine Frage war die Essenz einer ganzen Beziehung. Natürlich interessierte mich, was ihn so durcheinander brachte, aber ich war klug genug, ihn nicht danach zu fragen, jedenfalls noch nicht. Aber die Tatsache, daß er sich an mich wandte, bewirkte eine unmittelbar und gemeinsam erlebte Erhabenheit dieses Schmerzes. Nicht nur dieses Schmerzes, sondern des normalen menschlichen Schmerzes über das Getrenntsein, unter dem wir beide Tag für Tag leiden. Daß Wreston mir in seiner höchst irdischen Schwäche Vertrauen schenkte, er, der Heldenhafte, der sich darin gefiel, seine Skulpturen, so groß wie Götter, ihren Schmerz hinausschreien zu lassen und sich selbst als gepeinigten Prometheus darzustellen; er, der seinen Schmerz verhöhnt, doch niemals weint. Daß er ganz einfach um eine gottverdammte Pille bittet, damit er sich in den Schlaf davonstehlen kann, war zugleich schrecklich, lächerlich und herrlich intim.

Auf seine stolze Art ließ er mich sich auf Knien sehen. Der Panzer, der uns zu trennen schien und der mich von anderen Männern – und oft auch Frauen – trennt, war mit einemmal so dünn und zart wie die Papierbespannung eines japanischen Wandschirmes. Indem er ihn durchstieß, deutete er all das an, was uns gemeinsam war, all das, worauf er sein Vertrauen gründen konnte: dieselbe Marterung sensibler Gefühle und Körper. Dieselbe Erschöpfung, als ob man seine Tage zum großen Teil auf dem Hochseil verbrächte. Dasselbe was? Dasselbe – was immer –, das uns, zerbrechlich genug, zu Freunden machte. Obwohl wir in dieser verdrehten Zeit nicht nahe beisammen wohnten, uns nicht oft sahen und nicht einmal sicher waren, ob der andere sich darum scherte. Aber ich weiß, daß ich ihn liebe, und in diesem Moment durchbrach er die Barrieren, um mir – ohne es auszusprechen – zu sagen, daß er es für möglich hielt und er mit mir einfach er selbst sein konnte.

Als ich Wreston später die fünf Pillen gab, war der Moment schon vorüber. Arzneimittel haben wenig Poetisches an sich. Obwohl ich sie ihm außer Sichtweite der beiden Frauen überreichte, konnte ich sehen, wie in seinem Kopf ein anderes Publikum erschien, das ihn für seine Bitte und seinen Griff nach dem Schweizer Glückspulver verachtete. Trotzdem war es ein Moment des Verstehens gewesen. Wir hatten uns, mit Unterbrechungen, seit zwölf Jahren gekannt. Vielleicht deutete das Ereignis sogar an, daß wir unsere über zwei Kontinente reichende Beziehung fortführen und vertiefen, uns nicht mehr für Jahre in Schweigen hüllen und weiterhin Freunde bleiben würden. Obgleich wir beide wußten, daß unsere Welt für derartige Versicherungen nichts übrig hatte, war, wie ich meine, die Tatsache, daß er mich um diesen Gefallen gebeten hat, die ganze Reise wert.

Zwei Tage später

Es geschieht nicht jeden Tag, aber heute und schon oft davor mußte ich gegen meine Zweifel ankämpfen, daß irgendetwas mit mir nicht stimmen könnte, weil ich mich so sehr mit Freundschaft beschäftige und mir dessen auch noch so bewußt bin. Ich betrachte meine Erfahrung mit Wreston. Dabei sehe ich, daß ich eine tiefe Verbindung mit ihm wünsche, und ich schäme mich dafür. Ich bemerke, wie ich voll Freude bin, weil wir, nach Jahren der Bekanntschaft, einen Moment des Vertrauens und des Füreinanderdaseins erlebten, und gleichzeitig habe ich das Gefühl, meine Männlichkeit verraten zu haben, indem ich in solche Aufregung geriet, noch dazu über eine so winzige Geste.

Ich muß mich vor mir selbst rechtfertigen. Ich muß mir etwas klarmachen, was offensichtlich zutreffend, aber nur schwer zu behalten ist: Der Wunsch, Freunde zu haben, ist keine Verirrung. Er entspricht einfach dem uralten, aber doch lebendigen Ideal der Männerfreundschaft. Sie lebt auch in unserer Kultur fort, wenngleich größtenteils nur noch als Ideal. Und ich muß mir versichern, daß es nur zum Teil an mir liegt, wenn ich nicht die tiefen Freundschaften habe, die ich mir wünsche. Denn welche menschliche Beziehung ist heute schon intakt? Wo sind der Student und der

Lehrer? Wo sind der Meister und der Arbeiter? Und wo, vor allem, sind der Mann und die Frau? Ich muß dagegen ankämpfen, mir dumm vorzukommen, weil ich mir darüber Gedanken mache. So schmerzhaft es auch ist, ich muß weitermachen.

Zwei Monate nach der Spanienreise

Es ist bloß meine Einbildung, wenn ich glaube, meine Briefe machten einen Unterschied, und es ist mehr. Ich stelle mir meine Freundschaften vor, und sie gewinnen wirklich an Tiefe. Heute morgen endlich ein Brief von Wreston:

Lieber Stuart,
ich bedaure, daß ich Dich so lange nicht sehen werde. Ich freue mich sehr auf das nächste Mal. Du bist einer der sehr, sehr wenigen Menschen, die ich kenne, deren Gegenwart mich erfreut und glücklich macht. Du fängst jeden Ball, den ich werfe.
Es muß einigermaßen schlimm für Dich gewesen sein, mich in Spanien zu sehen, als ich mitten in einer akuten Krise steckte, der schrecklichsten, soweit ich mich erinnern kann. Vielleicht werde ich Dir eines Tages einmal alles darüber erzählen. Meine psychische Verfassung ist inzwischen etwas besser, obwohl ich nach wie vor in einem Zustand schwebender oder unterdrückter Verzweiflung lebe. Wie Du nur allzu gut weißt, bin ich im Grunde ein Seiltänzer, und wenn die Spannung meines Drahtseils verändert wird, und sei es noch so geringfügig, fürchte ich, mein Leben sei in ernster Gefahr, daß ich ins Leere fallen könnte.
Ich werde Dir wieder schreiben.
Ich liebe Dich sehr, und ich hoffe, ich habe Dich das von Zeit zu Zeit spüren lassen (auf meine eigene schräge Art natürlich).
In Liebe,
W.

Ich war völlig überrascht. Weniger über das, was er sagte – den Inhalt, sondern daß er es überhaupt gesagt hatte.
Meine Beziehung zu Wreston war zwölf Jahre lang die einer typischen modernen amerikanischen Freundschaft. Wir lernten uns in New York kennen; ich arbeitete dort als Berater für eine Kunstschule, an der er als Lehrer tätig war. Seine direkte Art, seine Präsenz, sein Witz, seine finstere Courage, immer zu sagen, was er dachte und sich seinem Schmerz zu stellen – all das nahm mich sofort für ihn ein. Es gefiel mir, wie er wütend auf den Stein

einhämmerte, aus dem er seine Skulpturen schuf. Dann sein nach-
denkliches Streicheln der zum Vorschein kommenden Rundungen.
Er klopfte sie mit dem Meißel heraus, rieb sie mit dem Sandpapier
glatt und blies sorgfältig den Staub weg, um die Linie zu prüfen. Wir
tranken Kaffee, aßen zu Mittag und zu Abend – vier Tage hintereinander. Dann flog ich zurück nach Kalifornien. Eine typische amerikanische Freundschaft.

Abgesehen von einem weiteren kurzen Besuch in New York hörte
ich sechs Jahre nichts von Wreston. Dann waren wir wieder für
kurze Zeit Kameraden, diesmal in Berkeley. Er hatte sich von seiner
ersten Frau scheiden lassen, hatte seinen Lehrauftrag abgegeben und
war nun auf der Suche nach einem neuen Platz. Wir zogen durch die
Straßen, ein jüngerer und ein etwas älterer Mann in mittleren Jahren,
scherzten und lachten wie die Primaner, bestaunten mit spielerischer
Freude die hübschen Mädchen und stritten uns im Spaß. Nach ein
paar Wochen war er wieder fort. Diesmal nach Seattle, wo er eine
eigene Kunstschule aufmachte, dann nach Europa, den Sommer
über. Während der nächsten sechs Jahre heiratete er ein zweites Mal
und bekam einen Sohn. Wir haben uns insgesamt nur fünfmal
getroffen, das letzte Mal vor zwei Monaten in Spanien. Wirklich
nicht viel, um darauf eine Freundschaft zu gründen: intensiver
Rapport, aber nicht viel gemeinsam verbrachte Zeit. Riesige Reser-
voirs an Vertraulichkeiten, die jeder bei sich behielt, besonders was
ihn angeht. Obgleich sein Erscheinungsbild seine enorme Nervig-
keit und seinen Willen, anders zu sein, erkennen läßt, geizt er mit
Geheimnissen, die – wie ich vermute – kein Mensch außer ihm
kennt. Er ist genau der Seiltänzer in Höchstspannung, von dem er
mir jetzt schreibt.

Dieser Brief von ihm stellt unsere Freundschaft irgendwie auf eine
neue Basis. Er enthält alles, was in der Bitte um die Tabletten,
damals in Spanien, enthalten war, aber indem er eine so unverblümte
Erklärung darstellt, verändert er die Dinge zwischen uns ein wenig,
macht sie stärker.

Nicht, daß ich irgendwelche Illusionen hätte. Der Mann ist sehr
dünnhäutig, besonders jetzt. Er braucht meine Hilfe, und ich werde
versuchen, sie ihm zu geben, so gut ich kann – per Ferngespräch
oder per Brief. Ich werde ihm oft schreiben; wenn er will, werde ich
für ihn in die Staaten zurückfliegen. Aber es hat keinen Zweck,
zuviel darüber nachzudenken oder gar hinzufahren, außer er bittet
darum. Doch wie kann ich von ihm erwarten, daß er mich bittet, wo
er mir nicht einmal gesagt hat, was ihn so quält?

Obwohl Wreston mir seine Zuneigung gestanden hat, bleibt er
weiterhin reserviert. So wie er nun einmal ist, schreckt er vor der

geringsten Berührung zurück, wie ein wilder Hund. Ich bin mir bewußt, daß ich nicht zuviel von ihm verlangen darf. Nicht einmal, daß ich ihm meine Hilfe anbiete.

Diese Freundschaft ist nicht alles, was ich will, aber sie ist mehr, als ich vorher gehabt habe.

Die Geschichte mit Wreston war wirklich ein Trost für mich, allein wie ich war in Belgien, wo der Regen niemals aufzuhören scheint.

Als mein Leben dann härter wurde, wandte ich mich – per Post – an einen anderen Amerikaner.

6 Unvernunft und ein Ruf um Hilfe

Die Irrationalität ist eine weitgehend unerforschte Seite der Freundschaft, besonders in neuerer Zeit. Echte Freunde würden füreinander dasein, wenn es hart auf hart kommt, hart nicht nur im materiellen Sinn, sondern, was heutzutage öfter der Fall ist, im emotionalen Bereich.

Es gibt auf der Welt manche zufriedene, gut angepaßte, ausgeglichene Typen, und es gibt harte, mit Scheuklappen versehene, vorsichtige Typen. Beiden entgeht viel von dem, was es heißt, das Leben zu spüren und zu erleiden.

Die meisten Menschen heutzutage erleben innere Kämpfe, wenigstens von Zeit zu Zeit, und Momente, in denen das Leben ihnen hart erscheint oder gar unerträglich. In der Tat ist dieses Ringen mit uns selbst ein zentrales Thema der modernen Literatur und Kunst. In diesem Zusammenhang fällt mir immer ein Interview mit Isaac Bashevis Singer ein, das er gab, kurz nachdem ihm der Nobelpreis verliehen worden war. Ohne erkennbares Motiv fragte der Interviewer den alten Mann, der nun wohl den Höhepunkt einer jeden Schriftstellerlaufbahn erreicht hatte: »Denken Sie je über Selbstmord nach?« Singer antwortete: »Selbstverständlich. Oft. Worüber sollte man sonst den ganzen Tag nachdenken – über Kartoffelpuffer?«

Wenn wir unsere Probleme nicht verklären wollen, müssen wir zugeben, daß starke innere Anspannungen Bestandteil unseres Lebens sind. Wir sind so töricht und erwarten von uns, immer ganz vernünftig zu reagieren, obwohl wir von Zeit zu Zeit von Stimmungen überwältigt werden. Eine Anwandlung von Sorgen, Ängsten und Depressionen erfaßte mich in Europa, als ich ziemlich allein und meines Alleinseins sehr bewußt war, niedergedrückt von altersbedingtem Weltschmerz und einem ständig grauen Himmel. Wer weiß, warum es mich erwischte? Wenn wir unsere Irrationalität wirklich verstehen könnten, bestünde kein Bedarf für Hunderte von miteinander wetteifernden Psychologie-Lehren.

Ich versank in Mutlosigkeit. Meine Frau versuchte ihr bestes, doch auch sie konnte mir nicht helfen. In dem Moment brauchte ich wirklich einen engen Freund. Das Bedürfnis war größer als ein bloßer Wunsch.

Einen Monat nach Wrestons Brief

Bisweilen sieht es so aus, als verfolgte ich meine Beziehungen wie andere Männer den Börsenmarkt.

Wahrscheinlich aus demselben Motiv.

Die Illusion der Sicherheit. Manche Männer klammern sich an ihre Börsenberichte, wie ich mich an die Briefe von daheim klammere – in der Hoffnung, sie würden mein Gefühl der Einsamkeit lindern.

An Tagen, an denen die Realität sich auf geheimnisvolle Weise davonschleicht und Angst und Furcht ihren Platz einnehmen, beißt man vor Schmerz die Zähne zusammen und alles wirkt niederschmetternd; die jüngsten Manöver der Roten Armee in den Fernsehnachrichten werden zu einer persönlichen Gefahr; das Gesicht eines Flüchtlings wird zu dem meinen; ein unverschämter Busfahrer scheint augenblicklich so autoritär und mächtig wie ein Gefängniswärter. Besorgnis erfüllt das Herz – um Geld, um die Gesundheit, um den Erfolg. Um unsere entsetzliche Hilflosigkeit. Was können wir schon gegen die Russen tun? Gegen Hungersnöte? Oder auch nur gegen die Inflation?

An solchen schwarzen Tagen sehne ich mich verzweifelt danach, mit einem Freund reden zu können. Ich will meinen Arm ausstrekken, wenn der Sog mich nach unten zieht. Pack' mich! Halt' mich! Zieh'! Oder hilf mir wenigstens, mich daran zu erinnern, wer ich bin. Daß ich jemand bin, der weitermachen kann, ohne sich von kleinlichen oder auch kosmischen Sorgen überwältigen zu lassen. Daß ich weiß, was ich tue und worum es im Leben geht. Daß ich Stuart bin, der Bursche, der in meiner Haut steckt.

Eine tiefe Schwermut hat mich erfaßt, und ich habe Angst.
Ich habe Angst, daß sie – wie schon früher – wochenlang andauern könnte. Sie scheint wie von selbst zu kommen. Sobald ich am Morgen erwache, beschleicht mich die Angst und gräbt ihre Zähne in mein Herz wie ein reißender Wolf.
Ich weiß, daß ich das habe, was Psychologen heutzutage Depressionen nennen. So einfach und gewöhnlich. Viele Menschen bekommen bisweilen Depressionen. In der Renaissance nannte man es Melancholie. Und davor, wer weiß? Wen kümmert es?
Mich kümmert es. Ich hoffe, eine vernünftige Erklärung für diese Gefühle zu finden, um sicherzugehen, daß sie – gewissermaßen – in Ordnung sind, normal, typisch, alt und menschlich. Aber auch wenn ich weiß, daß Menschen zu bestimmten Zeiten immer so gefühlt haben, ist das kein Trost für mich. Das macht es nur noch schlimmer.
Jacqueline versucht, auf meine Ängste einzugehen. Auf jede einzelne.
»Das wird sich finden.«
»Wir haben genügend Geld.«
»Was können wir tun, wenn die Russen kommen? Wir werden damit fertigwerden, wie alle anderen auch.«
»Das wird nicht ewig dauern; nach einer Weile wirst Du Dich besser fühlen. Keine Angst.«
Mit der Geduld einer Ehefrau redet sie Tag für Tag auf mich ein, um mich aufzumuntern und um mich wieder Schritt um Schritt ins normale Leben zurückzuführen. Ich versuche, ihr dabei zu helfen. Manchmal reicht das für Stunden oder auch Tage aus. Aber im allgemeinen genügt es nicht.
Ich brauche Freunde. Meine Beziehungen, so wie sie sind, werden sehr wichtig. Ich wende mich an Euch, Männer. Ich brauche Euch: Eure Kraft und damit Ihr mich daran erinnert, wer ich bin. Ich weiß nicht einmal genau, was ich von Euch will. Die Ehefrau allein ist nicht genug. So gut sie auch ist. Keine einzelne Person ist genug. Vielleicht ist es Eure männliche Kraft, die ich brauche.

Am nächsten Tag

Ich habe Bob Jones von meinen Depressionen geschrieben. Weshalb ich in dieser Situation ausgerechnet an Bob schrieb, ist mir nicht ganz klar. Zwar bewegten wir uns jahrelang in denselben Kreisen, aber ich kenne ihn nicht besonders gut. Bob gegenüber empfinde ich auch nicht die tiefe Verwandtschaft, wie ich sie mit Wreston habe. Aus Wreston spricht oft ein Schmerz und ein Zorn, der trotz unseres unterschiedlichen Stils irgendwie wie der meine ist. Ich weiß, daß Wreston meine Gefühle verstehen würde.

Von der Logik her hätte ich an ihn schreiben sollen. Stattdessen wende ich mich an Jones. Schließlich steckt Wreston selbst in einer Krise. Und seinem Naturell entsprechend, ist sein Schmerz vielleicht größer als der meine. Offen gestanden, glaube ich auch nicht, daß er in diesem Punkt mit mir etwas anfangen könnte. Der tiefe Sumpf, in dem ich stecke, würde seinen Ekel nur vergrößern, vor mir und vor sich selbst.

Bob Jones ist da ganz anders. Bob Jones hat breite Schultern und schaut aus blauen Augen die Menschen klar und fest an. Bob Jones trägt eine Stahlbrille auf der Nase und Wallabees an den Füßen. Bob Jones hält seine zwei ausländischen Autos sauber, innen und außen. Wrestons alte Karre dagegen ist schmutzig, voller Dreck und gestockter Säuglingsmilch in den Spalten der Rücksitze. Jones trägt anständige, ordentliche karierte Hemden, und Jones hat eine anständige, ordentliche Familie: hübsche Jungs, flachsblond, Persil-gepflegte Bluejeans, große, gemütliche Gesichter. Bob Jones ist seit annähernd dreißig Jahren mit derselben treuen Person verheiratet, deren rotes Haar in straffe Locken gelegt ist.

Wenn mir überhaupt einer hilft, so ist es Bob Jones.

Aber kann Bob mir helfen? Um mir zu helfen, muß er erst einmal verstehen. Er, der verläßlich ist wie ein Automechaniker aus Maine, nachdenklich, rein und gut, wird er die frühwinterlichen Verrücktheiten verstehen, die, wie ich wohl weiß, meinem Kopf entspringen, aber mich dennoch ängstigen – alle Sorgen dieser Welt, von Russen und Arbeit und Geld bis zum Alter, das stetig zunimmt? Wahrscheinlich, vielleicht.

Schließlich ist Bob auch verrückt. Er ist kein absoluter Spießer. Er gab eine Professur auf, um ein freieres, mehr der Forschung gewidmetes Leben zu führen. Vor sieben Jahren machte Bob sich daran, ein Jahr lang auf die Gezeitenbecken zu starren und von Morgengrauen bis in die Nacht hinein deren Veränderungen im Wandel der Jahreszeiten zu notieren. Er schrieb ein Buch darüber. Was soll's also, daß der Holzstoß auf seinem Land so ordentlich gestapelt ist wie der eines bayerischen Bauern oder daß seine Autos so sauber sind wie ein Teller? Er hat immerhin Psychologie studiert! Und er war in Therapie!

In der Tat bin ich mir nicht sicher, was Bob angeht.

Vielleicht erwarte ich zuviel von unserer sich erst entwickelnden

Freundschaft, wenn ich meinen Schmerz auf ihn ablade. Zwar hatten wir durch gemeinsame Bekannte seit Jahren voneinander gehört, aber getroffen haben wir uns nur ein dutzendmal, und das war während der letzten zwei Jahre. Sicher, ich habe Bob einmal einen großen Gefallen getan. Da besteht eine Schuld, auf die ich mich berufen kann. Andererseits halte ich Bob trotz einer gewissen spontanen Sympathie, die wir füreinander empfinden, für zu reserviert, um sich auf irgendetwas einzulassen, das nach echten Gefühlen aussieht. Er könnte mich für gefährlich halten oder – schlimmer noch – für lächerlich. Könnte sein, daß ich ihn total abschrecke.

Aber ich erinnere mich noch gut, wie Bob bei unserem ersten Treffen vor seinem Kaffee saß. Wir sprachen über Freundschaft oder vielmehr über deren Seltenheit.

»Ja, nun, wenn ich darüber nachdenke, habe ich keine echten Freunde in diesem Sinne. Ich glaube, mir war das schon seit langem bewußt. Meine Frau hat ein paar enge Freundinnen. Und manchmal zieht sie mich damit auf. Als ob es damit getan wäre, zum Telefonhörer zu greifen! Sie hat kein Verständnis dafür, daß Männer das nicht können.« Bob hatte mich dabei ganz kurz mit einem Ausdruck verwirrter Resignation angesehen.

Dieses aufrichtige Geständnis, keine Freunde zu haben, hatte mir imponiert. Und ich fand es beachtlich, wie gut er verstand, in welcher Falle das Pathos unserer albernen Männlichkeit steckt, das uns kaum Möglichkeiten bietet, aufeinander zuzugehen. Vielleicht war er mir etwas zu gleichmütig und zu ergeben in bezug auf unsere traurige Situation. Aber ich will es riskieren und auf Bobs tiefe Gefühle setzen.

Zwei Wochen nach meinem Brief an Bob Jones

Ich wußte, daß Jones sofort antworten würde.

Lieber Stuart,
Dein düsterer und schmerzlicher Brief kam gestern an, und ich möchte versuchen, sofort zu antworten, obwohl mir bewußt ist, daß Deine Stimmung vielleicht eine ganz andere ist, bis Dich diese Zeilen erreichen. Was ich natürlich hoffe, wenngleich ich wünschte, daß Du eine Möglichkeit findest, mit diesem speziellen Engel zu ringen und seinen Segen zu erlangen, bevor Du ihn davonjagst. (Genesis 32:24-31 – es ist schrecklich, in einem persönlichen Brief mit Zitaten zu kommen!) Wie Du sagst, ist diese Düsternis alter Schnee für Dich, und ich nehme an, sie wird Dich immer wieder

besuchen, wie eine alte ungeliebte Tante, bis ... bis ... Scheiße, ich weiß es nicht! Bis Du ihren Namen errätst, vermutlich. Es ist schwer, über eine so große Entfernung darüber zu reden, obwohl es mir wahrscheinlich genauso schwerfiele, wenn Du mir gegenüber säßest. Lass' mich einfach ein wenig drauflosschreiben ...

Ich bin gerührt von Deiner Ehrlichkeit und Offenheit mir gegenüber. Und ich bin überrascht darüber, wie wichtig Dir die Vertraulichkeit in dieser Angelegenheit ist – daß Du mich bittest, Deinen Brief mit niemandem zu besprechen, weder mit meiner Frau noch mit den anderen gemeinsamen Bekannten. Natürlich werde ich Deinen Wünschen entsprechen. Aber ich frage mich, wozu diese Geheimnistuerei? Die Leute hier kennen Dich doch. Hast Du Angst, sie könnten sagen, ›Er war so glücklich letztes Frühjahr, als er beschloß, seinen Job hinzuschmeißen und nach Europa zu gehen und nur noch zu schreiben. Es wirkte ohnehin alles ein bißchen zu fröhlich damals. Geht einfach weg, um es den Leuten zu zeigen.‹ Nun ja, die Leute könnten das sagen, könnten es denken. Ich selbst denke es ein bißchen. Na und? Dein etwas übertriebener Optimismus letztes Frühjahr war mir ein Rätsel. Und ich gestehe ganz offen, ich bin erleichtert, daß Du nun mit den Füßen wieder auf dem Boden bist. Obwohl ich wünschte, daß Du jetzt glücklicher wärest ...

Ich bin Dir in Sympathie verbunden, und ich mache mir Sorgen um Dich. Ich habe keine Antworten. Ich bin sehr besorgt, und ich warte darauf, von Dir zu hören, wann immer Du reden möchtest.

Nachdem ich den Brief gelesen habe, meine ich, das ist nicht schlecht soweit. Mein Brief war bestimmt ein harter Brocken und es war schwierig, darauf überhaupt zu antworten.

Ich *bewerte* Bobs Antwort. Trotz des echten Schmerzes, mit dem ich ihm schrieb, bewerte ich seine Antwort. Mein Brief über den Schmerz war zugleich ehrlich empfunden und er war eine Art Test. Ich teste ihn, wer er ist, prüfe seine Fähigkeit, auf meine innersten Bedürfnisse zu reagieren. Ich will es wissen, bevor ich ihm mehr erzähle. Ich möchte herausfinden, auf welcher Ebene und bis zu welchem Grad wir wirklich Freunde sein können.

Hier reagiere ich völlig irrational. Gleichzeitig gehe ich auf Distanz, um zu sehen, wie Bob sich bei dem Versuch, mein Leben zu retten, anstellt. Es hat etwas Verrücktes, diese Vorsicht und dieses Abtasten. Aber so ist es.

Ich bin ehrlich getröstet. Es war tatsächlich ein »düsterer und schmerzlicher Brief«, und Bobs Worte erkennen das an und geben meinem Problem eine abstrakte Form. Ich fühle mich bis zu einem gewissen Grad verstanden. Bob hat auch – implizit, indem er einfach sieht, wer ich bin – mich und meine Düsternis akzeptiert.

Die Geschichte über das Ringen mit den Engeln dagegen ist irgend so ein Mist aus der humanistischen Psychologie. Oder aus der Jungianischen. Oder der christlichen. *Was* für ein Engel?

Aber mir gefällt das »Scheiße, ich weiß es nicht.« Das klingt menschlich. Ich bin dankbar für Bobs Besorgtheit, für seine Frustration.

Soweit, so gut. Insgesamt gesehen, hat sich das Risiko gelohnt. Jones sagt, er könne mir nicht helfen, aber wenigstens ist er bereit, es zu versuchen und mich zu beachten und zu sagen, daß es ihn frustriert, mir nicht helfen zu können. Das ist echt. Das ist Kameradschaft.

Dann ist da auch so ein Zurückziehen, das ich nur allzu richtig erwartet hatte, bei einem Mann, der zwar mit Gefühlen vertraut ist, seine eigenen aber lieber sorgfältig verborgen hält. Er übertreibt, beispielsweise, die Schwierigkeiten, die einer Korrespondenz durch Zeit und Raum auferlegt sind. Ja, es ist möglich, daß meine »Stimmung« (Das Wort trivialisiert meine Gefühle) sich geändert hat; sie ist tatsächlich etwas gehobener zu dem Zeitpunkt, als sein Brief eintrifft. Aber angenommen, es wäre nicht so? Jedenfalls brauche ich seine direkte Antwort auf das, was ich schrieb, und nicht seine Phantasien darüber, daß sie veraltet sein könnte, wenn er sie mir gibt. Außerdem macht sein »wie eine alte, ungeliebte Tante« meinen Schmerz lächerlich, domestiziert ihn zu einem Archetypus eines familiären Ärgernisses.

Bob kommt mir entgegen und weicht dann aus. Es wäre mir lieber gewesen, er wäre mir nur entgegengekommen.

Der Teil des Briefes über die Vertraulichkeit bringt mich sogar in Wut. Offenbar bin ich gegen die Mauer seiner unerschütterlichen Schablonenhaftigkeit gerannt. Hier, in Europa, ist es noch immer üblich, Fragen persönlicher Art im zwischenmenschlichen Bereich für sich zu behalten. Aber im sonnigen Kalifornien entspricht es der Konvention, daß jeder jedem alles »mitteilt«, wie es dort heißt. Mein Wunsch, ihm zu vertrauen, ein besonderes Bündnis zwischen uns zu schaffen, mich nur auf seine Schultern zu stützen, mich in meiner schlimmsten Stimmung nur ihm allein zu zeigen, wird als falsch angesehen. Als ein Manöver, für das Ego das Gesicht zu wahren.

Oh, ich kenne dieses kalifornische Mitteilen – wo man in Gruppen beisammensitzt, gegen Honorar oder »im Freundeskreis« und »sein Innerstes ausschüttet«, um dann die Unterstützung durch die Gruppe zu fühlen, die Kritik der Gruppe zu empfangen, den Rat der Gruppe in sich aufzunehmen. Alles sehr hübsch. Nur hinterher, da fühlt man sich so einsam wie zuvor, weil man ja nichts weiter bekommen hat als Hilfe. Man ist nicht in das Sein eines anderen eingedrungen. Man hätte ebensogut irgendeinen Notdienst anrufen und mit einem ernst sprechenden Sozialarbeiterlehrling reden können. Oder für fünfzig Minuten einen Therapeuten bezahlen. Es ist keine Liebe dabei. Für Liebe müsssen wir – zusammen – allein sein. Müssen wir alle anderen ausschließen. Bob Jones weiß das natürlich. Jeder weiß das. Aber er weicht aus. Er meint, es ginge mir darum, vor der Welt mein Gesicht zu wahren, und er erkennt nicht, daß ich einfach nur bei ihm sein will.

Nein, er wird sich nicht leicht gewinnen lassen, der alte Bob.

Der Brief geht noch weiter. Er dreht und wendet sich, um eineinhalb eng mit Maschine beschriebene Seiten zu füllen. Er läßt mich am Ende im Ungewissen. Ich bin nicht sicher, wieweit Bob versucht, wirklich hilfreich zu sein oder nur hilfreich zu erscheinen. Vielleicht ein wenig von beidem. Seine Besorgnis, selbst nicht den Boden unter den Füßen zu verlieren, macht mich insgeheim wütend.

Am nächsten Tag

Merkwürdig, wie meine Gefühle in bezug auf Bobs Brief hin und her schwanken. Wertschätzung und Dankbarkeit, Ablehnung, Verachtung und sogar Wut.

Und je öfter ich seinen Brief lese, desto weniger weiß ich, welches dieser Gefühle nun angemessen ist. Vielleicht bin ich zu hart: Was ich für Ausflüchte halte, könnte einfach Bobs verzweifelter Versuch sein, überhaupt irgendetwas zu sagen, irgendetwas in Erwiderung auf einen schmerzvollen Brief von einem Freund, der weit weg ist. Vielleicht hat er recht in bezug auf letztes Frühjahr. Meine Euphorie war bloß eine Stimmung und nicht, wie ich geglaubt hatte, ein tieferes Gefühl auf der Grundlage einer nie zuvor dagewesenen inneren Sicherheit bezüglich meines Platzes in der Welt. Damals hatte ich den Mut aufgebracht, meine Sicherheiten aufzugeben und mir auf eigene Faust einen Weg in eine ungewisse Zukunft zu bahnen. Vielleicht war das nur eine Art falscher Hoffnung. Aber ich hatte erwartet, daß Bob mir meinen damaligen Mut in Erinnerung ruft, statt mir zu sagen, es war alles nur eine Täuschung. Ich hatte von ihm erwartet, daß er mir sagt, »Hab' keine Angst, mach' weiter, ich kenne Dich, und ich weiß, daß Du es schaffen kannst.« Erst jetzt ist mir klar, was ich von ihm wollte – es ist diese Bekräftigung. Ich hätte es ihm sagen sollen. Aber hätte ich es getan, würde er mir die falsche Antwort gegeben haben: Wie er in seinem Brief sagt, glaubte er von Anfang an nicht an mein Abenteuer.

Ich drehe mich im Kreis, und meine Verwirrung über die aufsteigenden intensiven Gefühle wird immer größer.

Schließlich greife ich zu einer feigen Lösung:

»Lieber Bob,

dies ist nur eine kurze und schnelle Antwort auf Deinen guten Brief, aber mir liegt daran, Dir zu sagen, daß ich dankbar bin für Deine Anteilnahme und Deinen Rat zu schätzen weiß: Beides hat mir geholfen...«

Und so weiter. Ich riskiere nicht, etwas Negatives zu sagen. Ich tue ihm schön, wenn auch nur kurz. Implizit beruhige ich ihn, daß sein verrückter Freund nicht die ganze Zeit verrückt ist. Ich weiche aus. Ich drücke ihn weg, ganz sanft, so wie ich mich weggedrückt fühle, ohne großes Engagement. Ich weiß nicht, wie ich Bob sonst behandeln soll.

Trotz seiner Antwort und seiner Anteilnahme hatte Jones mich enttäuscht. Auf Grund seiner vorsichtigen Natur und der relativen Oberflächlichkeit unserer Bekanntschaft hätte es jedoch gar nicht anders sein können. In meinem Bedürfnis nach Hilfe und freundschaftlichem Verständnis erwartete ich eine so umfassende Reaktion, wie Bob sie zu diesem Zeitpunkt nie hätte geben können. Ich hätte mich demnach vollständig von ihm zurückziehen und meine verletzlichen Gefühle ganz in mich zurücknehmen können, wie es wahrscheinlich die meisten Männer getan hätten, die sich davor scheuen, um Freundschaft zu werben. Aber ich wollte das nicht mehr: Ich hatte ein sehr starkes Verlangen danach, verstanden zu werden, und ich empfand großen Respekt vor Bob Jones, wie er – im Rahmen objektiver und der von ihm selbst gesetzten Grenzen – versucht hatte, mir zu helfen.

Einen Monat nach meiner Antwort auf Bobs Brief

Ich habe wochenlang über die Bob-Jones-Geschichte nachgegrübelt.

Was ich tat, gefällt mir nicht. Es hat keinen Sinn, sich zurückzuziehen. Auf diese Weise kann ich unsere sich erst entwickelnde

Freundschaft nur abtöten. Obwohl er durch seine Dummheit und seine Vorsicht meine Gefühle verletzte, mache ich einen erneuten Vorstoß. Heute schrieb ich ihm einen guten und ausführlichen Brief, in dem ich aber auch meinen Protest ausdrückte.

Ich kenne Dich nicht allzu gut. Aber es gefällt mir nicht, wie Du meine Bitte um Vertraulichkeit psychoanalytisch zerpflückst. Ich hatte Dich aus verschiedenen Gründen darum gebeten. Einer war, daß Du nicht auf Grund Deiner eigenen, unvollständigen Sicht der Dinge mit anderen über mich reden solltest. Die, die mir am wenigsten nützt – *Stuart, dieser Schurke, hat sich wieder aus dem Staub gemacht: paßt auf!* Ich kenne diese Seite an Dir, diese vorsichtige, etwas spießbürgerliche und verklemmte Seite, die dazu neigt, mein Wagnis eines Neubeginns in mittleren Jahren, in einem fremden Land, meine Jagd nach einem Europa, das es möglicherweise nicht mehr gibt, meinen Sprung in die totale Ungewißheit, indem ich nur noch reiste und schrieb, zu trivialisieren. Ich weiß, daß diese Seite an Dir dazu neigt, mein großes Abenteuer mit moralischen Deutungen herunterzumachen. Ich weiß, daß Du – falls Du die Tatsache meiner jüngsten »Depression« und Verzweiflung mit anderen besprichst – Dich in dieser Ansicht über mich bestätigt sehen wirst.
Was ich aber von Dir als meinem Freund brauche, ist eine andere Sicht der Dinge. Deine Zuversicht, daß alles möglich ist, man Risiken eingehen muß, sein Leben ändern kann und daß die Zukunft uns ebensogut Positives wie Negatives bescheren wird.
Das ist ein Grund, weshalb ich will, daß Du das, was ich Dir schreibe, bei Dir behältst.
Der wichtigste Grund jedoch ist, daß ich diese Dinge, vorerst wenigstens, nur Dir allein sagen möchte. Ich will keine Zuhörerschar. Ich will mein Vertrauen, eine Art Geschenk von mir an Dich, nicht an eine Menge anderer Menschen verschwenden.
Nur Du und ich, Baby.
Außerdem, seit wann ist es nötig, um Vergebung zu bitten, wenn man Vertraulichkeit wünscht?

Ich beschließe, den Rest des Briefes sehr viel milder zu gestalten – ein paar Sätze zu dem Thema ›Europäer im Vergleich zu Amerikanern‹. Neuigkeiten. Ich polstere meine Kritik mit Belanglosigkeiten, aus der Furcht, diesen Mann, den ich so wenig kenne, durch eine allzu heftige Reaktion meinerseits für immer zu vergraulen.
Wie vorsichtig ich geworden bin. Tief im Inneren unsicher, ob ein paar offene Worte des Einwands eine Beziehung zerstören könnten.

Als ob man sich heutzutage, in unserer freundlosen Welt, seinen Weg mühsam mit stillschweigender Vorsicht bahnen müßte. Niemals zuviel von dem enthüllen, was Du wirklich denkst. Auch wenn die Menschen Dir zuhören und ins Gesicht lächeln, hernach werden sie Dich einfach schneiden.

Ich halte es durchaus für möglich, daß Jones sich sagt: »Stuart ist mir zu schwierig. Erst bittet er mich um Hilfe. Dann gefällt es ihm nicht, wie ich sie ihm gebe. Er ist weit weg, in Europa. Ich werde ihn einfach vergessen. Habe genug anderes zu tun.« Sodann wird Bob aus seinem Sessel aufstehen, seine Pfeife gegen den gemauerten Kaminsims klopfen, die Asche in seinem Handteller auffangen und sie in das glimmende Feuer schütten.

Ich beschließe, das Risiko auf mich zu nehmen. Ich trage meinen zweiten Brief zur Post und bin gleichzeitig beunruhigt. Es ist Winter, kalt und regnerisch und dunkel und öde in Brüssel. Keine günstige Zeit, sich mutterseelenallein zu fühlen. Vielleicht liebe ich Bob Jones nicht, noch nicht. Aber vieles an ihm finde ich liebenswert und sehr respektabel. Angesichts der Unsicherheiten des Lebens, die durch das frühe Dunkel der Wintertage noch vervielfacht werden, *brauche* ich Menschen, die mir nahe sind.

Die Suche nach Freundschaft wird, wie ich feststelle, durch Unvernunft kompliziert. Zum einen durch die Unvernunft unseres jeweiligen Zustandes – der Krisen, der Zeiten, in denen wir aus dem Gleichgewicht sind, wenn wir besorgt und lästig und ängstlich sind. Zum anderen wird die Suche durch all die anderen Gefühle kompliziert, die wir diesen Zuständen gegenüber entwickeln. Man wird leicht beschämt und flintenscheu, fordert zugleich Hilfe und ist überkritisch in bezug auf die Reaktion der anderen. Menschen, die wir kennen, werden leicht abgeschreckt, wenn wir nicht halten können, was unser lächelndes, verläßliches, »normales« Ich verspricht. Und sie werden noch mehr verscheucht, wenn wir plötzlich überempfindlich darauf reagieren, wie sie auf unsere Krisen antworten.

Natürlich, wenn man echte Freunde hat, ist dieses ewige Hin und Her, dieser Eiertanz nicht nötig. Eine Krise? Gewiß doch. Man geht vertrauensvoll damit um, aus Erfahrung und aus Zuversicht. Wenn man jedoch nach neuen Freunden sucht, werden die Dinge unsicherer, komplizierter, empfindlicher, und man kann nur

Teile von dem enthüllen, was man wirklich fühlt. Niemals, beispielsweise, würde man Neid offen zugeben.

Drei Wochen später

Noch keine echte Antwort von Jones, aber der vervielfältigte Weihnachtsbrief seiner Familie (klingt wie eine Art päpstlicher Hirtenbrief) kam heute, zusammen mit einigen Weihnachtskarten mit kurzen Jahresberichten von drei anderen Leuten, die ich kenne.
Dort in Amerika scheint es zu den Feiertagen allen zum Davonlaufen »großartig« zu gehen.
Für Jones und alle anderen ist es ein gutes Jahr gewesen. Den Kindern geht es gut, die Studien sind vorangeschritten, die Familien kommen zusammen zum Feiern, und das Neue Jahr sieht ebenso erfolgversprechend aus.
Jones ist der schlimmste von allen: Für ihn war dieses Jahr ein Riesenerfolg – obwohl er, stets redlich, nicht damit prahlt. Er hat ein Buch veröffentlicht, das – nebenbei – sehr gut rezensiert wurde. Außerdem steht ein weiteres wissenschaftliches Werk von ihm kurz vor der Veröffentlichung. *Und* er arbeitet derzeit an einer Reihe von Kurzgeschichten! Vorbei, schreibt er, sind endlich die langen Jahre der stillen Beschaulichkeit, der knappen Arbeit. (Kein Wort von Depression oder Verzweiflung darüber, was er mit seinem Leben anfangen soll, obwohl er weiß, daß er durch solche Gemütszustände gegangen ist, aber er wird sie in diesen festlichen Tagen nicht feiern wollen.)
Diese ganze Aufzählung läßt Neid in mir hochkommen. Sogar während ich gegen die Weihnachtsdepression ankämpfe, ekelt mich vor mir selbst, weil ich mich so wenig mit meinen Freunden identifiziere, daß ich mich nicht einmal über ihren Erfolg freuen kann.
Teilen wir so wenig miteinander?
Keine Antwort auf meinen eigenen mutigen Brief, aber am Ende seiner Enzyklika, unter den sechs Fotografien von ihm, seiner Frau und seiner Familie, eine kleine handgeschriebene Notiz: »Danke für Deinen lieben Brief. Ich werde bald antworten. Bob.«
Das ist nicht viel, weiß Gott. Nicht genug, um über den halboffiziellen Klatsch zum Jahresende mit Friede, Freude, Eierkuchen hinwegzukommen, aber es ist ein dünnes Band zwischen uns. Die ersten Anfänge eines echten privaten Austauschs nur zwischen mir und ihm.

Ein Mann, ein Wort.
Diese hingekritzelte Notiz besagte, daß er schreiben würde, und er hielt Wort.
»Wie ich in meinem Nachsatz auf unserem Weihnachtsbrief sagte, wußte ich Deinen Brief zu schätzen, und er gefiel mir sehr gut. Ich akzeptiere Deine Bitte um Vertraulichkeit und werde ihr ohne weitere Analyse nachkommen. Aber mehr als das schätze ich Deine Ehrlichkeit, mit der Du die Sorgen darlegst, die Dich dort bedrükken.«
Bob nahm meinen Ärger über die Art, wie er meinen Wunsch nach Vertraulichkeit psychoanalytisch behandelte, hin und akzeptierte ihn. Natürlich ist die Art, wie er schreibt, ein bißchen formell. Er ist vorsichtig mit seinen eigenen Gefühlen. Trotzdem bin ich froh.

Der Sprung hinein in die Fragen, die die Gefühle einer Freundschaft aufwerfen, hatte uns einander nähergebracht. Ich hatte mich an Bob Jones gewandt, und er hatte reagiert, wenn auch mit Vorsicht. Nüchtern betrachtet mußte ich erkennen, daß ich meinen Gefühlen für Jones noch nicht ganz trauen konnte. Es konnte Jahre dauern, bevor ich ihm zum Beispiel meinen Neid eingestehen konnte. In der Tat kam es mir so vor, als ob wir – bei dem Tempo, das wir anschlugen – zehn Jahre brauchen würden, um eine echte Freundschaft zu entwickeln, aber immerhin lag Freundschaft zwischen uns im Bereich des Möglichen.

7 Die echte Freundschaft zweier Männer

Während der Zeit, in der ich mit meinen amerikanischen Freunden korrespondiere, mich mit so großer innerer Unruhe an Wreston und Bob Jones wende, verfolge ich auch weiterhin die etwas weniger persönlichen Aspekte meiner Suche. Ich interviewe Männer in meiner Umgebung in Belgien, vor allem Amerikaner, die dort arbeiten. Die meisten dieser Interviews bringen mir nichts Neues. Überall treffe ich auf die mir schon bekannte Reizbarkeit, wenn es darum geht, über Männerfreundschaften zu sprechen, finde ich dieselbe Nostalgie, dieselbe Lauheit, mit der Beziehungen dargestellt werden, denselben Selbstbetrug.

Gegen Ende meiner schwierigen Korrespondenz mit Jones jedoch stoße ich auf eine Männerfreundschaft zwischen zwei Nicht-Amerikanern, die mich so beeindruckt, daß ich sie in mein Tagebuch aufnehme. Sie verdeutlicht meine eigene Suche nach Freundschaft und macht sie leichter verständlich.

Eine Woche nach Jones' Nachweihnachtsbrief

Ich kann nicht widerstehen, meine eigenen sorgfältigen Bemühungen der letzten Jahre, schlicht ein paar Grundlagen für eine echte Zuneigung zu schaffen, mit der Freundschaft zweier Männer zu vergleichen, die ich heute in Antwerpen entdeckte. All mein ängstliches Zögern, meine kleinen Triumphe, die kleinen und schmerzlich empfundenen Zurückweisungen, meine realen, aber noch zu wenig präsenten Beziehungen. All das Kommen und Vergehen, die aufwühlenden Bemühungen um etwas Wirkliches, das winzige Melodram meines Kampfes gegen die Einsamkeit. All dies mit der Freundschaft von Richard Stone und dem Mann, mit dem er zusammenlebt.

Stone ist ein junger freischaffender Filmemacher, den jedermann zu kennen und zu schätzen scheint. Als ich mich hier, in der großen englischsprachigen Gemeinde, nach Männern erkundigte, die ich zum Thema Freundschaft interviewen konnte, tauchte sein Name gleich mehrmals auf. Die Leute senkten ihre Stimme etwas, denn darüber spricht man noch nicht so offen wie in San Francisco, um mir zu versichern: »Stone ist homosexuell.« Auch hier begegnet mir die wahrlich sonderbare und sehr zeittypische Assoziation zwischen Männerfreundschaft und Homosexualität. Die Leute fügen noch hinzu, »Stone ist sehr clever«, was bedeutet, daß er über geistige Begabungen verfügt.

Wir begegnen uns heute zum erstenmal, und ich bin erfreut, einen großen, muskulösen jungen Mann zu sehen, mit freundlichem Gesicht, nachdenklichen Augen und einer für die angelsächsische Oberschicht charakteristischen lakonischen Ausdrucksweise. Aus dem, was er über seine Arbeit sagt, erkenne ich schnell, daß sich hinter seiner scheinbaren Gleichgültigkeit ein echtes Engagement für die Probleme unserer Welt verbirgt. Außerdem besitzt er die beste private Sammlung von Opernschallplatten, die ich je gesehen habe, und eine große, faszinierende Bibliothek. Stark und selbstsicher ist Richard Stone ein Mann, der – trotz eines gelegentlichen jungen Schalks – sehr viel älter wirkt, als er ist.

Meine Vorbereitung auf dieses Interview war einigermaßen ungewöhnlich. Während der vorangegangenen Wochen war ich durch einige meiner Interviewpartner verärgert worden, deren Behauptung, sie hätten enge Freunde, mir allzu oberflächlich und leicht dahingesagt schien.

Etwas verstockt und in der Meinung, wieder einem dieser ziemlich oberflächlichen Typen zu begegnen, hatte ich mir eine Reihe von ganz unmöglichen Fragen ausgedacht, um der Qualität ihrer Freundschaft auf den Grund zu gehen.

1. Wenn Dein Freund Dich um zwei Uhr morgens anriefe und sagen würde: »Ich stehe hier draußen an der Autobahn. Du mußt sofort kommen und mir helfen, eine Leiche zu vergraben. Keine weiteren Fragen!« Würdest Du hingehen?

2. Wenn Dein Freund für ein Jahr bei Dir einziehen müßte, würdest Du ihn aufnehmen?

3. Wenn Dein Freund Dich bitten würde, Dein Haus für ihn zu verpfänden, würdest Du es tun?

4. Wenn Dein Freund den Verstand verlieren würde, im Sinne von geisteskrank, würdest Du ihn vor dem Zugriff der Psychiatriebehörden bewahren, indem Du Dich selbst um ihn kümmern würdest, wie lange es auch dauern mag?

Ich erwartete nicht, daß irgendjemand mit »Ja« antworten würde. Wir modernen Menschen, zumindest die meisten von uns, sind weit davon entfernt, derart großzügig mit unseren begrenzten menschlichen Mitteln umgehen zu können. (Oder, anders ausgedrückt, wir haben die Gabe verloren, uns wirklich zu engagieren und uneigennützig zu handeln.) Ich erwartete, meine Interviewpartner zum Nachdenken darüber anzuregen, inwieweit ihre Freundschaften wirklich glaubwürdig sind.

Und wie es der Zufall will, ist der erste, dem ich meine Fragen vorlege, Richard Stone.

»Ich habe einen solchen Freund. Der Mann, mit dem ich zusammenlebe.«

»Du würdest Dich also tatsächlich um ihn kümmern, wenn er den Verstand verlöre? Du weißt, was das für einen ungeheuren Streß bedeuten würde?« frage ich ungläubig.

»Ja.« Die trockene Antwort, deren Gewißheit durch die sie umgebende Stille bestätigt wird. Keine Erläuterungen, kein Zögern, kein Kleingedrucktes.

»Du würdest die Leiche vergraben?« frage ich, immer noch ungläubig.

»Wenn er mich so anrufen würde, ja.«

»Du würdest Dein Haus verpfänden?«

»Nun, ich besitze kein Haus. Aber ich würde finanziell alles tun, worum er mich bitten würde.«

Sehr beeindruckt und trotz seiner augenscheinlichen Redlichkeit noch immer etwas zweifelnd, bitte ich Stone, mir etwas über seine Freundschaft zu erzählen. Bis zu diesem Augenblick und trotz der Hunderte, mit denen ich auf zwei Kontinenten gesprochen hatte, waren mir noch keine zwei Männer begegnet, die so aufeinander eingeschworen waren.

»Ich war gerade in Antwerpen angekommen und hatte eine unglückliche Liebe hinter mir. Ich war Anfang Zwanzig, kannte fast niemand und wollte Freundschaft schließen. Halb zum Spaß inserierte ich in den Bekanntschaftsanzeigen nach einem Freund. Etwas wie ›Junger Filmemacher sucht aufrichtige Freundschaft – unabhängiger Geist und interessanter Charakter erwünscht.‹ Stone grinst bei der Erinnerung.

»Ich erhielt ein Dutzend Antworten.« Er sieht mich mit einer gewissen Eindringlichkeit an. »Nicht alle von ihnen waren schwul. Ein Kraftfahrzeugmechaniker war empört, als ich ihn ganz direkt fragte, ob er auf Sex aus sei oder tatsächlich eine Freundschaft suche. Aber Theo schrieb einen geistreichen Brief unter einem Pseudonym. Wir sollten uns an einem Sommertag in einem Restaurant treffen. Er sagte, er würde ›in Schwarz‹ kommen.

Und so war es auch! (Vergiß nicht, wir waren Anfang Zwanzig.) Ich begegnete einem außergewöhnlichen Individuum. Er trug schwarze Kleidung, seine Fingernägel waren schwarz angemalt, und er lächelte ziemlich oft, damit ich sehen konnte, daß auch seine Zähne geschwärzt waren.

Während wir uns unterhielten, empfand ich ihn als äußerst witzig und extravagant. Mir gefiel sein Mut. Mir gefiel die Art, wie er meine Bedingung ›interessanter Charakter erwünscht‹ parodierte. Mir gefiel seine Verrücktheit. Als ich ihn nach ein paar Besuchen näher kennenlernte, gefiel mir seine Liebenswürdigkeit – seine Nettigkeit, wie Ihr Amerikaner sagen würdet. Später dann bat Theo mich, eine Wohnung mit ihm zu teilen. Das war vor vielen Jahren. Ich zog ein, und das war's.

Im Gegensatz zu dem, was neunundneunzig Prozent der Leute denken, die uns kennen, sind wir kein Liebespaar. Oh, wir haben es versucht, ganz am Anfang. Aber es haute nie hin. In diesem Punkt waren wir einfach nicht aneinander interessiert. Ja. Ich würde alle diese Dinge für Theo tun. Wahrscheinlich für niemand sonst.«

»Also das ist eine echte Freundschaft!« rufe ich.

Stone stimmt mir bei und fügt hinzu: »Aber glaube bitte nicht, daß es eine leichte Beziehung ist. Ab einer bestimmten Stufe, meine ich, erfordert jede Freundschaft eine intime Kenntnis der anderen Person: Lebensgeschichte, Launen, alles. Ich fühle Theos Stimmungen sehr stark. Und seine Stimmungen sind *sehr* schwankend. Er wechselt von schwärzester Depression – ich vermute, sein Kostüm an jenem ersten Tag war als Warnung gedacht – zu schuljungenhaftem Überschwang. Man muß wissen, wie man damit umzugehen hat, wo man Rücksicht nehmen, wann man eingreifen muß. Ich weiß es. Und trotzdem ist es nicht leicht.«

»Teilt Ihr viele Dinge miteinander?«

»Wir haben einen sehr engen Kontakt, sogar wenn ich am anderen Ende der Welt arbeite. Ich rufe ihn an. Wir teilen alles, buchstäblich alles. Nicht nur Geheimnisse und Gefühle, sondern auch Kleidung – wir haben die gleiche Größe –, Seife, Handtücher. In meinem Beruf ist das Geld oft knapp, und bei ihm ist es genauso. Aber wenn einer von uns Geld hat, dann gehört es auch dem anderen. Abgesehen von ein paar Büchern, die ich seit meiner Kindheit besitze, würde es mir schwerfallen, Dir zu sagen, welche von den Sachen hier mir gehören und nicht ihm. Welche Schallplatten, welche Lampen, sogar die Betten. Wir haben unterschiedliche Liebhaber und besitzen wahnsinnig unterschiedliche Persönlichkeiten. Aber von den Dingen wird alles geteilt, sogar das einzige Auto. Wirkliche Freundschaft ist vermutlich eine Frage des Einreißens der gewohnten sozialen Barrieren – der Berührung, der Kritik, der Geheimhaltung, der Besitztümer. Absolute Freiheit in der Gegenwart des anderen. Ich habe das mit Theo.«

Ich staune schweigend über soviel Engagement. Stone fährt fort.

»Interessant, Deine Frage über das Verrücktwerden. Speziell darüber haben wir nie geredet – obwohl ich sicher bin, daß Theo genauso antworten würde wie ich. Wir haben über etwas vielleicht noch Herausfornderes geredet – Selbstmord.«

»Was meinst Du damit?«

»Nun, wir sind übereingekommen, daß, falls das Leben für einen von uns den Geschmack verliert, wir dem anderen beistehen würden, Selbstmord zu begehen. Nicht in irgendeiner Depression natürlich, nicht weil es vorübergehend düster aussieht, wegen Geld oder einer Liebesaffäre oder etwas dergleichen.«

»Was dann?«

»Oh, einfach, wenn einer von uns zu dem Entschluß kommen würde, daß das Leben für ihn keine Bedeutung mehr hätte. Wenn das Spiel ausgespielt wäre. Wenn nichts mehr übrigbliebe.«

»Willst Du damit sagen, Du würdest tatsächlich auf den anderen verzichten? Ist Eure Freundschaft so wahrhaftig?«

»Ja.«

Kann es sein, daß ein Mann heutzutage schwul sein muß, um ein solches Maß an Intimität und Treue mit einem anderen Mann zu erreichen? Wie lächerlich erscheinen meine eigenen Kämpfe um ein wenig Zuneigung und Verständnis im Vergleich zu einer solchen Bindung.

Es frustriert mich ungemein, daß die tiefste Freundschaft unter Männern, die mir bisher begegnet ist, zwischen zwei Homosexuellen besteht. Es ist beschämend für mich und alle anderen heterosexuellen Männer, die ich getroffen habe. Wir sollten es besser machen. Wenn es um Freundschaft geht, sind *wir* diejenigen, die entmannt sind.

8 Advocatus Diaboli: Ferruccio, Graf Chiaramonte

Ich setze meine Korrespondenz mit amerikanischen Freunden fort. Daneben pflege ich Umgang mit vielen europäischen Männern, aber sie scheinen sehr zurückhaltend zu sein. Meine persönlichen Kämpfe zeitigen ihre Siege, aber sie sind eher klein. Nur wenige Männer, die ich interviewe, haben echte Freunde. Die besten Freunde, die mir über mehrere Jahre hinweg begegnet sind, sind homosexuell. Das ist nicht sehr ermutigend.

Dann treffe ich auf einen außergewöhnlichen Mann, der – mehr als die vielen anderen, die mir gesagt haben, die Freundschaft zwischen heterosexuellen Männern sei tot – der *Advocatus Diaboli* ist. Ferruccio plädiert für das Ende echter Freundschaft zwischen Männern.

»Seit Sie mir geschrieben haben und wir uns zum erstenmal über diese Frage unterhielten, habe ich über die Tatsache nachgedacht, daß ich keine echten Freunde habe. Ich bin jetzt bereit, Ihnen darzulegen, warum.«

Der Mann, der hier spricht, ist Ferruccio, Graf Chiaramonte, ein magerer, eleganter Florentiner aus sehr alter Familie. Er ist Eigentümer eines von Italiens bedeutenden Geschäftsimperien, das er persönlich leitet. Wegen seines historischen Familiennamens ist man geneigt, den Mann einer bestimmten Herkunft und Erziehung zuzuordnen. Seine kühle Distanz, das dunkle Haar, sorgfältig geschnitten und gekämmt, das feste Kinn und die weiße, hochgeschlossene Jacke mit hohem Kragen, die unerschütterlichen blauen Augen, alles verrät eine aristokratische Selbstdisziplin, die dem Zuhörer schmeichelt und ihn zugleich einschüchtert.

Ferruccio ist ein Mann von Kultur und großem Traditionsbewußtsein, aber auch Absolvent einer amerikanischen Wirtschaftsschule. Er wurde beschrieben als »ein Repräsentant der Synthese von europäischer Kultur und amerikanischer Direktheit«. Er ist ein Autor intellektueller Schriften *und* Geschäftsmann, ein Mann von hochgerühmter *gentilezza* und ein aggressiver Manager. Im Laufe des Interviews – oder besser, seines wohlgesetzten Monologs – verrät Ferruccio eine bemerkenswerte Komplexität. Er spricht langsam, seine Gedanken sorgfältig in englische Worte umsetzend.

»Irgendeine Selbstbefriedigung, irgend etwas, das man selber *braucht,* gehört mit zur Basis jeder Art von Liebe. Was ist Freundschaft, wenn nicht Zuhörerschaft?« Er macht eine kurze Pause, um mich den Realismus, aber auch den offensichtlichen Zynismus dieser Worte erkennen zu lassen.

»Sehen Sie sich an, wie die Leute miteinander umgehen, und Sie werden finden, daß man nur äußerst selten auf jemand trifft, der einem wirklich zuhört. Um wirklich zuzuhören, muß man den anderen irgendwie lieben. Freundschaft bedeutet zuerst und vor allem, dem anderen sein Ohr leihen. Dabei ist, was man selbst zu Gehör bringt, meist nicht sehr interessant: nur Eigengeräusche, dümmliche Wortspielereien oder gar nur stumme Präsenz. Wenn Sie eine feste Beziehung zu einer Frau haben, haben Sie das schon, plus all die Annehmlichkeiten romantischer Erregung und sexueller Befriedigung, nicht wahr?«

Es ist eine rhetorische Frage. Er hat nicht die Absicht, mich zu einer Antwort zu drängen. Er drückt bloß das aus, was er zugunsten meiner Untersuchung denkt. In seiner charakteristischen distinguierten Art prüft Ferruccio nur eine schwierige Frage, und das wie stets mit *calma e una certa distanza cerebrale*.

Wir sitzen beide schweigend in seinem weitläufigen *salone,* auch dies ein Abbild seiner Persönlichkeit: modern, freundlich, tadellos ausgestattet mit erstklassigen und funktionellen weißen Möbeln und Glas. Durch die hohen Fenster, über den Arno hinweg, sieht man die Galerien von Vasaris Uffizien aus dem sechzehnten Jahrhundert, die »Büros« derer von Medici, die ihrerseits einst furchtgebietende Geschäftsleute und Kunstmäzene wie mein Gastgeber waren.

»Vielleicht war die Tradition der Männerfreundschaft nichts weiter als ein Kunstgebilde der viktorianischen angelsächsischen Kultur. Eine Art *amour manqué* in einer repressiven Zeit. Oder lassen Sie mich einen anderen Ansatz versuchen.« Man merkt, daß er laut denkt; der volle Fluß seiner Argumentation hat noch nicht eingesetzt.

»Es gibt verschiedene Möglichkeiten, ein Hi-Fi System zu bilden. Entweder man verwendet Komponenten oder ein integriertes System. Das integrierte System beansprucht weniger Raum, ist weniger komplex und effizienter.«

Ich bin ein wenig schockiert, aber auch amüsiert, über die Kühnheit einer so modernen, deutlich vergröbernden Metapher. Er ist sich bewußt, daß er sich am Rande der Gewöhnlichkeit bewegt, und ich bin sogar ein wenig aufgeregt zu sehen, wie er absichtlich europäische Normen mißachtet, die niemals derart mechanistische Metaphern für zwischenmenschliche Beziehungen zulassen würden. Diese bewußte Härte ist Teil seiner Lebensauffassung, der von Amerika übernommenen Art, den Tatsachen brutal ins Auge zu sehen.

»Im Leben aber findet man nicht immer ein integriertes System. Männerfreundschaften hatten ihren Sinn, solange die Einstellung gegenüber den Frauen noch eine andere war. In früheren Generationen hätte ein Mann nicht im Traum daran gedacht, mit einer Frau befreundet zu sein, am allerwenigsten mit seiner eigenen. Aber das hat sich geändert, wie Sie wissen. Und das hat Konsequenzen für die Männerfreundschaften; um eine Freundschaft zu einem Mann einzugehen, muß man sie einer Frau wegnehmen. Noch im neunzehnten Jahrhundert konnten die Männer gar nicht ohne Freunde existieren. Sie verfügten über kein integriertes System innerhalb ihres Gefühlslebens. Heute ist eine Männerfreundschaft etwas, das man vielleicht braucht, wenn man nicht die richtige Partnerin hat. Oder wenn man vielleicht nicht die Fähigkeit besitzt, entsprechend offen mit Frauen umzugehen. Doch wenn man ein integriertes System hat, benötigt man keine

Komponenten. Es ist heutzutage schwer, sich vorzustellen, wie Männerfreundschaften überhaupt existieren können.«

Auch hierzu gäbe es einiges zu sagen, aber ich bin nicht aufgerufen, zu antworten oder mit ihm zu diskutieren. Ich könnte natürlich einwenden, daß ich sehr wohl mit meiner Frau befreundet bin und trotzdem ein Verlangen nach männlichen Freunden verspüre. Und ich könnte noch andere Sachen vorbringen. Stattdessen beschließe ich, einfach zuzuhören. Vielleicht versucht Ferruccio nur, seinen eigenen Mangel zu rechtfertigen, oder möglicherweise untersucht er die Frage auch bloß mit der größten ihm möglichen Klarheit. Ich möchte abwarten, in welche Richtung er von hier aus weitergeht.

»Lassen Sie mich ein persönlicheres Beispiel aufgreifen. In einem früheren Gespräch wiesen Sie meine Idee, daß es hierbei auch ein Zeitproblem gibt, allzu schnell von sich. In Wahrheit ist das ein ganz entscheidender Faktor. Je älter ich werde, desto mehr Menschen erheben Anspruch auf mich. Und das keineswegs nur beruflich; sie wollen Zuneigung, sie wollen Liebe. Meine Mutter lebt noch. Wir haben eine aktive Beziehung. Wir telefonieren oder sehen uns jede Woche. Mir scheint das das absolute Minimum, obwohl viele meiner modern denkenden Freunde, besonders in den Staaten, das in meinem Alter für übertrieben halten. Aber, wie ich sagte, ich selbst sehe es als das mindeste an.

Und dann habe ich Brüder und Schwestern. Zum Glück habe ich nicht zu allen von ihnen ein intensiveres Verhältnis. Aber doch ist etwas da. Mit einer Schwester bin ich echt befreundet. Sie ist wirklich liebenswürdig, *gentile*. Liebenswürdigkeit ist etwas Seltenes. Deshalb ist sie mir sehr wichtig. Die übrigen Geschwister sehe ich gewöhnlich einmal die Woche beim Abendessen mit meiner Mutter. Nun, ein Abendessen pro Woche mit meinen Geschwistern, das ist – wenn man berücksichtigt, daß ich hart arbeite – ein Siebtel dessen, was ich für private Beziehungen aufbringen kann, nicht wahr?«

Es sieht so aus, als würde Ferruccio gegen mich argumentieren, aber auch dies ist eine rhetorische Frage, laut gedacht, und ich brauche nicht zu antworten. Die starken Gefühle, die er offenbart hat, beginnen mich anzusprechen. Der ruhige Verstandesmensch, der in Hardware-Metaphern spricht, beginnt neue Dimensionen anzunehmen. Könnte er nicht das genaue Abbild des modernen Mannes sein, der mit größter Disziplin, mit aller Kraft seiner Rationalität versucht, die widersprüchlichen und komplexen Forderungen seiner menschlichen Natur in Einklang zu bringen?

»Dann habe ich Kinder. Die kleineren können im Haufen behandelt werden. Aber die älteren verlangen maßgeschneiderte, individuelle Kontakte.

Dann habe ich meine Frau. Wir sind übereingekommen, uns zu trennen. Für mich ist sie sehr wichtig. Natürlich sind da verwundete Gefühle, nach allem, was passiert ist, und es ist nicht leicht, eine gemeinsame Ebene zu finden. Aber wir arbeiten zusammen; ich sehe sie jeden Tag. Und wenn ich ihr zwei Tage hintereinander keine Aufmerksamkeit schenke, möchte ich nicht wissen, wie sie sich fühlt.

Schließlich die Frau, mit der ich jetzt zusammenlebe. Das ist eine neue Beziehung, die größere Anforderungen an meine Zeit stellt.

Ich habe auch Menschen, die für mich arbeiten. Sie kommen nicht alle mit ihren Problemen zu mir, aber ich bin hier der Direktor, und das bringt zwangsläufig gewisse menschliche Kontakte mit sich.

Also, was bleibt an Zeit übrig?« Ferruccio macht eine Pause. Als ein Mann, der daran gewöhnt ist, interviewt zu werden, gibt er mir Zeit, mit den Notizen nachzukommen.

»Ich meine auch, Freundschaft muß gepflegt werden. Manche Ärzte geben einem das Gefühl, als sei man der einzige Patient. Ich weiß das zu schätzen. Ich kann seichte Beziehungen nicht ausstehen.

So kommen wir nun von der Quantität zu den Fragen der Intensität. Jede Art von Intensität steht grundsätzlich in Konflikt mit Quantität. Die Zeit, die ein Geschäftsmann für eine Entscheidung aufwendet, beträgt im Durchschnitt nicht mehr als zehn

Minuten. Man ist fortwährend gezwungen, Entscheidungen ohne ausreichende Information, ohne genügend Zeit zum Nachdenken zu treffen. Ich finde das schrecklich. Aber es ist dasselbe in meinen Beziehungen. Sie alle verdienen mehr Zeit; ich will ihnen mehr Zeit widmen.

Dieser Abscheu, den ich vor dem Oberflächlichen, dem Seichten empfinde, ließ mich vor etwa acht Jahren zu dem Entschluß kommen, mich einfach aus dem Geschäft zurückzuziehen. Alle äußeren Forderungen aufzugeben und ein privates Leben zu führen.« Er spricht von Abscheu, aber er hat sich noch immer unter Kontrolle. Er achtet stets darauf, eine gebührende Distanz zu wahren; es ist Teil seines Bemühens, sein Bestes zu geben, Teil seiner Reaktion auf seinen Abscheu. Das einzige Anzeichen einer gewissen Anspannung ist ein ganz leichtes Anschwellen seiner Lippen, der sonst fest geschlossene Mund, der nun ein ganz klein wenig geöffnet ist.

»Ich zog an den Strand, schrieb sogar ein Buch. Ich dachte, ich könnte diese Freiheit aushalten. Aber bald begann ich, mich unwohl zu fühlen. Das war der große Fehlschlag in meinem Leben. Ich konnte mich nicht ändern. Ich war programmiert. Ich besaß nicht genug Phantasie, um ein intensives Privatleben auszuhalten. Ich war darauf programmiert, ein Führer, ein Unternehmer zu sein. Dort draußen, am Rande des Ozeans, hatte ich nicht genügend Kontakte, um das Leben anregend zu finden. So kehrte ich zurück, um ein neues Geschäft anzufangen. Es wuchs, es blühte, und nun bin ich wieder mitten drin.

Das war nicht von Anfang an so. Jahrelang nicht. Die Arbeit besteht im wesentlichen darin, Entscheidungen zu fällen, aber je größer das Geschäft wird und je mehr die Verantwortung wächst, desto mehr bin ich gezwungen, meine Entscheidungen auf Grund von unzureichenden Informationen und Überprüfungen zu treffen. Und was die Menschen angeht, so hatte ich geglaubt, das Spiel gewinnen zu können, indem ich mich mit Menschen umgebe, die mir wirklich etwas bedeuten, die echte Freunde sind. Es war das integrierte Hi-Fi Prinzip. Ich nahm sogar meine Frau in das Geschäft auf. Aber es kam nicht so, wie ich es optimistisch gehofft hatte. Ja, wir arbeiten alle im selben Haus, doch unsere Kontakte beschränken sich zunehmend darauf, daß wir diskutieren und versuchen, geschäftliche Probleme zu lösen. Das ist alles, und wir tun es oberflächlich.«

Ein anderer Mann würde es sich erlauben, angesichts einer solchen Aufzählung von Fehlschlägen und Enttäuschungen, eine gewisse Überdrüssigkeit zu zeigen. Nicht jedoch dieser. Ich meine, daß seine entschiedene Haltung trotz – oder vielleicht auch gerade wegen – der mechanistischen Metaphern, die er so bewußt verwendet, beinahe etwas ritterliches hat.

»Dann kommt die alljährliche Inventur. Man wirft einen Blick auf das kommende Jahr. Und da stellt sich heraus, daß fünfund-neunzig Prozent dessen, was man haben wird, schon durch die bisherige Entwicklung, frühere Entscheidungen gebunden sind. Nur fünf Prozent bleiben übrig. Nur diese wenige Zeit steht einem zur freien Verfügung. Nun, man kann sie nur in eine einzige Person investieren. Und für mich ist diese Person die Frau, mit der ich lebe.

Sogar hier«, er macht eine kurze Pause, »müssen wir sehr geduldig sein, in mittleren Jahren, ich würde sagen, *molto saggio*, sehr weise. Also wo ist noch Zeit für Freundschaft?«

Ich spüre, daß er gegen meinen unrealistischen Idealismus argu-mentiert, aber wiederum wird keine Entgegnung erwartet.

»Ich möchte auf etwas zurückkommen, das ich am Anfang sagte. Ich glaube, im Grunde meines Herzens würde ich nicht mit einem Mann befreundet sein wollen, der männliche Freunde hat. Denn ich habe den Verdacht, daß jede intensive Männerfreundschaft im Grunde irgendwie, irgendwo gegen die Frau gerichtet ist.

Ich war einmal Gast in einer Talkshow, wo ich ein Buch verteidigte, das ich geschrieben hatte, und ein anderer Schrift-steller dort sagte: ›Ich hasse Orte, wo nur Männer sind – Kaser-nen, Umkleideräume.‹ Mir geht es genauso. In allen früheren Generationen verband die Männer, zumindest teilweise, ein Gefühl des Neides und der Geringschätzung gegenüber Frauen. Eine Art Rassismus. Ich habe das immer gespürt. Ich ging als Junge auf eine Jesuitenschule. Sie war voll von frauenfeindlichen römisch-katholischen Traditionen, einer gegen die Frau gerichteten Atmosphäre. Und ich fühlte mich isoliert von den anderen Jungen, weil ich nicht zu den Sportstypen gehörte. Es war auch etwas Instinktives. Um ganz ehrlich zu sein, ich hatte immer das Gefühl, daß Frauen mir besser *zuhörten*.

Heute gibt es wahrscheinlich nur noch zwei Arten von Situationen, wo intensive Beziehungen unter Männern wirklich sinnvoll und auch reizvoll wären. Eine ist der Krieg. Krieg oder andere Formen großer körperlicher Gefahr unterbrechen diesen ganzen Fluß gewöhnlicher Ereignisse, über die ich gesprochen habe. In solchen Zeiten kann ein sehr intensiver Austausch zwischen Menschen stattfinden. In Frankreich hat man für diese Nostalgie sogar einen besonderen Ausdruck: *une très belle guerre,* ein sehr schöner Krieg.

Krieg ist natürlich immer schrecklich. Er ist auch voll von Höhepunkten, von tiefen menschlichen Kontakten, von mit großer Intensität gelebtem Leben. Doch das macht ihn, paradoxerweise, nur zu einer Tragödie für die Überlebenden. Einige meiner eigenen Verwandten haben ganz schön Schiffbruch erlitten, weil es ihnen nicht gelang, das, was sie im Krieg gehabt hatten, im täglichen Leben wiederherzustellen. Sie sehen also, auch wenn der Kontakt zwischen den Menschen noch so intensiv ist, heißt das nicht, daß die Freundschaften erhalten bleiben, wenn der Krieg zuende ist.

Der andere Bereich, wo ich Männerfreundschaft für sinnvoll halte, ist das intellektuelle Leben. Als wirklicher Intellektueller, mit extremen und spezialisierten kulturellen Interessen, findet man nur schwer Menschen, mit denen man seine Interessen teilen kann. Dabei kann es ein großes Vergnügen sein, dieses kleine Gebiet, diesen inneren Reichtum mit jemand zu teilen. Aber solche Menschen findet man immer seltener. Andererseits, wenn man eine Frau findet, die die gleichen Interessen hat und die dazu noch einigermaßen attraktiv ist, ist es nur schwer vorstellbar, daß man nicht mit ihr im Bett landet, nicht wahr?

Bevor Sie hierher kamen, habe ich einige Wörter nachgeschlagen, weil es für mich manchmal schwer ist, all das in Englisch auszudrücken. Da gibt es eines, für das keine passende Übersetzung existiert, das aber, wie ich meine, im Zusammenhang mit Freundschaft sehr wesentlich ist. Es ist die Idee einer ehrlichen, von Herzen kommenden Aufmerksamkeit, eines positiven Interesses. Vielleicht könnte man einfach sagen, Freundlichkeit. Es wird zunehmend schwerer, Freundlichkeit auf der Welt zu finden.« Ferruccio machte keine Pause, um irgendwelche sentimentalen Anmerkungen zu machen.

»Die moderne Gesellschaft wird häufig verantwortlich gemacht. Vielleicht ist der Mangel an Freundlichkeit tatsächlich auf die heutige Verknappung der Zeit zurückzuführen, auf die Kommunikationsflut, in der wir leben und in der wir zu ertrinken drohen, auf die größere Zahl von Problemen, die alltäglich bewältigt werden müssen. Ständig muß man produktiver werden, muß so rasch wie möglich auf das Wesentliche kommen und vernachlässigt dabei das Drumherum, das sich vielleicht später als das wirklich Wichtige herausstellt.

Gewiß macht dieses Tempo des modernen Lebens Tiefe in allen Bereichen schwer erreichbar. Aber was mir als zunehmender Mangel an Freundlichkeit bei den Menschen erscheint, könnte durchaus auch nur ein Artefakt *meines* Älterwerdens sein. Vielleicht war es schon immer so. Wir beschuldigen die Gesellschaft für etwas, das vielleicht nur die Folge unseres kollektiven Gedächtnisverlustes ist. Weil wir so wenig behalten, entdeckt jede Generation die fundamentalen menschlichen Verhaltensweisen aufs Neue.

Eine, die ich entdecke, ist die Unfähigkeit der meisten Menschen, wirkliches Interesse für andere Menschen aufzubringen. Es ist etwas sehr Seltenes, Menschen zu finden, die zuhören, über das Gehörte nachdenken und dann antworten. Das kann eine sehr starke Bindung zwischen zwei Menschen hervorrufen. So war es mit Ihnen, Stuart, als wir uns vor zehn Jahren einmal kurz begegneten. Ich wußte damals, daß wir uns treffen würden und hatte eigens aus diesem Grund eines Ihrer Bücher gelesen. Ich hatte mir Gedanken darüber gemacht. Und dann diskutierte ich mit Ihnen darüber. Wir unterhielten uns zwei Stunden lang. Ich erinnere mich noch, daß Sie damals ziemlich beeindruckt waren. Überrascht zuerst und dann hocherfreut. So bin ich nun einmal. Wenn ich mit Menschen zusammenkomme, denke ich über sie nach, bevor wir uns sehen. Ich befasse mich mit ihren Interessen, damit, wer sie sind. Mir wurde oft gesagt, daß es sie bewegt. Aber mit zunehmendem Alter muß ich feststellen, daß es außer mir nicht viele Menschen gibt, die es ebenso halten. Das ist es, was ich mit Freundlichkeit meine.

Offenbar ist die Grundhaltung der Menschen Gleichgültigkeit. Ich bin von dieser Tatsache überwältigt. Wir alle sind in einer christlichen Kultur oder, einfacher, einer bürgerlichen Kultur aufgewachsen. Man hat uns gelehrt, daß wir uns um Menschen kümmern müssen: Eltern, Kinder, Gatten, wer immer uns nahesteht. Manche nehmen dieses Gebot ernst. Ich selbst gehöre wahrscheinlich dazu, obwohl ich genausogut darüber lachen könnte. Ich dachte immer, die Beziehung zwischen Eltern und Kindern, zwischen Liebenden, vielleicht auch zwischen Freunden, würde die fundamentale menschliche Begrenztheit überwinden.

Aber ich mußte erkennen, daß die Menschen mit zunehmendem Alter sich immer weniger kümmern. Sogar die eigenen Eltern.«

Ferruccio überlegt einen Augenblick und sagt dann, um jeden Zweifel auszuräumen: »Bitte verstehen Sie mich nicht falsch. Meine Eltern waren sehr gut zu mir. Und ich glaube, ich bin gut zu ihnen gewesen. Ich muß mich nicht auf die Couch legen, um Katastrophen und Probleme mit meinen Eltern aufzuarbeiten. Es ist nur so, daß ich einfach gemerkt habe, wie sie sich verhärten, ebenso wie ihre Arterien, und das geschah im selben Zeitraum und aus demselben Grund. Je näher der Übergang zum Tod rückt, desto mehr regrediert der Mensch in eine fötale Position. Eine steife Hockstellung. Als bereite er sich auf einen Sprung vor. Ältere Menschen haben nicht mehr die Fähigkeit zu strahlen. Sie benötigen alle Energie für sich selbst.

Die Ausschaltung des Interesses für andere ist etwas, das rasch vor sich geht. Nicht erst im höheren Alter; es beginnt in mittleren

Jahren. Die romantischen Dichter sind voll von dieser Idee. Aber ich muß dazusagen, ich bin kein Freund romantischer Dichtung. Und ich werde zunehmend mißtrauischer gegenüber der romantischen Liebe.

Möchten Sie etwas Tee?«

Auf die Berührung eines Knopfes hin ist ein Diener in weißer Jacke erschienen. Chiaramonte selbst gießt den Tee in alte weiße Porzellantassen, aber er nippt nur daran und stellt die Tasse dann ab. Die Erfrischung ist für den Gast.

»Ich bin in vieler Hinsicht privilegiert«, fährt er fort. Ich nicke; es steht außer Zweifel.

»Andere haben bessere Entschuldigungen für jegliche Gemeinheiten, die sie mir angetan haben. Aber sie waren immer unerfreulich. Obwohl ich nie wirklich abgelehnt oder hintergangen worden bin. Es ist einfach diese grundsätzliche Kälte, die die Menschen an den Tag legen.

Es ist dasselbe mit den jungen Leuten. Wie ich schon sagte, habe ich sowohl Teenager als auch jüngere Kinder. Ich schätze die Offenheit der jüngeren immer mehr. Die größeren jedoch sind so selbstsüchtig, daß man nur staunen kann. Meine eigenen Söhne. Sie sind einfach nicht interessiert. Ich verstehe es, mich gut mit ihnen zu stellen, aber in dem Moment, wo ich frage, ›Und was ist mit mir?‹ stoße ich auf Gleichgültigkeit.

Ich fürchte, ich bin nicht sehr optimistisch, was die menschliche Natur im allgemeinen angeht. Dieser Pessimismus, diese Verbitterung erwarb ich mir in einer wohlhabenden Gesellschaft, in friedvollen Zeiten, ich, eine Person, die in vieler Hinsicht privilegiert ist, einschließlich meines persönlichen Lebens! Wenn man älter wird, wird man auch sensibler für die Haltungen anderer Menschen. Und man erkennt, daß es nicht Shakespeare ist, der uns umgibt. Es ist Ingmar Bergman. Die Ergebnisse sind sehr enttäuschend.«

Ferruccio blickt aus dem Fenster auf den schmutzigen Fluß, dann wendet er sich wieder um. »Natürlich bin ich selbst nicht besser, was das angeht.

Vor ein paar Jahren hielt ich mich selbst noch für besser als

136

andere, freundlicher. Inzwischen bin ich mir bewußt, daß ich nur in einem sehr geringen Maße besser bin und nur zu den Menschen, die mir nahestehen. Ich bin deshalb besser, weil ich Unterstützung habe, und das spart Zeit, und auch weil ich mir der Knappheit der Zeit bewußt bin und sie deshalb sehr überlegt nutze. Ich erkenne durchaus, daß andere mehr Schwierigkeiten zu überwinden haben als ich, und ich bin deshalb geduldiger mit ihnen geworden. In bezug auf meine Privilegien war ich mir immer einer gewissen Verantwortung, einer gewissen Verpflichtung bewußt.

Aber, wie gesagt, in wie geringem Maße bin ich wirklich überlegen? Und was hat es schon zu bedeuten? Etwa ein Dutzend Menschen, wenn es hoch kommt dreißig, haben meine Aufmerksamkeit. Aber gegenüber den Menschen außerhalb dieses Zirkels bin ich ebenso gleichgültig wie jeder andere.

Es fällt mir überhaupt nicht schwer, einer Organisation wie Amnesty International *nicht* beizutreten.« Aufgeräumt wie immer, macht Ferruccio eine Pause, um die Traurigkeit seiner Worte zu unterstreichen.

Ich fragte ihn, ob die kürzliche Trennung von seiner Frau ihn nicht desillusioniert habe, ob sie ihn nicht besonders sensibel für diese »Gleichgültigkeit« gemacht habe.

»Nichts ist lehrreicher als eine Trennung von jemand, den man liebt. Meine Frau war im Mittelpunkt; nun rückt sie an den Rand. *Und man stellt fest, daß man sich damit abfinden kann.* Eine der Möglichkeiten, sich abzufinden, ist Vergessen.

Natürlich nicht das Wesentliche, nicht das Grundbedürfnis, irgendeine Art von Beziehung weiterzuführen. Die Tatsache, daß ihr das Vergessen sogar noch leichter zu fallen scheint als mir, hat damit nichts zu tun. Vielleicht ist das meine Abwehr. Aber es ist interessant. Man übergeht einfach die Details; man hat keine Zeit und läßt es gutsein.«

»Was für Details?« bedränge ich Ferruccio. Er zögert und entschließt sich dann, offen zu sein.

»Details, die den Tag ausmachen. Eben jene Details, die am Abend für Gesprächsstoff sorgen. In unserem Fall – um nur die jüngsten Ereignisse anzusprechen – sind es Details, wie das Reden über Marias neue Beziehung. Trotz allem war ich nie eifersüchtig. Ich bin von Natur aus nicht eifersüchtig. Ich war interessiert, und ich nahm Anteil. Ein Thema, auf das man Tag für Tag zurückkommt, empfindet man als bedeutungsvoll und außergewöhnlich.

Nun aber spricht meine Frau über solche Dinge nicht mehr mit mir. Ich bin nicht mehr ihr Freund.«

Diesmal folgt ein langes Schweigen.

»Das letzte, was wir gemeinsam unternahmen, war ein Besuch im Museum. Wir waren beide ergriffen, als wir das Gesicht einer winzigen griechischen Statue betrachteten. Einen Mädchenkopf. Er war so anrührend, beinahe transparent. Wir empfanden beide die innere Bewegung, die uns an unsere Jugend und an unser erstes Beisammensein erinnerte.

Es war auf der Rückreise von Athen nach Florenz, als wir beschlossen, uns zu trennen. Wir versprachen, uns weiterhin alles zu sagen. Aber wir tun es nicht mehr.

Dieses Abschneiden ist einfach notwendig, um überleben zu können. Andernfalls wäre man zu zerrissen. Und wenn man selber so ist, wie kann man von anderen erwarten, daß sie anders sind? Man will nicht alleine sein. Also steht man wieder am Anfang.

Nur die wenigsten Menschen analysieren solche Ereignisse und ziehen Schlüsse daraus. Vielleicht ist es für sie so am besten. Doch wenn man sich dessen bewußt ist, kann man nicht so tun, als sei nichts geschehen. Der andere Mensch ist auf einmal plötzlich nicht mehr da. Man findet sich damit ab, daß er einen nichts mehr angeht. Gleichzeitig bedauert man, daß es so ist. Der Prozeß, jemand aus seinem Herzen zu löschen, ist eine schwierige, aber sehr interessante Erfahrung. Das Schreckliche dabei ist, daß man feststellt, es ist möglich. Und *das* wird man nie vergessen.«

Schweigen. Ich verstehe. Für diesen Mann, der die Zeit so ernstnimmt, ist die mir gewährte Zeit verstrichen. Es war von Anfang an klar gewesen, wenn auch unausgesprochen, daß unser

Gespräch nicht endlos dauern konnte. Ich bedauere es, denn es war ein sehr gutes Gespräch, und so distanziert er in seiner Art auch ist, er wäre ein höchst »interessanter« Mann (wie er es ausdrückte), um mit ihm befreundet zu sein. Ich bin ihm so dankbar für seine Bereitschaft, sich über Freundschaft, jenes für die meisten Männer so schwierige Thema, auszulassen, daß ich zufrieden und ohne Murren von dannen ziehe.

Aber dann ist es Ferruccio, der fortfährt zu reden. Wir gehen durch die spiegelbesetzten antiken Türen des Salons in die weiträumige Halle, die erhellt wird vom Schein elektrischer Kandelaber, deren Licht sich in den Spiegeln an den Wänden bricht. Als ich meine Hand schon auf der Messingklinke der alten Eingangstüre habe und diskret davoneilen will, um meine Dankbarkeit durch höfliches Verschwinden zu bekunden, fängt er nochmal an zu reden. Es klingt etwas anders, meine ich, als das, was er zuvor gesagt hatte. Nur eine leichte Veränderung in seinem Ton.

»Wissen Sie, es ist schrecklich. Ich erhielt gerade einen Brief von einem Mann. Wir waren zusammen in der Armee. Es war ein sehr detaillierter und warmherziger Brief. Er wird mich besuchen kommen, obwohl wir uns seit achtzehn Jahren nicht gesehen haben. Mir ist etwas bange. Ich weiß, er wird enttäuscht sein. Auch ich werde enttäuscht sein. Uns verbindet nichts außer Erinnerungen. Sehen Sie, ich habe nicht die Zeit, ihn in mein Leben einzubeziehen. Und wir sind sehr verschieden. Sein Leben war provinziell und eintönig; meines fast zu international und ausgefüllt.«

Ferruccio ist nicht der Mann, der um Hilfe bittet, obwohl ich spüre, daß er in dieser Sache wünschte, ich würde ihm beistehen. Doch für mich ist es Zeit zu gehen. Der Nachmittag hat sich bis in den frühen Abend hingezogen. Zeit für seine nächste Verabredung. Sein Leben trieb ihn voran, diesen sehr aufrichtigen Mann. Er muß – in aller Höflichkeit – daran festhalten; muß mich loswerden, ebenso wie den Gedanken an die bevorstehende Ankunft seines alten Freundes. Für den Augenblick wenigstens.

»Lassen Sie uns das Gespräch fortführen, in ein paar Monaten, falls Sie noch Fragen haben.« Seine letzten Worte.

Trotz der pessimistischen Äußerungen von Ferruccio über Männerfreundschaft kommt mir – als ich die schöne alte Türklinke drücke – der Gedanke, daß er im Grunde doch meine Hoffnungen teilt. Und im Weggehen bin ich selbst überrascht, daß ich trotz seiner niederschmetternden Aufzählung all dessen, was einer echten Freundschaft zwischen Männern entgegensteht, mich nicht deprimiert, sondern erleichtert fühle. Als hätte seine bewegende Darstellung die tatsächlichen Hindernisse emotional beseitigt. Nun, da wir den entsetzlichen Schwierigkeiten, die sich zwischen uns Männern auftun, Tribut gezollt haben, kann wenigstens ich – und später vielleicht auch er – die Herausforderung mit gestärkter Energie annehmen.

Aber hätte ich ihm das gesagt, bevor ich wegging, würde er mich, auch wenn er es aus Höflichkeit nicht ausgesprochen hätte, vermutlich für einen »Romantiker« gehalten haben.

9 Männerfreundschaft in Europa: Beständigkeit, Verbindlichkeit und Komplizenschaft

Ferruccio Chiaramonte ist kein typischer Italiener. Seine Herkunft, seine Intelligenz, seine Disziplin, sein Reichtum und seine Zurückhaltung, all das macht ihn zu einer Ausnahmeerscheinung. Aber bei meinen Interviews mit vielen anderen italienischen Männern fand ich heraus, daß auch sie zumeist keine Freunde hatten. Italien ist heute, was Weltanschauung, Gesetze, Sitten und Gebräuche angeht, ebenso modern geworden wie der Rest der westlichen Welt. Aber während so typisch italienische Eigenschaften, wie Humor, Warmherzigkeit und Geselligkeit trotz der raschen sozialen Veränderungen überlebt haben, ist die Freundschaft eher in den Bereich der Erinnerung abgeglitten, als daß sie tatsächlich gelebt würde.

Diese Entdeckung gehörte zu einer ganzen Reihe von Enttäuschungen. Ich war nach Europa gegangen mit dem Gedanken, daß der Tod der Freundschaft zwischen Männern in Amerika mit der besonderen Geschichte unseres Landes zu tun haben müsse und daß es in anderen modernen, ebenso urbanen und entwickelten Gesellschaften dauerhaftere Traditionen menschlicher Beziehungen geben und ich viele lebendige Beispiele für das finden würde, was ich suchte. Daß ich Seinsweisen, Einsichten, Kunstformen der Freundschaft, wenn man so will, entdecken und dann mitbringen könnte, die meinen eigenen Bedürfnissen und denen anderer dienlich sein könnten. In der Tat haben die meisten Amerikaner und sogar akademische Fachleute auf dem Gebiet der Freundschaft – ich denke hier besonders an einen Professor aus Michigan – eine ähnlich idealisierte Vorstellung von Europa.

Aber auch manche Europäer sehen es so. Zuerst reagierten sie auf meine Fragen mit: »Freundschaft? Tatsächlich? Typisch amerikanisch, ein Buch über solch ein Thema zu schreiben! In Eurer Gesellschaft sind all diese persönlichen Dinge ›Probleme‹, nicht wahr? Hier macht man sich darüber keine Gedanken. Ich glaube, wir sehen Freundschaft als etwas Selbstverständliches an.« Doch wenn ich dann tiefer schürfte, kam ein ganz anderes Bild zum Vorschein. Ein belgischer Anwalt gestand mir, daß es »hier nicht soviel anders« sei. Gewiß, er sei die letzten elf Jahre jeden Tag mit demselben Pendlerzug gefahren, habe mit denselben Männern Karten gespielt, geplaudert und über Politik diskutiert. Aber, fuhr er fort: »Ich würde nicht sagen, daß einer von all diesen Männern, die ich kenne – einschließlich einiger anderer von einer Wochenendfußballmannschaft – ein wirklicher Freund ist. Nicht in diesem tiefen und engagierten Sinn, wie Sie es meinen. Aber meine *Frau* hat Freundinnen. Sie unterhalten sich oft stundenlang, sie streiten und vertragen sich wieder. Es ist verblüffend, wie nahe sie sich sind.« Seine Stimme verklang, zugleich staunend und voller Neid.

Allmählich, nach einer ganzen Reihe solcher Begegnungen, trat ich den europäischen Männern anders gegenüber; ich sagte ihnen, daß die große Tradition enger Männerfreundschaften in Amerika ausgestorben zu sein schien und, zu meiner Überraschung, in Europa ebenfalls. Wenn ich es so ausdrückte, stimmten sie erstaunlicherweise zu. Nur einige protestierten auch dann noch und meinten, ich würde sie schon noch finden, wenn ich nur weitersuchte, aber anderswo. In England oder in Frankreich oder in Deutschland, zum Beispiel.

Aber meine Interviews in England brachten dieselben enttäuschenden Ergebnisse. Tatsächlich schließen die berühmten Herrenclubs in England – eines unserer klassischen Vorbilder für eine soziale Institution, in der enge Freundschaften entstehen und gepflegt werden können – ihre Pforten aus Mangel an Mitgliedern. Schon im Jahre 1960 beobachtete C. S. Lewis den Verfall der Freundschaft in England. Obwohl er als Professor in die männliche Gesellschaft von Cambridge integriert war, hatte er geklagt:

Für die Menschen der Antike schien Freundschaft die glücklichste und menschlichste aller Formen der Liebe ... Die moderne Welt ignoriert sie. Natürlich räumen wir ein, daß ein Mann neben Frau und Familie auch ein paar »Freunde« braucht. Aber schon der Ton dieses Eingeständnisses und die Art von Bekanntschaften, die diejenigen, die sie machen, als »Freundschaften« bezeichnen, zeigen deutlich, daß das, wovon wir reden, nur sehr wenig mit jener *Philia* zu tun hat, die Aristoteles unter die Tugenden zählte, oder mit jener *Amicitia,* über die Cicero ein Buch verfaßte. Es ist etwas, das ganz am Rande rangiert; kein Hauptgang im Bankett des Lebens; ein Zeitvertreib; etwas, das die Lücken im Terminkalender füllt.

In Frankreich war es das gleiche. Obwohl einige Nicht-Franzosen mich darauf hingewiesen hatten, daß es in Frankreich einiges an zeitgenössischer Prosaliteratur über Freundschaft gäbe – Saint Exupéry, Antoine Blondin, Rogier Nimier, Michel Déon –, und obwohl sie meinten, es müsse eine Realität geben, die dem entspräche: als ich selbst nach Frankreich ging, enthüllten meine Interviews nur Leere. Selbst als ich zur französischen Intellektuellenelite vordrang, erlebte ich, wie eine soziologische Autorität nach der anderen meinen Beobachtungen traurig zustimmte, daß die Männerfreundschaft in Frankreich weitgehend ausgestorben ist. Und sie erzählten mir ihre persönlichen Geschichten als etwas, das typisch sei: Ihre Freunde im Erwachsenenleben waren »Frauen – Frauen hörten« ihnen »besser zu«; im Laufe der Jahre hatten sie ihre männlichen Freunde durch die »Zermürbung durch Familie, Arbeit und Zeit« verloren. Oft brillant analysierten sie einige der Ursachen: »Die Feminisierung der Gesellschaft ... die moderne Frau nimmt eine gewichtige Stellung ein ... die Männerfreundschaft heute in der Diaspora ... geographische Faktoren ... das *enfermement,* die Abkapselung im Berufsleben. Früher ahmten die Menschen einander nach, um ein Handwerk zu lernen. Aber sobald man eine bürokratische Gesellschaft à la Kafka hat, eine Rennbahn der Karrieren, die nach den Regeln selektiver Beförderung funktioniert, fängt die *Besessenheit* an; das ganze Leben, einschließlich des gesellschaftlichen Lebens, wird zur *Strategie.* Dadurch zwingen die Hierarchie und die Konformität des modernen Lebens einen ständig, sich von Menschen abzugrenzen, sich für eine Seite zu entscheiden.« Eine Journalistin, Christiane Collange, die soeben eine umfassende Studie über Männer in ganz Frankreich abgeschlossen hatte, achtzig Prozent davon in kleinen Provinzstädten, bestätigt die Pariser Experten: »Nur für einen von zehn französischen Männern stehen enge Freunde an oberster Stelle!«

Und auch in Deutschland die gleiche Antwort. Ein Sozialphilosoph, der zwar – wie so viele andere Männer, die ich überall in Europa sprach – zugab, »vorher nie ernsthaft über dieses Thema nachgedacht« zu haben, räumte während unseres Interviews immerhin ein, daß es möglicherweise in Deutschland und auch anderswo »eine Krise der Freundschaft« gebe.

Ließ all das mich zu dem Schluß kommen, die Beziehungen zwischen Männern seien in Europa ganz genauso wie in den Vereinigten Staaten? Ich meine, es wäre falsch, soweit zu gehen. Was wir hier wie dort finden, ist der generelle Mangel an aktiven, tief empfundenen, stets gegenwärtigen (sei es im Empfinden oder im tagtäglichen physischen Dasein) Männerfreundschaften. Heute zwei Europäer zu finden, die eine tiefe Liebe füreinander verspüren, die einander ins Herz geschlossen haben und die jeden Tag auf irgendeine Weise einen Platz im Leben des anderen haben, ist ebenso schwer wie in Amerika. Wie ihre amerikanischen Gegenstücke behaupten viele europäische Männer von sich, daß sie Freunde hätten. Was sie meinen ist, daß sie zu einem oder mehreren Männern herzlich verständnisvolle Beziehungen unterhalten; gewöhnlich sind das frühere Schulkameraden, Arbeitskollegen oder Urlaubsbekanntschaften.

Trotzdem unterscheiden sich diese ganz normalen herzlichen Beziehungen zwischen Männern in einem wesentlichen Punkt von den meisten ähnlichen Beziehungen in Amerika. Wenn ein Europäer eine persönliche Beziehung eingeht, geht er – auch wenn sie nur oberflächlicher Natur ist – in der Regel davon aus, daß diese andauern, sich nicht verändern und nicht beendet werden wird. Das heißt, selbst wenn ein Europäer den anderen Menschen jahrelang nicht sieht, ja vielleicht nicht einmal an ihn denkt, außer ganz flüchtig, wird er in dem Moment, da die beiden sich wiedertreffen, oder einer von ihnen anruft, kaum überrascht sein. Irgendwo, wenn auch dunkel und unausgesprochen, war die Erwartung stets vorhanden.

In den Vereinigten Staaten dagegen werden, wenn man erst einmal ein paar Jahre des Erwachsenseins absolviert hat, die bis dahin verlorenen Freunde auch als verloren angesehen; man hat dort nicht dieselbe Erwartung, daß eine Beziehung andauern wird. Man hat vielleicht den Wunsch, daß sie andauern möge; und wahrscheinlich empfindet man insgeheim so etwas wie Enttäuschung und Bitterkeit, wenn sie es nicht tut; aber es gibt keine innere Stimme, die einfach sagt: »Diese Beziehung, wie jede andere auch, existiert noch, genauso wie der alte Steinwall im Heimatdorf noch immer existiert – so ist das Leben.« Als Produkt einer bis vor ganz kurzer Zeit noch sehr viel stabileren Gesellschaft, empfindet der zeitgenössische Europäer das Leben auch heute noch als sehr viel weniger wandelbar.

Diese oft unbewußte Erwartung einer gewissen Beständigkeit wird von einem Gefühl der Verpflichtung begleitet. Es ist schwer zu sagen, welches Verhalten das andere bedingt, oder ob beide zusammen einfach Teil des Musters sind, das der Psyche des Europäers auch heute noch von seiner Kultur eingeprägt wird. Da gibt es ein ganzes Netz von Zwängen, sich zuverlässig zu verhalten. Ein Europäer wächst in einem bestimmten sozialen Milieu auf. Diese Gruppe hat ihre Regeln, ihre Forderungen, die sie an alle ihre Mitglieder stellt, auf daß sie einander zur Seite stehen und sich die Zeit nehmen, für die Bedürfnisse des anderen dazusein. Auch heute noch werden Europäer das Gefühl nicht los, daß ihre eigene Existenz davon abhängt, den Forderungen anderer zu entsprechen. Die Folge davon ist eine Art höflicher Konformität, die einen so rigorosen Individualismus, wie er in Amerika herrscht, nicht zuläßt. Auch wenn ein Europäer durchaus keine Lust verspürt, einem Freund aus der Kindheit, der sich nach Jahren wieder bei ihm meldet, einen Gefallen zu erweisen, wird er trotzdem tun, was von ihm erwartet wird. Denn sonst – so hat man ihm eingeimpft – gerät alles aus den Fugen.

In Amerika ist, zumindest für einen ganz erheblichen Teil seiner emanzipierten Bevölkerung, eine derartige Vorstellung sozialer Verpflichtung fast völlig verlorengegangen. Die ursprüngliche Tabuisierung des totalen Individualismus ist so gut wie ausgestorben. In Europa ist dieses ältere Muster in der mentalen Struktur des Einzelnen noch immer lebendig. Als Europäer weiß man, daß Selbstverwirklichung nicht alles ist, daß man sich selbst dazu aufraffen muß, anderen entgegenzukommen, offen zu sein und etwas Rücksicht zu nehmen.

Die Idee der Komplizenschaft zwischen zwei Menschen, die europäischen Freundschaften ebenfalls eine andere Färbung verleiht, steht dem Gedanken der Verpflichtung in gewisser Weise entgegen. Diese Komplizenschaft ist quasi eine Reaktion auf die Idee einer allgemeinen gesellschaftlichen Verpflichtung. In der Praxis jedoch kann beides durchaus vereinbar sein.

Ein feister Ingenieur, Portugiese, so etwas wie ein Freibeuter des internationalen Handels, sagte mir: »Ja, es ist wahr, echte Freundschaft ist selten. Freundschaft ist *complicité,* aber nicht einmal meine Frau hat eine echte *complicité* mit mir. Sie ist zwar sehr treu, einfühlsam und liebevoll, aber sie wird mich kaum unterstützen, beispielsweise eine Liebesaffäre zu haben. Da sehen Sie, selbst in der engsten aller heutigen Beziehungen, der Ehe, gibt es keine wirkliche *complicité*.«

Das war, in doppelter Hinsicht, eine höchst erstaunliche Aussage. Erstens, die wiederholte Verwendung des Wortes Komplizenschaft. Ich kann mir nicht vorstellen, daß ein Amerikaner auf die Idee käme, dieses Wort als Synonym für Freundschaft zu verwenden; das heißt, falls ich die Bedeutung dieses Wortes im Französischen richtig verstand. Zweitens, der Gedanke, daß die Freundschaft einer Ehefrau so weit gehen sollte, daß sie den Liebesaffären des eigenen Ehemannes Vorschub leistet und sie unterstützt, war in gewisser Weise zwar eine traumhafte Vorstellung, schien aber selbst für meine hohen Erwartungen in bezug auf Freundschaft zu unrealistisch.

Obwohl der Begriff der *complicité* mich aufhorchen ließ, verwarf ich ihn – ebenso wie die damit verbundene überaus idealistische Freundschaftsvorstellung – als eine Marotte dieses speziellen iberischen Reifenhändlers.

Aber das Wort tauchte immer wieder auf. Ein belgischer Experte für internationale Entwicklung, der einen Großteil seiner Zeit in Afrika lebt, beginnt seine Ausführungen folgendermaßen: »Freundschaft ist *une complicité* – ein heimliches Verstehen.« Ein homosexueller Schweizer Maler sagt: »Mit dem Mann, dem ich mich am nächsten fühle – nicht mein Geliebter –, ist Freundschaft eine gewisse *complicité;* uns verbindet eine ziemlich kritische Sicht der Dinge.« Ein polnischer Arzt, Flüchtling, heterosexuell, der jetzt in Frankreich lebt, bemerkt genauso spontan: »Mit dem Mann, den ich am liebsten mag, verbindet mich *une complicité,* die eine wohltuende Abgrenzung von den anderen erzeugt.«

Die Wortherkunft ist *cum-plex* (*cum,* mit; *plex,* gefaltet): das, was miteinander gefaltet ist, vereinigt. Das deutet gewiß auf eine intensive Vertrautheit hin. Falls das Wort jedoch, wie ich vermutete, dem englischen *complicity* entspricht, hat es noch eine weitergehende Bedeutung. Tatsächlich war die Hauptbedeutung, laut *Larousse,* dieselbe: *complicité,* von *complice,* bedeutet in heutigem Französisch, »einer, der an einem Verbrechen, einer Missetat ... einem Vergehen eines anderen teilnimmt«. Als ich *complice* im *Oxford English Dictionary* nachschlage, als wäre es ein englisches Wort, erfahre ich: »Fremdwort aus dem Französischen *complice* ... insbesondere ein Mittäter in einem Verbrechen ... heute KOMPLIZE.«

Das war ein außergewöhnliches Bündel von Begriffen, um Freundschaften zu definieren, wie sie zwischen europäischen Männern existieren: zwei Menschen, die in einem Verbrechen vereint sind, zwei Komplizen in einem Vergehen. Der *Larousse* geht noch weiter und beschreibt eine Nebenbedeutung: »Darüber hinaus verwendet man das Wort *complice* auch dort, wo der Gedanke der Strafbarkeit fehlt, wo es sich nur um Geheimnis und Verschwiegenheit handelt.«

»Abgrenzung« von anderen, »Geheimnis«, »heimliches Einverständnis« und »Mitwirkung an einem Verbrechen«, das ergibt vier Begriffe, die leicht ineinander überfließen. Dabei scheint das französische *complicité* sie alle miteinzuschließen. Diese Europäer, eine gemischte Gruppe von französischsprechenden Männern aus Portugal, Belgien, der Schweiz, Polen und Frankreich, sie alle verbinden Freundschaft mit einem Wort, das im Kern den Gedanken eines Verbrechens enthält. Für sie ist Freundschaft zuallermindest ein heimliches Einverständnis; der gemeinsame Zugang zu einem Geheimnis, von dem andere nichts wissen dürfen, eine Abgrenzung von den Normen und Erwartungen der Gesellschaft. Kurz, ich erkannte, diese Art von Freundschaft hatte etwas mit Auflehnung zu tun.

So gesehen ist die weitverbreitete Vorstellung der Komplizenschaft in einer Freundschaft das Gegenstück, das paradoxe Gegenteil des in Europa ebenso wichtigen Gedankens der Verpflichtung. Wenn persönliche Beziehungen unter Europäern trotzdem einen anderen Beigeschmack haben als in Amerika, liegt es zum Teil daran, daß eine solche Intimität als eine relativ scharfe Loslösung von den Verpflichtungen der Gesellschaft, von den Normen einer wie auch immer gearteten offiziellen Welt definiert werden kann. Gleichzeitig sind diese heimlichen, vertrauten Beziehungen von dem allgemeinen kollektiven Gefühl der Verpflichtung durchdrungen und werden von ihm unterstützt. Das heißt, man ist in einer Freundschaft ebenso verpflichtet, das heimliche Einverständnis, das spezielle Geheimnis zu bewahren, wie man in allen anderen gesellschaftlichen Beziehungen andere Verpflichtungen einzuhalten hat, selbst in den alleroberflächlichsten. Und das bedeutet implizit, falls notwendig, wenn irgendein Notfall eintritt, ist man – von der Gesellschaft aus – verpflichtet, das Aufrührerische einer Freundschaft durch antisoziales Verhalten auszudrücken.

In mir wuchs die Überzeugung, daß dieser Begriff der Komplizenschaft uns helfen kann, die gegenwärtige Misere der amerikanischen Männerfreundschaft ein wenig zu erhellen. Echte Freundschaft zeichnet sich – neben anderen Eigenschaften – dadurch aus, daß sie eine gewisse Loslösung von gesellschaftlichen Konventionen bedeutet. Sie ist der Ort, wo wir uns trauen, wie Pech und Schwefel zusammenzuhalten. Sie ist ein privater Bereich, wo wir wirklich ungezwungen und gemeinsam – glücklich oder unglücklich – verrückt sein können. Wenn die soziale Umwelt Konformität verlangt, hier können wir frei sein. Sie ist der Platz für wirkliche Anarchie, ohne Regierung. Die Vorstellung von Freundschaft als einem Ort, der uns eine tiefe innere Freiheit erlaubt und sie sogar begünstigt, müssen wir uns wieder vergegenwärtigen, um zu wissen, was ernsthafte erwachsene Beziehungen sein können.

10 Die Angst vor Homosexualität

Sowohl in Amerika als auch in Europa begegnete ich immer wieder der Vorstellung, daß die Angst, als Homosexueller angesehen oder – schlimmer noch – tatsächlich einer zu werden, einer der Haupthinderungsgründe für innige Freundschaften zwischen erwachsenen Männern sei. In den Vereinigten Staaten, in Deutschland, in Belgien, Frankreich, England und in der Schweiz, in Portugal, Spanien und Italien erwähnte es buchstäblich jeder, mit dem ich sprach. Die Universalität dieser Ansicht erstaunte mich.

Obwohl diese Angst in unserer Gesellschaft zweifellos unverhältnismäßig groß ist, und obwohl sie die eher zärtlicheren Aspekte enger Männerfreundschaften unterdrückt, ist sie nicht der entscheidende Faktor, der Freundschaft per se verhindert. Viele ökonomische und soziale Faktoren sind sehr viel wichtiger. In der Tat hat nicht ein einziger Mann von den hunderten, die ich befragte, mir plausibel erklären können, auf welche Weise die Angst vor der Homosexualität ihn daran hindert, enge Freunde zu haben, selbst wenn ich mit bohrenden Fragen nachhalf.

Die Tatsache, daß es meiner Erfahrung nach keinerlei Beweise dafür gibt, daß die Angst vor der Homosexualität ein sehr wichtiger Hinderungsgrund für Männerfreundschaften sei, wird von manchen sicher als Beweis ausgelegt, daß sie entscheidend ist. Es ist genau diese Sorte von perverser Logik (falls das Wort hier erlaubt sein darf), die C. S. Lewis in einer Abhandlung über ein hiermit sehr eng verbundenes Thema so treffend karikiert: nämlich die heute so verbreitete Tendenz, die wenigen Männerfreundschaften, die es noch gibt, auf das Homosexuelle zu reduzieren:

In unserer Zeit ist es tatsächlich notwendig geworden, die Annahme zu widerlegen, jede ernsthafte und enge Freundschaft sei in Wahrheit homosexuell. Wichtig ist hierbei der gefährliche Begriff *in Wahrheit*. Die Behauptung, jede Freundschaft sei bewußt und explizit homosexuell, wäre zu offenkundig falsch; die Besserwisser nehmen daher Zuflucht in der weniger greifbaren Anschuldigung, sie sei in Wahrheit – unbewußt, verborgen, in irgendeinem vordergründig nicht erkennbaren Sinn – homosexuell. Und das kann, obwohl es nicht zu beweisen ist, natürlich auch nicht widerlegt werden. Der Umstand, daß das Verhalten zweier Freunde keinerlei positiven Beweis für eine Homosexualität liefert, bringt die Neunmalklugen keineswegs aus der Fassung: »Das«, so sagen sie mit ernsten Mienen, »entspricht genau unseren Erwartungen.« Und damit wird dann eben das Fehlen eines Beweises als Beweis angesehen.

Ähnliche Verwirrung herrscht ganz allgemein in fast allen Belangen, die mit dem Thema Homosexualität zu tun haben. Sprich darüber, und Deine Motive sind suspekt. Sprich nicht darüber, und Deine Motive sind suspekt.
Nichts in der jüngsten Geschichte macht die Situation einfacher. Das Anwachsen der Schwulen-Bewegungen, zum Beispiel, hat weder unser Denken über Homosexualität im allgemeinen noch über ihre Verbreitung in der Bevölkerung, noch darüber geklärt, inwieweit sie eine Variante in der Natur des Menschen ist. Auch die Schwulen selbst sind sich nicht einig; manche glauben, Homosexualität sei in jedem Mann und jeder Frau latent vorhanden, andere halten sie für eine sexuelle Vorliebe von wenigen, nicht gerade Auserwählten, aber durch Kindheitserlebnisse Geprägten, vielleicht sogar genetischen Ursprungs. Das psychiatrische Establishment, von dem man sich eine wissenschaftliche Erhellung all dieser Sachverhalte erhoffen könnte, hat sich aus Verlegenheit vorläufig aus diesem Bereich zurückgezogen. Früher hielt es die Homosexualität für eine Krankheit; nun ist es ebenso überzeugt, daß sie es nicht ist.
Versucht man, sich auf eigene Faust über Homosexualität eine Meinung zu bilden, weiß man nicht, was man davon halten soll. Man ist gezwungen, sich, soweit es geht, auf den gesunden Menschenverstand zu verlassen.
Wollen wir deshalb das festhalten, was augenfällig ist: Körperli-

che Zuneigung unter Männern ist kein Zeichen von Homosexualität. Das wird diejenigen der männlichen Leser beruhigen, die zögern, im wahrsten Sinne des Wortes die Hand nach einem Freund auszustrecken. Auch hier trifft C. S. Lewis den Punkt:

Küsse, Tränen und Umarmungen (zwischen Männern) sind als solche noch kein Beweis für Homosexualität. Andernfalls wären die Schlußfolgerungen zumindest sehr komisch. Hrothgar, der Beowulf umarmt, Johnson, der Boswell umarmt (ein ziemlich eindeutig heterosexuelles Paar), und all die alten Rauhbeine von Zenturionen bei Tacitus, die sich in den Armen liegen und um den letzten Kuß bitten, als die Legion zerschlagen war . . . lauter Tunten? Wer *das* glauben kann, kann alles glauben.

Als Allgemeingut und verbreitetes Vorurteil sind die Angst vor der Homosexualität und ihre angeblich betäubende Wirkung auf die Freundschaft verhältnismäßig neu in der westlichen Geschichte. Noch bis vor nicht allzu langer Zeit konnten Männer, selbst in den nördlichen Kulturen, zärtliche Nähe ausdrücken ohne die groteske Angst, für ein Liebespaar gehalten zu werden. Lord Nelson war ein Mann von so dreistem Mut, daß er schon zu seinen Lebzeiten ein legendärer Held war. Gegen Ende der Schlacht von Trafalgar – in der seine Kühnheit England wahrscheinlich vor einer französischen Invasion bewahrte –, nachdem er sich stundenlang dem Feuer der feindlichen Scharfschützen ausgesetzt hatte, um seine Männer zum Sieg anzuspornen, wird er niedergeschossen. »Nun endlich haben sie mich erwischt«, sagt er. »Ja, mein Rückgrat ist durchschossen.« Sein Freund Hardy, der Kommandeur seines Flaggschiffes, nimmt die letzten Worte des sterbenden Nelson entgegen. Sie gelten seiner Geliebten und seinem Freund: »Du weißt, was Du zu tun hast. Und gib acht auf meine liebe Lady Hamilton, Hardy. Gib acht auf die arme Lady Hamilton. Küss' mich, Hardy.« Und es ist überliefert, daß Captain Hardy

nun niederkniete und ihn auf die Wange küßte, während seine Lordschaft sagte: »Nun bin ich beruhigt; Gott sei's gedankt, ich habe meine Pflicht erfüllt.« Captain Hardy stand eine oder zwei Minuten in stummer Betrachtung: dann kniete er erneut nieder und küßte seine Lordschaft auf die Stirn. Seine Lordschaft sagte: »Wer ist das?« Der Captain antwortete: »Ich bin es, Hardy«, worauf seine Lordschaft erwiderte: »Gott segne Dich, Hardy!«

Das Entscheidende ist nicht, daß Maskulinität und Homosexualität nicht vereinbar wären. Einige besonders rauhe Typen, wie Billy the Kid, Wyatt Earp und Lord Kitchener zum Beispiel, waren Homosexuelle. Der Punkt ist vielmehr, daß zumindest bis zu Nelsons Zeit ein warmherziges körperliches und freundschaftliches Verhalten zwischen Männern nicht automatisch die Vorstellung von geschlechtlichen Vorlieben einer Minderheit wachrief.

Mein Eindruck aus den Interviews mit älteren Männern und Frauen ist, daß diese weitverbreitete Angst vor der Homosexualität nicht älter ist als fünfzig oder sechzig Jahre. Literarische Quellen bestätigen diesen Eindruck.

Im Jahre 1960 muß C. S. Lewis sich darüber beklagen, daß eine Notwendigkeit besteht, die Verwechslung von Homosexualität und Freundschaft »auszurotten«. Nur dreiunddreißig Jahre früher ist ein englischer Schriftsteller, Edward Garnett, in der Lage, so zu schreiben, als könne eine solche Verwechslung einem vernünftigen Menschen gar nicht in den Sinn kommen. Im Jahre 1927 veröffentlichte Garnett seine Sammlung der Briefe des großen Romanciers Joseph Conrad. Die Briefe spiegeln Entstehen und Verlauf einer Freundschaft zwischen den beiden Literaten wider.

Garnett war zu deren Beginn Verlagslektor in London, Conrad ein zäher Abenteurer und Seemann. Als Conrad um die Lebensmitte zu schreiben begann, erwies Garnett ihm den wertvollen Dienst, einen Verleger für seinen ersten Roman, *Almayers Wahn*, zu finden. Über Jahre hinweg, in denen er zwar großen Anklang bei der Kritik fand, finanziell jedoch weniger erfolgreich war, ermutigte Garnett den Seemann beharrlich, der Meister des Romans zu werden, der er mit der Zeit auch wurde. Die Freundschaft währte dreißig Jahre. Beide Männer heirateten, hatten Kinder und sahen den Prüfungen des Lebens ins Gesicht – Krankheiten der Ehefrauen, Sorgen um den Nachwuchs, finanzielle Probleme und das Ringen mit der Kunst und nicht zuletzt mit dem Ruhm. Hier ist Garnetts Beschreibung ihrer, wie sich herausstellen sollte, letzten Begegnung. In seinem Landhaus hatte der mittlerweile betagte Schriftsteller seit vielen Jahren an einer Krankheit gelitten:

Conrad war, wie ich meine, während der Woche durch Besucher aus Übersee und andere, die mit ihren Huldigungen auf ihn einstürmten, sehr ermüdet worden, und nach unserer Unterhaltung während der letzten Stunde trieb mich beim Gutenachtsagen etwas, seine Hand an meine Lippen zu führen. Er umarmte mich daraufhin mit einem langen schweigenden Druck. Am nächsten Morgen, als wir uns noch in seinem Arbeitszimmer unterhielten und bereits die Vorfahrt des Wagens gemeldet wurde, zog er plötzlich aus einem Regal hinter sich ein Exemplar der polnischen Übersetzung von *Almayers Wahn* heraus, schrieb eine Widmung hinein und drückte es mir in die Hand. Als ich hineinschaute, sah ich, daß das Datum, das er geschrieben hatte, genau das Datum unserer ersten Begegnung vor dreißig Jahren war.

Diese Art eines intimen Gefühls zwischen zwei Männerfreunden ist heutzutage beinahe undenkbar. Wahrscheinlich würden nur sehr wenige Männer sich solche Gefühle überhaupt zugestehen und noch viel weniger daran denken, sie auszudrücken.

Andererseits wissen alle Männer insgeheim, wie häufig sie voreinander zurückschrecken. Oft wird dabei eine ganze Reihe von programmierten Reaktionen in Bewegung gesetzt. Das kann, beispielsweise, durch eine harmlose Annäherung in einer Bar ausgelöst werden. In einer Szene in *Something Happened* (»Was geschah mit Slocum?«) fängt Joseph Heller diese Art des unwillkürlichen Rückzugs ein:

Ich habe nie gelernt, in fremden Städten Freundschaft zu schließen. Männer, die mit mir eine Unterhaltung anfangen, erscheinen mir homosexuell und treiben mich in die Flucht.
»Ich muß jetzt gehen. Ich bin mit einem Freund verabredet.«
»Mach's gut.«
Alles, was ich in fremden Städten kann, ist, die Tageszeitung lesen.

Die programmierten Reaktionen können auch durch einen Blick in die Augen eines Fremden auf einer Party ausgelöst werden, durch das Gefühl, daß jemand Dich anschaut, wirklich anschaut. Durch einen Mann, den Du kennst und der plötzlich besonders herzlich zu Dir ist. Durch die Stille beim Tee, wenn ein neuer Mann vorgestellt wird und Du ihn gutaussehend, geistreich, sanft oder stark findest.

Einmal, während meiner ersten Wochen in Belgien, bemühte ich mich, meiner speziellen Ausprägung der Angst vor der Homosexualität auf die Spur zu kommen. Jacqueline und ich waren zum Tee in einem großen Haus in Gent eingeladen; die Blätter hatten gerade begonnen, sich herbstlich zu verfärben. Die Türklingel läutete, und wenige Augenblicke später stellte unser Gastgeber einen Mann vor, der zwei schweigende kleine Kinder an der Hand hielt.

Der neue Mann ist groß, schlank, ruhig. Um die Fünfunddreißig, würde ich sagen. Er ist offensichtlich gebildet. Er hat etwas sehr Sanftes an sich, etwas Entspannendes, Sensibles. Mir fällt auf, daß er in irgendeinem nordischen Sinne hübsch ist. Ich fühle mich nicht besonders zu ihm hingezogen, aber ich habe ein positives Gefühl ihm gegenüber.

Und dann, trotz der Normalität der Teestunde, obwohl ich ganz sicher bin, daß mir jedes nähere Interesse für diesen Fremden abgeht, trotz der Tatsache, daß meine Frau bei mir ist und er – wie ich vermute – seine Kinder bei sich hat, merke ich, wie er einsetzt, scheinbar von sich aus – der innere Dialog über die mögliche Homosexualität. Die Serie stummer Halbfragen rollt automatisch und sehr schnell ab – wie es das Denken vermag, wenn es programmiert ist. Es ist so flüchtig und bruchstückhaft, so komplex, so voll sich widersprechender Andeutungen und Zögern und Ängste, daß man es nur schwer festhalten oder gar aufzeichnen kann:

»Ist er?

Denkt er, daß ich?

Wie kommt er dazu, zu denken, ich sei, falls er tatsächlich denkt, ich sei.

Wie komme ich dazu, zu glauben, er könnte?

Ich muß an mir selbst zweifeln. Stimmt etwas nicht mit mir?

Das ist Unsinn, Stuart!

Ja, ich weiß, aber warum denke ich dann so? Und was denkt *er*?

Vielleicht kommt es von ihm?

Das ist doch lächerlich.«

Wäre es nicht ein so heikles Thema, könnte es unter bestimmten Gesichtspunkten amüsant sein, sich selbst dabei zu beobachten, wie man sich durchwindet. Welches sind die historischen Ursachen für diese neue Art innerer Selbstquälerei? Vor allem die oft vereinfachende Popularisierung von Freuds Werk hat die Menschen dazu ermuntert, alle menschlichen Begegnungen in sexuellen Begriffen zu interpretieren. Man meint, glauben zu müssen, daß im zwischenmenschlichen Bereich Sex die einzige fundamentale Realität sei. Sobald wir auch nur die allerbeiläufigste Zuneigung zu einem anderen Menschen verspüren, nehmen wir an, daß sie *in Wahrheit* sexueller Art sein müsse. Und wenn das nicht der Fall ist, dann müssen wir bestimmt irgendetwas vor uns selbst verbergen.

Das Umsichgreifen solcher Ideen begann mit dem Viktorianischen Zeitalter. Aus Gründen, die mit jener Art von Disziplin zu tun haben, die erforderlich ist, um ein Handelsimperium aufzubauen und zu erhalten, unterdrückte und verleugnete man die Sexualität in einem Maße und einer Rigorosität, die in früheren Zeiten unbekannt waren. Natürlich war jedermann von dem, was verboten war, besessen. Freud entlarvte und verwarf sowohl die Unterdrückung als auch die Besessenheit. Danach jedoch setzte die Gesellschaft die Reaktion fort und übertrieb die Bedeutung des Geschlechtlichen als Triebfeder für den Menschen. In einer Art Pseudoaufgeklärtheit leben wir noch immer und uns stets wiederholend eine blinde Rebellion gegen die viktorianischen Zwänge aus – und zwar in einer Art, die sich häufig als Falle erweist.

Als Teil desselben historischen Prozesses hat sich die zunehmende Befreiung der Frauen in mehrfacher Hinsicht mit jener Auffassung verbunden, derzufolge jede Beziehung sexuell ist, um die unbestimmte Angst vor der Homosexualität zu erzeugen, welche den Verstand und die Gefühle der heutigen Männer vernebelt.

Erstens: Wenn alle Beziehungen sexueller Natur sind und Frauen für Männer sexuell verfügbar wie nie zuvor, dann hat ein heterosexueller Mann keinerlei Entschuldigung, seine Zeit in irgendeiner Beziehung zu verbringen, die nicht eindeutig heterosexuell ist.

Zweitens: Wenn die Frauen emanzipiert sind und mehr und mehr den Männern »gleich« – in denselben Jobs arbeiten, dieselben Sportarten ausüben, sogar in die Armee eintreten –, dann wird für jeden einzelnen Mann die Definition von *Männlichkeit* zunehmend problematischer. Männer werden von Kindheit an ermahnt: »Sei ein Mann!« Aber nachdem es heute nicht mehr so klar ist, was das heißt, müssen Männer wirklich hart *arbeiten*, um sich ein Gefühl für ihre Geschlechtsidentität zu bewahren. Die meisten Männer begehen den Irrtum, sexuelle Neigung mit Geschlechtsidentität zu verwechseln, Homosexualität mit Verweichlichung, Heterosexualität mit Männlichkeit. Daher gehört mit zu den Dingen, die jeder heterosexuelle Mann leisten muß, »um ein Mann zu sein«, niemals auch nur den geringsten Anlaß zu geben, der ihn selbst oder andere dazu bewegen könnte, seine sexuellen Neigungen in Zweifel zu ziehen.

Drittens: Die Befreiung der Frauen hat, wie Ferruccio Chiaramonte in seiner Zurückweisung der Männerfreundschaft andeutet, auch die Möglichkeit für Sex und Freundschaft zusammengebracht. Im allgemeinen können Männer und Frauen heute umfassendere Beziehungen haben als je zuvor. Weil – entsprechend der Pseudo-Freudschen Wahrheit – alle Beziehungen grundsätzlich sexueller Natur sind und weil Du Deinen Sex und Deine Freundschaft dort haben kannst, nun also, was – zum Teufel – willst Du dann hier mit einem männlichen Freund?

Tatsächlich scheint es in der Praxis eine deutliche Trennung zwischen Männerfreundschaft und Homosexualität zu geben. Die auffallendsten Beispiele fand ich unter den Homosexuellen selbst. Zahlreiche homosexuelle Männer – im Alter zwischen fünfundzwanzig und fünfzig und im Stil zwischen Macho und Tunte – haben mir bekannt, daß Freundschaft in ihrem Leben absolut entscheidend sei. Und sie fügten hinzu: »Ich habe nie mit ihm geschlafen«, oder wie Richard Stone: »Wir haben es versucht, aber es ging nicht« oder »Einmal haben wir es gemacht, aber es war nicht besonders aufregend.«

Dieselben homosexuellen Männer lachen sich krank über die Angst der sogenannten normalen Männer vor der Homosexualität. Es macht ihnen besonderen Spaß, über deren Angst zu spotten, einen anderen Mann zu berühren, »schließlich könnte es ja zu einer Verführung kommen!« Dabei sei der Punkt nicht, wie sie betonen, daß es ebenso *nicht* zu einer Verführung kommen könnte; Tatsache sei vielmehr, daß es gewöhnlich nicht dazu kommt.

Ein englischer Homosexueller drückte es so aus: »Ich selbst bin häufig überrascht darüber. Es gehört zu meinem Beruf, daß ich in der ganzen Welt herumreise. Und ich war erstaunt und natürlich auch erfreut, als ich sah, daß arabische Männer Arm in Arm durch die Straßen spazieren oder sogar Händchen haltend. Aber erst als ich dann selbst im Mittleren Osten lebte, erfuhr ich, daß diese Männer nur in den seltensten Fällen miteinander schlafen oder homosexuell sind. Es kann zwar gelegentlich vorkommen, daß sie mit einem ausländischen Touristen ins Bett gehen, weil Frauen dort so gut wie tabu sind. Aber mit einem ihrer geliebten Freunde zu schlafen, ist beinahe ausgeschlossen.

Eine Zeit lang lebte ich in Hongkong. Das war während des Vietnamkrieges, und da gab es Tausende von jungen Südvietnamesen, die dorthin geschickt worden waren, um dem Militärdienst zu entgehen. Nun, ich kam in Kontakt mit einer Gruppe dieser jungen, zwanzig- bis fünfundzwanzigjährigen Männer. Zuerst war ich nur mit einem befreundet, dann allmählich schloß ich Bekanntschaft mit der ganzen Gruppe von Kameraden. Eines Abends erhielt ich einen Anruf. ›Hast Du Lust herzukommen? Ich bin heute nacht allein, meine Frau ist nicht da, und ich will nicht alleine schlafen.‹

Also nahm ich ein Taxi und fuhr hin. Und alles, was wir taten, wir schliefen zusammen, buchstäblich!

Da siehst Du, Männerfreundschaft ist in diesem Teil der Welt etwas sehr Wichtiges, besonders bei den jungen Männern. Außerdem haben sie keine Angst vor Berührungen oder intimem Kontakt. Sie finden es einfach abscheulich, allein zu schlafen. Sie fühlen sich nicht wohl dabei.«

»Habt Ihr Euch berührt, als Ihr im Bett lagt?« fragte ich beiläufig und versuchte dabei, ebenso unbefangen zu wirken wie er, wenn er über physische Intimität zwischen Männern sprach.

»Nun, ich nehme an, daß im Laufe der Nacht mein Bein irgendwann einmal auf dem seinen lag. Aber, um die Wahrheit zu sagen, ich weiß es nicht mehr. Jedenfalls kann ich sagen, daß nicht wenige amerikanische Soldaten schockiert waren, als sie vietnamesische GIs in voller Kampfbekleidung Händchen haltend durch die Straßen gehen sahen. Sie wußten einfach nicht, was sie davon halten sollten. Und von älteren amerikanischen Offizieren habe ich gehört, daß sie dasselbe Problem mit den südkoreanischen Truppen im Koreakrieg hatten und sich erst langsam daran gewöhnen mußten.«

Ein anderes eindrucksvolles Interview, das ich führte, auch mit einem Engländer, unterstrich ebenfalls die Abgrenzung zwischen Freundschaft und Homosexualität, in diesem Fall zwischen zwei heterosexuellen Männern, die als Jünglinge mit Homosexualität experimentiert hatten, wie es in ihrer Gesellschaftsschicht typisch ist. Dieser vierzigjährige Mann arbeitet jetzt für ein internationales Konsortium der Glasindustrie in Berlin. Obwohl er verheiratet ist, legt er ein ziemlich typisches Interesse an Damenbekanntschaften an den Tag und frönt dieser Leidenschaft während seiner ausgedehnten Geschäftsreisen mit beträchtlichem Erfolg.

»Ja, ich hatte einen sehr, sehr engen Freund. David war die Welt für mich. Unsere Freundschaft drehte sich um die Probleme des Erwachsenwerdens. Im Alter zwischen zehn und dreiundzwanzig Jahren sahen wir uns praktisch ständig. Ich habe sehr viel von ihm gelernt.

Ich sehne mich nach ihm, obwohl ich nicht einmal weiß, wo er jetzt steckt. Und obgleich uns das Leben weit auseinandergeführt hat, ist er – wie die Spanier sagen – *la media naranja,* die bessere Hälfte.

Wahrscheinlich weißt Du, daß in England Knaben aus einer bestimmten sozialen Schicht im Alter zwischen vierzehn und sechzehn Jahren häufig homosexuelle Partner sind. Die Erziehung im Internat isoliert sie von den Mädchen, nicht wahr, und die Libido erwacht. Also machen sie es mit Knaben. Masturbieren gegenseitig und dergleichen. Aber seltsamerweise machte ich es nie mit David. Er war wie ein Bruder.«

Ich bin beeindruckt und auch deprimiert, wenn ich daran denke, daß so viele Menschen glauben, es sei die Angst vor der Homosexualität, welche Männer voneinander fernhält. Aus meiner Zeit als Leiter von Encounter-Gruppen in Esalen weiß ich, daß die meisten Männer ein ganz klein wenig an ihrer Sexualität zweifeln und insgeheim den Verdacht hegen, ob sie nicht doch vielleicht »eigentlich schwul sind«. Immer wieder habe ich in den Encounter-Gruppen erlebt, wie die größten Muskelprotze diesen Verdacht äußerten. Und andere Typen genauso.
Ich kenne auch einige Männer, die sich diesen Zweifeln gestellt haben und sie dann idiotisch fanden, bisweilen nachdem sie sich als Erwachsene tatsächlich auf ein homosexuelles Erlebnis eingelassen hatten, um herauszufinden, was passieren würde. Diese zweite Gruppe von Männern hat nicht mehr Freunde als die erste Gruppe.

Sechs Monate vor dem Treffen mit Wreston in Spanien

Heute tauchte die Frage der Homosexualität auf. Am Morgen kam ich geschäftlich durch Seattle und schaute auf einen Sprung bei Wreston in seiner Kunstschule vorbei. Ich suchte seinen Rat zu einem Problem mit einer Kurzgeschichte, an der ich gerade schreibe.
Wie immer nahm er meine Bitte sehr ernst.
»Du mußt wirklich daran arbeiten, daran herummeißeln, wenn Du verstehst, was ich meine. Dabei mußt Du immer das Ganze im Auge behalten, auch wenn Du es jetzt noch nicht erkennen kannst. Und wenn es nicht weitergeht, mußt Du aufhören und etwas anderes tun. Deine Bleistifte spitzen, herumkramen.«
Kein spektakulärer Rat und auch nicht gerade originell – eigentlich eher Allgemeinplätze, wie man sie an jeder Ecke hören kann. Aber es ist genau das, was ich jetzt hören will, da ich mit diesem Problem festsitze. Es hilft.
Während ich ihm zuhöre, beginne ich eine Freude zu verspüren, die

vermutlich auf seine Sorge um mich zurückzuführen ist, auf seinen leidenschaftlichen Einsatz – für mich – mit seinen kleinen Ratschlägen. Aber so viele Leute, die ich in letzter Zeit interviewt hatte, haben mir erzählt, daß es die Angst vor der Homosexualität sei, welche Männer einander fernhalte, daß ich mich plötzlich frage, ob mein rosiges Gefühl nicht doch einen erotischen Beigeschmack hat. Irgendetwas Unbestimmtes, Allgemeines, *vielleicht* irgendwie Sexuelles. Das mich zu Wreston hinzieht, während er spricht.

Ich rühre mich nicht. Ich sitze in meinem Stuhl. Zugleich alarmiert und kontrolliert, lasse ich mein Gesicht unverändert, lächle freundlich zu den guten Ratschlägen, die ich bekomme.

Was, zum Teufel, soll ich tun?

Ihn bumsen? Will ich ihn überhaupt bumsen? Wie, um alles in der Welt, würde es sein, einen Mann zu bumsen???

Nein. Das ist es nicht. Aber ich muß dem Impuls, welcher Art er auch immer sein mag, wenigstens eine gedankliche Befreiung verschaffen.

Mein Verstand erzeugt ein Bild für mich. Aber es ist beinahe ebenso erschreckend, wie der erste allgemeine Impuls, dessen Wucht ich dadurch zu mildern versucht hatte, daß ich ihm in meiner Phantasie Ausdruck verlieh.

Ich sehe mich in meiner Vorstellung aus dem alten hölzernen Stuhl aufstehen, auf dem ich sitze, und die ersten paar Schritte auf ihn zugehen. Dann mit meiner ausgestreckten Hand seinen alten Kopf liebkosen. Sein wirres graues Haar glattstreichen. Diesen alten Kelto-Mongolen. Mit seiner geröteten Haut, den Augenschlitzen, den Faltigen, Geprügelten, Leidenschaftlichen und Großartigen.

Ich tue es natürlich nicht. Männer tun so etwas heute nicht mehr. Und außerdem, wo würde das hinführen? Ins Bett?

Das bezweifle ich.

Aber was soll man mit dieser zärtlichen Energie anfangen?

Am nächsten Tag

Ja. Es war etwas Sexuelles in dem, was passiert ist, oder vielmehr in dem, was nicht passiert ist. Besser gesagt, etwas »Erotisches«. Ein bißchen allgemeiner.

Aber auch das ist nicht ganz zutreffend.

Intimität ist eine komplexe Erfahrung. Liebe ist eine komplexe Erfahrung. Wie Wilhelm Reich uns gezeigt hat, ist Liebe Energie, Energie, die man in seinem Körper spürt.

Mein Problem mit Wreston ist nicht, daß ich Angst davor hätte, ich könte mit ihm ins Bett steigen und damit – mindestens – unsere aufkeimende Freundschaft verderben. Oder vielleicht mich selbst als »schwul« erweisen.

Nein, ich werde mit ihm nicht ins Bett gehen. Ich bin durch die »Sexisten« verdorben. Mein wahres Problem ist vielmehr, was fange ich mit meiner *Zärtlichkeit* für ihn an. Wie kann ich im Ausdruck meiner Liebe ehrlich bleiben, ohne das Verlangen zu haben, mich in sexuelles Verhalten oder auch in Phantasien zu flüchten. Denn das, was ich für ihn empfinde und ausdrücken will, kann sexuell nicht ausgedrückt werden.

Vielleicht liegen die Hindus richtig. Sie haben eine komplexere Theorie über menschliche Energien und den Körper. Wo wir Ultramoderne nur Sex und Aggression sehen, unterscheiden sie zwischen vielen Arten von Energien, die auf unseren Körper wirken. Sex und Aggression, ja, aber auch Zärtlichkeit, pure Vitalität, rein geistige Energie, kreative Energie, kontemplative Energie.

Eine hübsche Theorie für die Hindus vielleicht, aber keine allzu große Hilfe für unsereinen.

Kein Zweifel, wenn man mit einem anderen Menschen in einer bedeutsamen Beziehung steht, verbreitet sich Erregung über unseren gesamten Organismus. Wir spüren so etwas wie ein Schmelzen, ein allumfassendes Vergnügen.

Und wir wissen nicht, wie wir es nennen sollen. Wissen es nicht mehr.

Also nennen wir es heute Sex.

Aber obwohl dieses Gefühl bisweilen zufällig auch diese Saiten anschlagen mag, ist es doch mehr als das und auch anders. Was ich gestern für Wreston empfand, ist nicht wirklich Verlangen im sexuellen Sinn. Es ist Liebe, Zärtlichkeit, vermischt mit Bewunderung, Verständnis und sogar Dankbarkeit. Aber wir sind heute nicht mehr imstande, solche Gefühle einem anderen Mann gegenüber auszudrücken.

Also bleibe ich wortlos, mit lächelndem Gesicht auf meinem Stuhl sitzen und fühle, was ich eben fühle. Aber ich unterlasse es, dieses müde Haupt zu streicheln. Und ihm ist es wahrscheinlich recht so.

Man darf nicht übertreiben. Dies ist keine Tragödie. Wir spürten beide meine Zärtlichkeit. Wenn auch auf Distanz. Man muß nicht alles ausagieren. Und manchmal ist Schweigen und Zurückhaltung genauso schön wie eine zärtliche Berührung. Aber Wreston und ich sind zurückhaltender, als es mir persönlich lieb ist.

Obwohl die überwiegende Mehrzahl der Männer, mit denen ich über Freundschaft sprach, die Angst vor der Homosexualität einfach als eine Barriere akzeptierte, gab es auch einige, die sie als eine Art Leinwand sahen, hinter der sich eine andere Wirklichkeit verbirgt. Einer meinte, diese Angst sei eigentlich eine Angst vor der Berührung, eine Angst vor jeder Art von Intimität. Andere behaupteten, daß in einer harten, entfremdeten Gesellschaft die Angst vor der Aggressivität aller anderen Männer quasi als Ausgleich unbestimmt homosexuelle Gefühle hochkommen lasse – die ihrerseits wiederum durch die Angst kompensiert würden. Und es gab sogar ein paar Männer, die die Homosexualität selbst – oder vielmehr die militante Schwulenbewegung – als eine Kompensation für die affektive Isolierung der Männer untereinander ansahen: Der Damm der natürlichen Liebe bricht, und die Menschen werden fortgerissen in den Sex. Solche tiefschürfende Theorien mögen durchaus etwas für sich haben, doch sie sind schwer zu überprüfen.

Dieses Thema ist äußerst subtil und schwierig, und seine genauen Grenzen sind schwer zu ziehen. In jedem Fall muß man immer wieder darauf hinweisen, daß die Bedeutung der Sexualität für die Freundschaft sehr häufig übertrieben wird. Der Anthropologe Robert Brain, der das Thema Freundschaft in vielen Kulturen auf der ganzen Welt untersucht hat, kommt zu ähnlichen Schlußfolgerungen:

Ebenso wie Santayana konnte ich nur schwer akzeptieren, daß Sex aus der Freundschaft herauszuhalten sei. Wir sind als »dirty old men« (mit schmutziger Phantasie) erzogen worden und nehmen immer das Schlimmste an, wenn zwei Menschen ständig und liebevoll zusammen sind oder wenn ein Junge und ein Mädchen als Freunde gemeinsam reisen – wenn sie das Zimmer oder Zelt teilen, müssen sie auch miteinander schlafen. Wir haben freundschaftliche Beziehungen mit dem Schmutz der Sexualität befleckt, so daß eine freie platonische Freude an einem Freund um seiner oder ihrer selbst willen beinahe unmöglich wird. Tatsache ist, daß Sex je nach den Erfordernissen einer Situation – etwa zwischen Bruder und Schwester – ein- oder ausgeschaltet werden kann, und häufig begünstigt das eine länger andauernde Freundschaft ... Niemand wird leugnen, daß das Geschlechtliche eine Energiequelle für die Liebe darstellt, aber es ist weder unvermeidlich noch muß es offen ausagiert werden. Wichtiger als fleischliches Verlangen oder »sublimierte Homoerotik« sind Zuneigung, Freundschaft, Kameradschaft und das Bedürfnis, Sorge zu tragen und umsorgt zu werden.

Auch nachdem dies und der ganze Rest gesagt ist und selbst nachdem man das alles akzeptiert hat, hat man das Problem nicht gelöst – das Problem, wahrhaft zu der eigenen Liebe und Zärtlichkeit in der Freundschaft mit einem Mann zu stehen. Die Behinderungen für eine solche Wahrhaftigkeit sind kollektiv; sie kommen aus der Gesellschaft und liegen in der Luft, die wir atmen. Andere fühlen sie und ziehen sich zurück. Ein erster Schritt wäre getan, wenn wir gemeinsam beginnen würden, die Idee zu akzeptieren, daß Sex in der menschlichen Liebe nicht alles ist. Nicht einmal das Vorherrschende. Manchmal, und vielleicht häufiger als man glauben mag, spielt Sex dabei überhaupt keine Rolle.

11 Lektion der Frauen

Fast von Anfang an holte ich mir auch bei Frauen Rat zum Thema Männerfreundschhaft. Erstens – aus vielerlei Gründen neigen Frauen oft dazu, Männer zu beobachten und sich dafür zu interessieren, was sie tun, und vielleicht mit mehr Nachdenklichkeit als wir für sie übrighaben. Zweitens – ich glaubte, daß trotz der modischen Trends zu Frauenemanzipation, Unisex und Androgynie, Frauen wahrscheinlich einen besseren Zugang zu einem traditionell femininen Element in der Freundschaft hätten, das ursprünglich auch ein anerkannter Bestandteil der Männerfreundschaft gewesen war. Und außerdem ist heute, wie viele Männer und Frauen mir gesagt hatten, eine besonders gute Zeit für Freundschaften zwischen Frauen.* Aus all diesen Gründen sprach ich mit annähernd einhundert Frauen in Amerika und in

* Frauenfreundschaften hatten ihre eigenen Zyklen. Die Sozialhistorikerin Carol Smith Rosenberg hat sie, neben anderen, eingehend untersucht. Aus der Zeit Anfang des neunzehnten Jahrhunderts gibt es in Amerika Aufzeichnungen von Frauenfreundschaften, die auf sehr große Vertrautheit und gegenseitige Zuneigung schließen lassen. Ausgeschlossen aus einer mehr oder weniger repressiven Männergesellschaft und durch physische Distanz separiert, hinterließen einige Frauen bemerkenswerte Korrespondenzen, welche die Existenz tiefer Beziehungen bezeugen. Später, gegen Ende des neunzehnten Jahrhunderts, als die Frauen an Prestige, Freiheit und Einfluß gewannen, kam es zu einem Rückgang dieser sehr engen persönlichen Beziehungen, und neue Formen sozialerer Gruppenbeziehungen traten an deren Stelle: Gartenclubs, Frauenvereine, Anti-Alkohol-Vereinigungen. Der gegenwärtige Kampf der Frauen für die Gleichberechtigung, vor allem am Arbeitsplatz, hat sie einander wiederum auf neue Art nähergebracht und hat Frauenfreundschaften einen neuen Auftrieb gegeben. Allerdings wurde ich von einer ganzen Reihe von Frauen davor gewarnt, die gegenwärtige Welle von Freundschaften zwischen Frauen zu »idealisieren« oder zu glauben, sie würde für immer und ewig halten. Eine fünfunddreißigjährige Leiterin der Abteilung für Frauenstudien an einer berühmten Universität der Ostküste ist nicht einmal sicher, wie »tief und ehrlich« diese neuen Freundschaften sind. »Selbst für die meisten Feministinnen kommen Job, Karriere, Mann und Familie *weit* vor den Freundschaften.« Mein allgemeiner Eindruck jedoch war der, daß – im Moment wenigstens – die amerikanischen Frauen bessere Freundschaften haben als ihre Männer und daß wir von ihnen lernen könnten.

Europa. Ihre Ansichten unterschieden sich natürlich beträchtlich, je nach Temperament, Alter, sozialer Schicht, politischer Überzeugung und regionaler Erfahrung und Kultur. Ein paar dieser Interviews waren insofern herausragend, als sie einige der immer wiederkehrenden Themen komprimieren; Gedanken, über die ich fortwährend nachgrüble, da sie wirklich lehrreich sind, wenn man nach besseren Männerfreundschaften Ausschau hält.

Das Thema, auf das die Frauen am häufigsten zu sprechen kamen, ist die Tendenz der heutigen Männer, ihr Gefühlsleben zu unterdrücken, insbesondere die alte Zärtlichkeit, die früher zwischen Männern möglich war. Ich erinnere mich vor allem an eine Frau, die diesen Punkt mit ungewöhnlicher Schärfe aufgriff. Zäh, attraktiv, vierzig Jahre alt, hatte Elizabeth Bacon aus der nordtexanischen Mittelmäßigkeit, in die sie hineingeboren war, zunächst ihren Weg zur Universität von Texas gemacht, und dann zum MIT (Massachusetts Institute of Technology). Schon früh in ihrer Laufbahn hatte sie mehrere Arbeiten über subatomare Teilchen-Physik veröffentlicht, die für eine spätere Generation von Wissenschaftlern eine gewisse Bedeutung hatten. Dann, ohne sich darum zu kümmern, die Früchte dieser frühen Arbeiten zu ernten, hatte sich Elizabeth aus dem bisweilen brutalen Konkurrenzkampf der internationalen Wissenschaft zurückgezogen, um über Themen wie Frauengesundheit zu schreiben und ohne die Unterstützung eines Ehemannes eine hübsche kleine Tochter großzuziehen. Mit ihren rotgelockten Haaren sah sie mich zugleich sanft und frech aus grünen Augen an.

»Es fängt schon an, wenn die Männer noch sehr jung sind. Ich konnte das auf dem Spielplatz beobachten, wo ich meine Tochter hinbringe. Wenn die Knaben fünf oder sechs oder sieben sind, sind sie noch von tiefer Zärtlichkeit erfüllt. Ein bißchen später kommt dann plötzlich ein Stadium, wo der kleine Junge in die Gemeinschaft der ›Männer‹ eintreten, ›ein Mann werden‹ muß, und in unserer Gesellschaft zumindest wird diese Zärtlichkeit dann völlig unterdrückt, sowohl von dem Knaben selbst als auch durch andere, insbesondere durch die Väter. Sieh Dir einen Vater an, der mit einem kleinen Jungen spielt – da geht es hart und grob zu und fast niemals anders. Die Jungen hören auf, ihre Eltern zu küssen. Das bringt man ihnen so bei. Die meisten Väter berühren ihre Söhne nicht, außer wenn sie sie verhauen. Wie will man von Männern erwarten, daß sie mit anderen Männern befreundet sind, wenn sie sich nicht einmal berühren dürfen?

Ich meine, was dem kleinen Jungen unter diesen Umständen passiert, ist, daß man ihm seine tiefe natürliche Zärtlichkeit austreibt. Er gibt sich voller Vertrauen, und ab einem bestimmten Punkt wird er abgewiesen. Er wird in jeder nur erdenklichen, meist sehr subtilen Weise abgehärtet. Bis ein Mann dann die Dreißig erreicht, ist er wirklich müde; und entmutigt. Vielleicht kann er im Bett, mit einer Frau noch etwas bekommen, aber bis zum Alter von fünfunddreißig hat er so viele Enttäuschungen erlebt. Der zärtliche, liebevolle Teil in ihm, oft zärtlicher als Frauen sind, ist ausgetrieben.

Was an dessen Stelle tritt, sind Angst und Phantasien. Angst vor anderen Männern – auch vor Frauen – und Phantasien, meist sexueller Art, von irgendwelchen Liebesträumen, die er im Leben niemals finden kann.

Aber schau' Dir dagegen einen Mann mit einem kleinen Mädchen, einer Tochter an. Da wird der Mann zum Kind: er ist Kind und zugleich er selbst. Für mich ist das ein Mann von seiner besten Seite. Er ist absolut präsent, ganz auf der Höhe, selbstbewußt; gleichzeitig verwundbar, zärtlich und voller Lachen. Der Mann erlebt diese Situation als völlig unbedrohlich. Mit einem kleinen Jungen dagegen ist die Härte des Mannes sofort wieder da – die Steifheit, die Grobheit, diese zunehmend sinnentleerte Darstellung der Männlichkeit.«

Ich spüre, daß hier ein echtes Mitgefühl mitklingt, aber auch eine unausgesprochene Forderung. Warum können Männer nicht offener, zärtlicher sein? Aber was soll man tun, frage ich mich, einfach zärtlich *werden*? Wie, zum Teufel, stellt man das an? Ich klappe mein Notizbuch zu. Wir befinden uns in der Bar eines alten Hotels in Berkeley, nahe der Universität. Dort gibt es ein Wandgemälde, das ich oft gesehen, aber nie wirklich angeschaut habe. Die Farben sind im Laufe der Zeit etwas verblaßt und geben dem Ganzen eine gewisse Sanftheit. Das Bild wird von der Darstellung einer Bronzeplastik beherrscht, die auf dem Campus von Berkeley tatsächlich existiert, einer Arbeit aus den Zwanziger Jahren oder noch früher. Da sind zwei junge Männer, etwa einundzwanzig oder zweiundzwanzig Jahre alt, als Football-Spieler in der damals noch leichteren Sportkleidung dargestellt, als dieses Spiel noch weniger Panzerung erforderte. Einer der beiden verbindet dem anderen die Wade. Der verwundete Spieler hat sich vorgeneigt und faßt mit einer Hand nach der Schulter des anderen, um sich darauf zu stützen.

Das Bild hat eine gewisse Zartheit, die sich auf diese Muskelmänner überträgt – der eine, der sich helfen läßt, der andere, der so fürsorglich hilft. Man kennt diese Ruhestellungen, voll hingebungsvollen Vertrauens, mit gerundeten Muskeln, von Männerstatuen aus der Antike bis ins Neunzehnte Jahrhundert. Sie lassen die Schönheit des männlichen Körpers so gut zur Geltung kommen. Aber wenn ich mir das so ansehe, kann ich es nicht anders nennen als feminin, und zwar weder in einem anerkennenden noch einem neutralen Sinn. Ich muß unweigerlich denken, daß der Künstler mit all dieser Weichheit der Farbe, des Gefühls, der Körperhaltung irgendein homosexuelles Motiv gehabt haben muß. Aber diese Überlegungen bestätigen nur, was die Frau, die mir gegenübersitzt, gesagt hat. Männer sind so erzogen worden, daß sie angesichts von Zärtlichkeit in blankem Entsetzen das Weite suchen. Im Stillen sage ich mir, wir werden uns wirklich anstrengen müssen, sie wiederzufinden.

Eine andere Frau richtet das Augenmerk auf weitere Punkte, die Männerfreundschaften abgehen. Anders als die Physikerin und doch irgendwie ähnlich hat Carla Baselevski nichts von deren unnachgiebigem Willen, keine Spur von südstaatlerischer Härte. Die Texanerin war dünn und drahtig, Carla dagegen wirkt mütterlicher, zehn Kilo Übergewicht mit blondgefärbtem Haar. Außerdem ist Carla älter, fast sechzig. Sie ist Psychologin an einer Klinik – es ist ihr Beruf, für andere dazusein, und man würde erwarten, daß sie anders ist. Was beide Frauen gemeinsam haben, ist eine sehr ansprechende Kombination von Kraft und Sanftheit. Sie sind die neuen Frauen. Natürlich sind sie auch die alten Frauen: das ewig Weibliche, das zugleich rezeptiv und voller Kraft und Ausdauer ist.

»Die meisten meiner Patienten sind Frauen«, sagt Carla, »aber bei meinen männlichen Patienten ist mir aufgefallen, welche Schwierigkeiten sie mit Freundschaften haben. Ich habe Freunde, Menschen, die ich seit meiner Schulzeit kenne. Sie sind die Zierde meines Lebens: wir entwickelten uns gemeinsam. Das ist später nur noch sehr schwer zu finden. Manche Frauen finden es, aber Männer haben da größere Schwierigkeiten. Ich glaube, was Freundschaft angeht, haben Frauen einen großen Vorteil. Das liegt daran, daß Männer solche Probleme haben, mit anderen Männern *Interessen* zu teilen.

Was ist Freundschaft, wenn nicht teilen? Aber was können Männer im Gegensatz zu Frauen mit ihren Freunden teilen? Das Naheliegendste ist die Arbeit. Männer sind an Arbeit interessiert, natürlich. Aber dieses alles dominierende Interesse für einen Job läßt sich oft nicht mitteilen, weil es sich um Kollegen handelt, und das ist nicht dasselbe wie Freunde. Man kann nicht *jedem* Kollegen alles erzählen, was man über die Arbeit denkt. Er steht über einem, unter einem oder auf gleicher Ebene. Es herrscht Wettbewerb. Man kann ihm nicht völlig vertrauen.

Frauen haben einen großen Vorteil. Auch wenn sie berufstätig sind, können sie traditionell die Dinge des alltäglichen Lebens teilen, Einkaufen, Gartenarbeit, Wohnungseinrichtung, Hausarbeit, Kindererziehung. Frauen können miteinander über ihre Vorlieben in der Welt des Alltagslebens reden, ohne Konkurrenzkampf.

Kannst Du Dir vorstellen, daß ein Mann den anderen anruft und sagt: ›Ich gehe heute abend aus, können wir die Kinder bei Euch lassen?‹ Bestimmt würde der andere sagen: ›Ich muß erst Ann fragen.‹ Von Männern wird erwartet, daß sie in der Arbeit sind oder über diesen kleinlichen Dingen stehen. Unterhalte Dich mit einem Mann, und er wird mit Dir über die großen, weltbewegenden Dinge reden, aber sicher nicht über die kleinen, intimen

Details des Daseins. Dieses Anteilnehmen unter Frauen, besonders in bezug auf die Kinder, ist etwas sehr Tiefgehendes. Ich selbst fange jetzt sogar an, mich meinen Freundinnen über meine Enkelkinder mitzuteilen.

Frauen teilen auch ihre Gefühle miteinander, und wir alle wissen, daß Männer das im allgemeinen nicht tun, auch wenn sie vielleicht gelegentlich darüber *reden*.

Dann gibt es da noch einen physischen Aspekt. Frauen ist es gestattet, einander physisch zu bewundern. Sie können ihr Interesse für Mode, für den Körper miteinander teilen, und sie können sogar sagen: ›Dein neuer Haarschnitt steht Dir gut. Wie schön braun Du bist! Was für ein hübsches Kleid!‹

Kannst Du Dir vorstellen, daß Männer so miteinander reden? Dabei ist Freundschaft doch immer *auch* mit dem Körperlichen verbunden. Mit einer gewissen Anziehung. Es ist doch unvorstellbar, mit jemandem befreundet zu sein, dessen Geruch, beispielsweise, man nicht ausstehen kann. Es gibt eine körperliche Affinität. Und bei Männern soll das alles nicht zählen?

Frauen teilen auch das Sexuelle miteinander. Ich meine, sie reden darüber. Im Gegensatz zur herrschenden Vorstellung reden Männer nicht wirklich über Sex. Sie sprechen über ihre Phantasien. Frauen reden über das, was wirklich ist, nicht nur mit einem Therapeuten, sondern untereinander. Sie sagen etwa: ›Er gibt sich ja große Mühe, aber dann macht er schlapp. Ich bin ganz verzweifelt, und ich weiß nicht, ob es an mir liegt oder an ihm.‹

Frage Dich nur selbst, warum Männer nicht über Sex reden, warum es schwerfällt, sich das auch nur vorzustellen.«

Sie pausierte einen Moment, und ich stellte mir die Frage, wie sie es verlangt hatte. Ihre ganze Sichtweise hatte mich etwas entmutigt. Aber es war angenehm, mit Carla zu reden. Sie war gewiß nicht eine von jenen lächerlichen, aber heute so verbreiteten Wesen, die gegen die Männer sind. Andererseits war sie sich der Überlegenheit der Frauen in bezug auf die Freundschaft so sicher, daß es mich ein wenig irritierte.

Aber sie hatte recht. Ich konnte mir tatsächlich nicht vorstellen, jedenfalls nicht auf Anhieb, daß Männer sich ihre wirklichen intimen Sexerlebnisse mitteilen – die Enttäuschungen oder auch nur die Freuden. Ich zermarterte mir das Hirn, um einen einleuchtenden Grund dafür zu finden. Ich überlegte, daß es vielleicht Schüchternheit sein könnte oder die gut gelernten Lektionen, nach denen der Mann in sexueller Beziehung, wie auch in der Arbeit, Leistung erbringen muß und daß daher – aus Angst vor einer möglichen Beurteilung – nichts Intimes, das einen Hinweis auf die Qualität der Leistung geben könnte, nichts Wirkliches, nicht einmal etwas Erfreuliches, nach außen dringen darf. Was immer die Gründe sein mochten, es stimmte. Wir Männer haben uns von diesem ganzen Aspekt des Lebens isoliert.

»Laß mich auf die Gefühle zurückkommen«, fuhr Carla fort. Sie zündete sich eine Zigarette an, wobei ihre scharlachroten Fingernägel über dem silbernen Feuerzeug aufblitzten. »Ich erinnere mich an viele Männer, die zu mir kamen – sie saßen genau, wo Du jetzt sitzt – und mir von ihrer Kindheit erzählten. Dabei hat es mich immer erstaunt, wie viele von ihnen gute Erinnerungen an das Zusammensein mit ihren Großvätern hatten. Vielleicht liegt es daran, daß Männer ihre Gefühle besser ausdrücken können, wenn sie alt sind. Und sie sind dann auch anders, was Berührungen angeht. Ältere Männer spielen nicht mehr diese gewalttätigen männlichen Spiele, die Väter mit ihren Söhnen treiben. Junge Männer *kämpfen* mit ihren Söhnen. Aber viele Männer haben mir erzählt: ›Ich habe wunderbare Erinnerungen an meinen Großvater. Er nahm mich bei der Hand, wenn wir spazierengingen. Und er nahm mich auf den Schoß und erzählte mir Geschichten.‹

Der letzte Unterschied, der mir auffiel, ist der, daß Frauen mehr lachen. Männer lachen auch, natürlich, aber sie tun es gewöhnlich in Gruppen. Man findet sehr selten zwei erwachsene Männer allein, die herzlich miteinander lachen. Ich selbst verbinde einige meiner besten Erinnerungen in bezug auf Freundschaften mit solchen Momenten innigen Gelächters – des Teilens derselben Vision, derselben Objekte des Humors. Kennst Du zufällig Ann

Arensbergs Beschreibung einer solchen Szene in ihrem wundervollen Roman *Sister Wolf*?« Sie stand auf, nahm ein Buch aus einem Regal, und dann – noch im Stehen – erklärte sie:

»Die beiden Frauen in dieser Szene sind Anfang Dreißig und kommen gerade von einem Tagesausflug zurück. Beide sind gescheite Amerikanerinnen, Mittelschicht, College-Ausbildung. Das Ganze spielt etwa 1958.«

Sie saßen ganz hinten im Bus, als sie von der regionalen Katzenausstellung in Pittsfield nachhause zurückfuhren und führten sich auf wie richtige Teenager. Sie lachten so heftig, daß der Fahrer sie über den Lautsprecher tadelte: »... wenn diese beiden jungen Damen sich wie junge Damen *benehmen* würden.« Beste Freunde lachen so, als ob ihnen die Welt gehörte, eine Art Lachen, das besser ist als Sex oder Rückenkraulen und das Liebeskummer und herbe Enttäuschungen in einem anderen Licht erscheinen läßt.

Sie machte das Buch zu, sah mich an und meinte dann, »*Das* ist Freundschaft, nicht wahr?«
Ich mußte zustimmend nicken.
»Und hier« – Carla zog ein Blatt Papier aus einem Ordner – »habe ich die Aussage einer ebenfalls schreibenden Frau, einer vierundvierzigjährigen, glücklich verheirateten Person, die mich vor einiger Zeit für ein paar Beratungssitzungen aufsuchte: ›Sie haben mich nach meinen Freundinnen gefragt. Sie sind mehr als Freundinnen, eher wie Schwestern, aber Schwestern ohne Geschichte (wie mein Mann es ausdrückte). Wir sind ein Herz und eine Seele, und ich glaube, wir sprechen mehr über unsere innersten Gefühle als über irgendetwas anderes, außer Bücher oder Leute. Und was ich am meisten an ihnen schätze, ist, daß sie mich zum Lachen bringen. Manchmal frage ich mich, was Rick wohl über diese Ersatzschwestern denkt und ob er sich nicht zuweilen wie der Vater einer Teenager-Tochter fühlt, die den ganzen Tag das Telefon blockiert.‹ Das ist doch eine herrliche Vertrautheit, oder nicht?«
Ich nickte wiederum.
»Ich glaube, das wird sich alles ändern. Männer lernen heute, mit den alltäglichen Aspekten des Lebens zu leben, von der Hausar-

beit bis zur Kindererziehung, und das wird ihnen mehr Gelegenheit geben, sich mitzuteilen. Väter nehmen heute eine aktivere Rolle in der Kindererziehung ein. Sie haben mehr Körperkontakt mit ihren Söhnen und sind wahrscheinlich auch zärtlicher. Die jüngeren Männer sind sich des Gefühlsmangels in ihrem Leben bewußter, und es sieht so aus, als wollten sie sich mehr öffnen. Aber diese eingefahrenen Muster des Rückzugs und der Vermeidung lassen sich nicht einfach dadurch verändern, daß man es sich wünscht. Es wird mindestens zwei Generationen dauern – diese und die nächste –, um das völlig zu verinnnerlichen. Sagen wir, dreißig oder vierzig Jahre. Dann könnte es anders aussehen.«

Eine traurige Vorstellung, aber vermutlich richtig. Im Laufe meiner weiteren Interviews mit Frauen entdeckte ich, daß sich in mir eine gewisse Ambivalenz entwickelte. Manche ihrer Kritikpunkte und Vorschläge in bezug auf Männerfreundschaften schienen durchaus angebracht, aber mir gefiel das Ganze nicht. Ich merkte schlicht und einfach, daß ich mich in die Defensive gedrängt fühlte. Es gefiel mir irgendwie nicht, daß diese Frauen uns und unsere schwachen Seiten so gut kannten. Gleichzeitig war ich auch froh darüber, begrüßte ihre Einsichten sogar. Und obwohl ich danach gesucht hatte, fand ich, daß ihre Ratschläge nur wenig, wenn überhaupt, mit Selbstgefälligkeit zu tun hatten. Meist schienen die Frauen sehr viel Mitgefühl für unsere beschränkte Lage aufzubringen, ebenso irritiert über unsere selbstauferlegten Barrieren wie ich selbst, oft sogar erstaunt und verwirrt.

Eine andere Frau, eine Ingenieurin, drückte ihre Verwunderung so aus: »Männer sagen, ›Oh, -----. Er ist ein Freund von mir.‹ Aber dann stellt sich heraus, daß er ihn seit fünfzehn Jahren nicht gesehen hat und daß sie davor auch nur ein Büro geteilt hatten und gemeinsam zum Saufen gingen. Nach meiner Erfahrung sind Frauen eher bereit, sich präzise über den Umfang und die Bedeutung ihrer Beziehungen auszudrücken. Sie sagen, ›Oh, wir waren Kolleginnen bei Esso‹ oder ›Wir gingen zusammen in die Schule‹ und ›Sie ist meine beste Freundin‹.

Und das ist auch nicht nur bei den Ingenieuren so: Ich kenne eine Menge Leute in der New Yorker Literatenszene, in der

Kunstszene, in der Finanzszene – überall reden Männer viel von ihren Freunden. Begabte und erfolgreiche Männer größtenteils und ziemlich intelligent und großspurig, wie Männer es gerne sind. Aber soweit ich feststellen kann, gibt es da überhaupt keine Männerfreundschaften – ich meine in dem Sinne, daß die Männer sich wirklich kennen. Wie oft ist es mir passiert, daß ein Mann zu mir sagte, ›Jetzt wirst Du meinen besten Freund kennenlernen‹. Aber dann stellst du fest, daß sie sich überhaupt nicht gut kennen: sie sind nicht wirklich miteinander vertraut. Hinterher frage ich, ›Glaubt dieser So-und-so ---- oder gefällt ihm -----?‹, und die Antwort war meistens, ›Nun, das weiß ich doch nicht‹. Nicht nur, daß Männer miteinander nicht über ihre Ängste sprechen – bei Frauen glaube ich manchmal, das ist das einzige, worüber sie reden –, nein, sie scheinen nicht einmal die allereinfachsten Dinge voneinander zu wissen. Eigentlich finde ich es unmöglich, daß Männer oft nur so tun, als wären sie Freunde. Nun, da ich darüber nachdenke, tun sie mir leid.«

Da taucht ein Bild von Frauen auf, die Männer sehen, welche weit weg von der Realität sind und es nicht einmal wissen. Eine Frau erzählte von ihrem Ehemann, einem sechzigjährigen Psychologen: »Bis vor etwa zehn Jahren, als er noch an der Universität in San Francisco lehrte, hatte John ein paar wirklich aktive Freunde. Sie waren auch Partner in einer Beraterpraxis. Sie kannten sich wirklich gut. Sie waren acht Jahre gemeinsam in einer Encountergruppe, als dieses ganze Zeug noch neu war und sie es als Pioniere an der Westküste einführten. Als wir dann hierher nach Los Angeles zogen, hat sich das alles völlig verändert. John glaubt immer noch, daß er Freunde hat, und vielleicht stimmt es ja auch, aber ich bin diejenige, die den Kontakt aufrechterhält. Ich denke an die Jahrestage, ich denke an die Geburtstage, ich verschicke die Weihnachtskarten, und ich sorge dafür, daß wir uns in den Ferien treffen. Ich weiß nicht, woran das liegt. Vielleicht erwartet man von Männern, daß sie zu unabhängig sind oder über allen diesen Dingen stehen, oder vielleicht sind sie zu beschäftigt.

Sie fügte hinzu: »Als sie alle mit ihren Frauen hierher kamen zu einer Überraschungsparty anläßlich des sechzigsten Geburtstages, die ich arrangiert hatte, war John höchst erstaunt. Er konnte nicht glauben, daß man ihn liebte. Ich würde sagen, das ist der Rat, den ich den Männern deshalb geben möchte: ›Glaubt ruhig, daß man Euch liebt!‹«

Nun gibt es viele Arten von Frauen in unserer Gesellschaft: Emanzen und altmodische Damen, harte Profis und Mammas, junge und alte und unterschiedliche Kombinationen dieser und anderer möglicher Qualitäten. Sie alle sind verschieden. Aber im Laufe der Jahre gewann ich zwei Haupteindrücke: obwohl viele Frauen durchaus ihre Zweifel hatten, ob ihre Frauenfreundschaften das waren, was sie erwarteten, hatten sie doch den Männern einiges über Freundschaft zu sagen – insbesondere, was Vertrautheit und Nähe angeht. Wärme, Berührung und Gefühle, das Anteilnehmen am Sexualleben, an den täglichen, irdischen Dingen, das Lachen zu zweit – solche Vorzüge von Frauenfreundschaften in unserer Zeit bekomme ich immer und immer wieder zu hören. So groß die Beschränkung ihrer eigenen Beziehungen untereinander auch sein mögen, Frauen sahen Männer in ihren Freundschaften als dünne und körperlose Wesen, praktisch ohne Bodenkontakt in ihren Versuchen, miteinander in Beziehung zu treten. Das war eine Sicht der Dinge, die auf einen bislang noch relativ unerforschten Aspekt der Männerfreundschaft weist. Ich bin noch immer nicht sicher, was es erfordert, auf diese Kritik – oder besser, diese Wahrnehmungen eines Mangels – zu antworten. Aber die Möglichkeiten liegen auf der Hand.

Was meine persönliche Suche betraf, so hatte mich die Trennung von meiner gewohnten amerikanischen Umgebung zu einem Briefeschreiber gemacht. Immerhin lernte ich auf diese Weise, von einer Möglichkeit des Kontakthaltens Gebrauch zu machen. Aber wie der Rest dessen zu erreichen sei, was die Frauen uns so ans Herz zu legen schienen, war nicht so einfach und klar. Ich wollte weiterhin darüber nachdenken, denn es schien mir wichtig – einiges davon, paradoxerweise, ein Teil unseres eigenen »maskulinen« Erbes der Freundschaft, den wir verloren haben: der »feminine« Teil.

12 Larry Alexanders Rückkehr

Fast drei Jahre sind vergangen, seit ich beschloß, den Versuch zu unternehmen, Freundschaft mit Männern in mein Leben zu bringen. Während Frauen gute Ratschläge erteilen und andere Männer im allgemeinen lamentieren oder sich verweigern, habe ich meinen kleinen Glauben behalten. Per Brief von Europa aus versuche ich, meine bereits existierenden privaten Beziehungen auszubauen, Beziehungen, die die meisten Amerikaner schon als Freundschaften bezeichnen würden. Es ist zugleich ein Kampf gegen massive gesellschaftliche Trends und eine Disziplin des Herzens. Wohin ich auch schaue, ich finde kaum Vorbilder. Meine Hoffnungen sind nicht allzu groß, doch ich bewahre sie, weil ich es will und weil es mir ein Bedürfnis ist.

Genau zu diesem Zeitpunkt taucht ein Mann aus der Vergangenheit auf, den ich seit sehr langer Zeit kenne, ein Bekannter im eigentlichen Sinne, der die Möglichkeit zu einer echten Freundschaft in sich trägt. Er ist ein Mann, der Kontakt hielt.

Ich war ziemlich anders vor achtzehn Jahren, wissenschaftlicher Assistent für Englische Literatur in Berkeley. Erst vor Kurzem promoviert, versuchte ich damals gerade, mich den fragwürdigen Annehmlichkeiten einer akademischen Laufbahn anzupassen. Es gehörte zu meinen Aufgaben, fünfzig wahllos mir zugeteilten Erstsemestern als Berater für die Studienkurse des folgenden Semesters beizustehen. Einer der jungen Männer jedoch hob sich von den üblichen Strahlegesichtern der Anfänger ab.

Aus den Unterlagen konnte ich ersehen, daß Larry Alexander zweiundzwanzig war, nur drei Jahre jünger als ich. Larrys Benehmen bestand aus einer seltsamen Mischung von Selbstsicherheit und nervöser Energie. Sein glänzendes schwarzes Haar war in einer altmodischen Tolle nach hinten gekämmt. Mit seinen plötzlichen fahrigen Bewegungen erweckte er den Eindruck, als hätte er in sich eine Art unterdrückter Erregung, wie ein aus den Fünfziger Jahren übriggebliebener ausgeflippter Typ. Ich war neugierig.

»Für einen Studienanfänger bist Du ziemlich alt«, bemerkte ich, während ich in seinen Unterlagen blätterte.

»Ich war drei Jahre in der Armee, in Deutschland«, antwortete Larry. Ich konnte fühlen, wie er mich mit seinen strahlend braunen Augen musterte. Dann ließ er seinen Blick abschweifen und begann, eine Jazz-Melodie zu summen: »Da-di-da, da-di-di-da . . .«

Obwohl ich über diese Nachlässigkeit gegenüber dem akademischen Anstand ein wenig erstaunt war, fragte ich weiter: »Wie war es in der Armee?«

»Es war in Ordnung.« Er entspannte sich, lehnte sich in seinem Stuhl zurück, streckte die langen Beine aus und verschränkte die Hände hinter seinem Kopf. »Zuviel Herumhuren und Saufen – aber ich kam nie in den Bunker!« Plötzlich verzog sich sein Gesicht vor Lachen über die gute Zeit und das Glück, das er gehabt hatte, und ich blickte ihn entgeistert an, wie er sich auf die Schenkel klopfte und vor Heiterkeit bog. Als er, wiederum ziemlich abrupt, aufhörte, starrte er ins Leere hinter mir und begann wieder, seine Jazz-Melodie zu summen: »Da-di-da, da-di-di-da . . .«

Ich zog mich auf meine akademische Würde zurück und beschloß, das Heft wieder in die Hand zu nehmen und meiner Pflicht als Studienberater nachzukommen. Ich riet Larry davon ab, die vier Schriftstellerkurse, die er für sein erstes Semester belegen wollte, zu nehmen. Sie waren alle sehr schwierig, was seine Noten notwendigerweise niedrig halten und alle künftigen Studienpläne gefährden würde.

»Ich werde es riskieren«, sagte er trocken, »und weitere Pläne habe ich nicht. Ich kam hierher, um schreiben zu lernen, und das werde ich auch tun!« Wieder klopfte er sich auf die Schenkel und lachte.

Vielleicht war es die Kombination von ernsthafter Zielbewußtheit und dem völligen Mangel an konventionellem Benhmen – in jenen Jahren waren Studenten scheue und schüchterne Wesen –, die mich trotz meines Professsorenstatus gefangennahm. Ich fing an, mich für Larry zu erwärmen. Außerdem hatte er eine gewisse fröhliche Theatralik, eine stürmische Heiterkeit, die anziehend und sogar beeindruckend war. Aber in seiner allgemeinen Heftigkeit, seiner ungeschliffenen Wildheit war er gleichzeitig ein wenig furchteinflößend.

Als Larry Alexanders Studien voranschritten, bekamen wir uns öfter zu Gesicht. Er begann, meine Kurse zu belegen. Das irritierte mich, denn wir waren so verschieden. Obwohl er so großen Nachdruck auf das Wort legte, Englisch sogar als Hauptfach wählte, war er zutiefst nonverbal. Er kommunizierte nicht mit Worten, sondern durch seine physische Präsenz: durch die Bewegung seines zappeligen Körpers, durch sein Lachen, das so laut und subjektiv war, und durch seinen intuitiven Redestil, der eher von der Straße stammte, als aus Büchern und Klassenzimmern. »Weißt Du, was ich meine?« und »Verstehst Du?« waren Fragen, die fast jeden seiner Sätze unterstrichen. Und sehr oft hatte ich nicht die geringste Ahnung, was Larry meinte. Tatsächlich schien er eine Art abenteuerlicher, anmaßender, antibürgerlicher Narrheit zu meinen, die ganz gewiß nicht in mein eigenes akademisches Leben paßte.

»In Deutschland in der Armee war ich einmal so besoffen, daß ich sogar einen Panzer klaute!« Er bog sich vor Lachen. »Allerdings zu schnell für die MP. Sie haben nicht gesehen, wer der Übeltäter war, und ich ließ ihn auf einem Acker stehen, bevor sie mich schnappen konnten. Hernach tat es mir ein paar Tage lang leid. Schließlich hätte ich jemand umfahren können. Aber ein Mann muß leben. Verstehst Du, was ich meine?«

Zu der Zeit verstand ich es nicht.

Zum Glück schien Larry sich im Laufe der vier Jahre einigermaßen zu beruhigen. Er las eine Menge, erhielt gute Noten. Natürlich brachte ihm sein Alter einen eindeutigen Vorteil gegenüber seinen jüngeren und weniger erfahrenen Mitstudenten in den Literaturklassen. Für die Abschlußsemester in Englisch schickte ich ihn auf eine andere gute, aber weniger straff geführte Universität, und ich war froh bei dem Gedanken, daß er sich im Laufe der Zeit schon noch anpassen würde. Für Jahre verloren wir uns dann aus den Augen. Ich selbst wurde weniger angepaßt: aufgerüttelt von den Ereignissen des Free Speech Movement (der Bewegung für Redefreiheit), ging ich von Berkeley fort, um ein aktiveres Leben zu führen. Und mitgerissen vom Elan der Sechziger Jahre, warf ich mich zuerst in »Encounter-Gruppen« und Psycho-Trends, wie »Persönliches Wachstum« und »Humanistische Gesellschaftsreform«.

Aus heiterem Himmel rief Larry Alexander mich 1972 an. Zu der Zeit war ich hauptsächlich damit beschäftigt, Geld für das von mir gegründete Institut für die Erforschung der Humanistischen Medizin aufzutreiben, in der Hoffnung, etwas Wärme und Verständnis in die übertechnisierte und seelenlose Welt des heutigen Gesundheitswesens zu bringen. Als Larry fragte, »Was machst Du so?« erzählte ich es ihm.

Er hatte sich nicht verändert. Er berichtete, wie er eines Nachts während der Vietnamkrise, angeekelt von der Universitätspolitik, die Tür des Englischdepartments eingetreten und das Studium an den Nagel gehängt habe, um Töpfer zu werden. Diese erstaunliche Wende, zuerst weg von der Hochschule und dann von der Politik, verlief nicht ohne Probleme. »Ich bin nicht schlecht aber es reicht nicht zum Leben. Ich kann das Kapital nicht zusammenbringen, um mein Geschäft zu erweitern und in größeren Mengen an Läden zu verkaufen. Ich versuche jetzt, ein kleines Geschäftsdarlehen zu bekommen.«

Aus seinem Munde ergab das alles keinen Sinn. Ebensowenig wie sein ganzes Englischstudium je einen Sinn ergeben hatte. Für ihn war Töpfern eine zu kleine Kunst, um sich selbstzuverwirklichen; überhaupt schien mir Kunst ganz allgemein nicht das zu sein, was ihm entsprach. Unendlich lange und detaillierte Antragsformulare für das Amt für Kleinunternehmer auszufüllen, schien geradezu erniedrigend. Ich war ziemlich erleichtert, als Larry erwähnte, daß er wenigstens ein Motorrad besaß – groß und schwarz, natürlich.

Selbst in dem konventionellen Wischi-Waschi-Sinn des Begriffes waren wir zu jener Zeit keine Freunde, sondern einfach zwei Männer, die sich kannten. Trotz unseres geringen Altersunterschieds und seiner extremen Weltläufigkeit empfand ich eine Art väterliches Gefühl für ihn, das noch aus den Tagen herrührte, als wir Lehrer und Schüler waren. Wenn ich jetzt zurückblicke, wird mir klar, daß unter anderem diese Ungleichheit unserer Positionen uns damals davon abhielt, eine Freundschaft anzufangen.

Natürlich trennten uns auch unsere unterschiedlichen Erfahrungen, unser Temperament, unsere Hoffnungen und unser Lebensstil. Wir hatten uns einfach nie richtig kennengelernt. Und da war auch nichts von spontaner Komplizenschaft. Ich hatte nie das Gefühl, daß Larry mich verstand, und ich verstand ihn ganz gewiß nicht. Als er mich 1977 wieder anrief, nahm ich seine Einladung zum Essen an. Schließlich kannten wir uns mittlerweile so lange, daß Larry Alexander ein Teil meines Lebens geworden war.

Trotz meiner Zurückhaltung gegenüber seiner altbekannten überschäumenden Energie und seinem unerschütterlichen Selbstbewußtsein – mit noch mehr Schenkelklopfen, mehr Gelächter und mehr Augenflackern als je zuvor –, faszinierte mich Larry mit seiner unglaublichen Geschichte.

»Ich wurde ein Opfer des Geldspiels«, begann er, als die Getränke serviert waren, lehnte sich weit zu mir herüber und stieß mit seinem Glas an das meine, »und dann beschloß ich zurückzuschlagen!« Das übliche Gelächter. »Ein Jahr lang machten sie mir die Hölle heiß, bis ich dieses kleine Geschäftsdarlehen bekam: lausige fünfundzwanzig Riesen!

Ja, und als ich es endlich bekam, hatte ich die Schnauze voll. Aber ich kannte einen Kerl in Antwerpen, weißt Du, aus meiner Armeezeit. Und der gab mir den Tip, wo ich erstklassige Diamanten kriegen könnte, en gros und nur gegen Cash. Keine weiteren Fragen, verstehst Du? Ich flog hin, legte die ganzen fünfundzwanzig Riesen auf den Tisch und steckte die Diamanten ein. Zwei Monate später hatte ich mein Geld verdoppelt, Stuart!« Wieder Gelächter.

Der Rest der Geschichte war ein verblüffendes, aber faszinierendes weltumspannendes Abenteuer, voll von obskuren Begriffen, wie »Ölpachtverträge«, »Zuckerrohroptionen«, »Baulandentwicklung«, »Devisenspekulation«, »Goldminen-Aktien« und »Bio-Engineering«. Eine Geschichte von schnellem Kaufen und Verkaufen, kurzen Begegnungen und schnellen Flugzeugen, von kurzentschlossenen Operationen mit hohem Risiko, zuweilen am Rande der Legalität. Kurz, dank des der U. S.-Regierung unterstehenden Amtes für Kleinunternehmer war Larry ein bescheidener Tycoon geworden. Er hatte das Darlehen bis zum Ende des ersten Jahres zurückgezahlt und schätzte seinen Nettowert auf mittlerweile zwei Millionen Dollar.

Es war eine herzerfrischende Geschichte, genau jene Art von Erfolgsbericht, die die Seele des amerikanischen Traums anrührt. Aber mit den enormen Risiken und all dem Geld, das er gemacht hatte, schien Larry mir weiter entfernt als je zuvor.

»Und wie läuft's bei Dir, Stuart?«

Ich erklärte ihm, daß es bei mir nur leidlich ginge. Ich war eben erst geschieden worden. Ich hatte mein Forschungsinstitut an die Ärzte meines früheren Mitarbeiterstabes übergeben. Ich hatte ein bißchen Geld aus dem Verkauf meines alten Hauses, und ich hatte nicht einmal eine Ahnung, was ich als nächstes tun würde. Zum erstenmal in meinem Leben, sagte ich, sei ich auf der Suche nach Arbeit, statt daß die Arbeit mich fände. Sowohl das Ziel als auch die Finanzen standen auf dem Spiel. Natürlich fragte ich Larry um Rat, ob er nicht irgendwelche Investitionstips hätte.

»Hör' zu, Mann. Ich habe da eine große Sache an der Hand. Wieviel willst Du anlegen?« Dieser Einstieg war aggressiver als ich es erwartet hatte.

Zaghaft und, ich will es gestehen, argwöhnisch sagte ich ihm, daß ich zu jenen Leuten gehörte, die ihr Geld auf Sparkassen und Kreditbanken deponieren und zusehen, wie es von der Inflation aufgefressen wird. Unorthodoxe Investitionen und sogar orthodoxe Investitionen machten mir Angst, besonders unter den wirren Umständen meines gegenwärtigen Lebens.

»Nun, ich bin da anders, alter Kumpel! Ich habe zufällig gerade die Ölschürfrechte für ---- bekommen.« Er nannte eine winzige und relativ harmlose ausländische Diktatur. »Was wir brauchen, ist Kapital für Vermessungen und Probebohrungen. Es besteht kein Zweifel, daß wir auf Öl stoßen werden. Du könntest Dein Geld in, sagen wir, einem Jahr verzehnfachen.«

Larry erging sich dann in längeren Erläuterungen, während ich verwirrte Fragen über »Optionen«, »Pachtverträge«, »Küsten-bohrungen« und eine Reihe anderer unverständlicher Dinge stellte, die ich nie verstehen würde, egal wie oft er sie mir auch erklärte. Er jonglierte mit technischen und finanziellen Verflech-tungen mit der Geschicklichkeit eines Feldmarschalls, der seine Armee dirigiert.

Ganz konfus, lehnte ich ab.

»Na, komm', Stuart. Das ist ein *gutes* Geschäft, mindestens so gut, wie alles andere, das Du machen könntest. Warum steckst Du nicht die Hälfte von dem, was Du hast, in diese Sache und fängst *wirklich* an, Deine finanzielle Unabhängigkeit zu sichern, wie es in den Schaufenstern der Sparkassen und Kreditbanken immer so schön heißt?« Gelächter.

Er sah mich, der ich stumm immer mehr vor ihm zurückwich, an und veränderte seinen Ton. »Ich mache Dir einen Vorschlag. Ich garantiere Dir, daß Du Dein Geld, bis zu einer Summe von 10 000 Dollar, verdoppelst. Du kannst mich beim Wort nehmen. Ich versuche nicht, Dir irgendetwas zu verkaufen, verstehst Du. Zum Teufel: ich kann das Geschäft auch alleine machen. Aber Du wolltest meinen Rat, was Du mit Deinem Geld anfangen sollst, und *hier hast Du ihn*!« Gelächter. »Da-di-da...«

War er wirklich ehrlich, fragte ich mich. Konnte ich Larry mit meinen paar kostbaren Dollars vertrauen? Diesem verrückten Abenteurer aus einer anderen Welt; was würde sein, wenn sich seine Gewinnaussichten als völliger Irrtum herausstellten? Und gesetzt den Fall, es stieße ihm etwas zu und er würde sterben? Was wäre seine »Garantie« dann noch wert? Aber vor allem, was hätte ich ihm als Gegenleistung bieten können? Welche Ver-pflichtung wäre ich damit eingegangen? Und was sollte ich mit einer Diktatur anfangen, wie harmlos sie auch sein mochte?

Nach einer vollen Minute und in dem Gefühl, unter Druck gesetzt, erschreckt und feige zu sein, während Larry Entschlossenheit und Unternehmungslust ausstrahlte, sagte ich ziemlich schroff: »Das ist mir zu riskant, Larry, zu unsicher.«

Für einen kurzen Augenblick schaute er düster und beleidigt drein, aber er verlor keinen Ton mehr darüber. Wir beendeten das Essen und gingen auseinander. Er sagte, er sei besorgt um mich und schlug vor, wir sollten uns in einem Monat wieder treffen. Ich stimmte zu. An jenem Nachmittag wollte er sich noch ein Paar 300 Dollar-Schuhe kaufen – in beige und weiß, wenn schon: »Damit man mir den Tycoon abnimmt!« Er lachte und winkte zum Abschied.

Während der nächsten paar Monate rief Larry öfters an, und wir sahen uns ein paarmal. Er bestand stets darauf, für die teuren Essen aufzukommen und winkte ab, wenn ich die Rechnung zahlen wollte. Aus seinen Erzählungen gewann ich den Eindruck, daß er eine Nase für Geschäfte hatte und sich strikt an einen Ehrenkodex hielt, der mit dem, was ich persönlich kannte, nichts gemein hatte, eher mit Dingen, die man im Kino gesehen hat. Es lief alles per Handschlag und Augenkontakt.

»Siehst Du«, erklärte er, »wenn Du schnelle Geschäfte machen, Gelegenheiten beim Schopf packen und Dinge in Bewegung bringen willst, dann muß Du *Stil* haben, verstehst Du, was ich meine? Wenn Du den in dieser Art von unstetem Leben und lockeren Bekanntschaften nicht hast, spricht sich das rasch herum, und es kann passieren, daß Du Dich eines Tages mit gebrochenen Beinen wiederfindest.«

Eine solche Welt war für mich zugleich aufregend und abstoßend. Ich sah Larry dann nicht mehr so oft; seine Besuche wurden zu einer jährlichen Angelegenheit. Jedes Frühjahr rief er an, um »einzuchecken«, wie er es nannte.

Als ich wieder heiratete und mit Jacqueline nach Europa ging, hatte ich versucht, mit einer Reihe von Männern Freundschaft aufzubauen. Larry zog ich dabei nie ernsthaft in Betracht. Aber genau zu jener Zeit drängte er mir ein neues Geschäft auf – zu

meinem eigenen Besten, natürlich. Er empfahl mir, einen Börsenmakler zu Rate zu ziehen.

Der Börsenmakler hatte von diesem Feld noch nie gehört. Entweder war Larry seiner Zeit voraus, oder es war alles ein großer
Irrtum. Trotzdem, und nach langen inneren Kämpfen, beschloß
ich, es mit 2000 Dollar zu riskieren.

»Zweitausend lausige Dollar!« sprudelte Larry heraus. »Was ist
los mit Dir, Stuart? Das ist ein absolut reeller Geheimtip. Damit
kannst Du ein Vermögen machen. Ich biete Dir eine Beteiligung
an meinem Anteil, den ich mir verdammt mühsam gesichert
habe, eine Viertelmillion. Hör' zu. Ich garantiere Dir dreißig
Prozent im ersten Jahr auf zehntausend Dollar.«

Ich lehnte ab. Ich konnte nicht erklären warum – dieselbe Flut
von Bedenken wie beim ersten Mal. »Zweitausend,« sagte ich
standhaft. Larry gab nach, aber er war sichtlich enttäuscht von
meiner Ängstlichkeit. Es kam mir so vor, als wünschte er, ich
wäre mehr wie er, risikofreudiger, abenteuerlustiger, wagemuti-
ger, gieriger darauf, reich zu werden – oder arm. »Ich bin nicht
wie Du«, protestierte ich.

»Ist in Ordnung, Stuart. Du steigst mit zweitausend ein.« In
seiner Stimme lag ein Ton von resignierter Nachsicht. Für mich
war es ein Vermögen, das ich da aufs Spiel setzte. Der Makler
hatte verächtlich gesagt: »Machen Sie sich klar, daß Sie die
Zweitausend in den Sand setzen – ohne große Aussichten, daß sie
wie ein Samenkorn aufgehen! Wenn es schiefgeht, ist es Ihr
Beitrag zum Weltgeschehen.« Ich war jedoch von Larrys unbe-
kümmerter Spielleidenschaft ein wenig angesteckt und schob
jegliches solides Geschäftsempfinden beiseite. Ich hob das Geld
von meinem Sparkonto ab und schickte Larry einen Scheck. Und
ich bemühte mich, es rasch zu erledigen, bevor mich der Mut
verließ.

Während der ersten einsamen Monate in Europa war Larry der
einzige Mensch, der mich von Amerika aus anrief. Natürlich
konnte er es sich leisten. Trotz der begrenzten Möglichkeiten des
Telefons als intimes Medium war ich in meiner Isolierung von

zuhause froh und sogar dankbar, eine vertraute Stimme zu hören.

Alle sechs Wochen oder so läutete das Telefon, etwa gegen Mittag europäischer Zeit, drei Uhr früh in Kalifornien. Ich wußte, daß Larry ein Nachtmensch war, und stellte ihn mir vor, wie er sich auf seinem Sofa räkelte, einen Drink in der Hand, angetan mit einem frischen weißen Seidenhemd und gebügelten Designer-Jeans, bereit zu einem langen ausgiebigen Gespräch.

Meistens fragte er, »Wie geht's, Stuart?« Und nachdem er es gehört hatte, machte er sich daran, die neuesten Machenschaften und Wechselfälle in bezug auf meine 2000 Dollar Anlage zu erläutern. Ohne richtig zuzuhören, heuchelte ich gespanntes Interesse. Aus purer Höflichkeit. In Wirklichkeit hatte ich das Geld schon längst abgeschrieben, wie der Makler es mir geraten hatte.

Ich vermutete, daß Larry hauptsächlich wegen seiner eigenen Einsamkeit und Langeweile zum Telefon griff. Und tatsächlich sagte er einmal, daß er es »großartig« finde, morgens um drei Uhr noch Leute anrufen zu können, ohne sie aufzuwecken, da er sowieso immer so lange aufbleibe.

Die Monate vergingen, und ich arbeitete an meinem Buch, formulierte einige der frühen Ansichten und ordnete sie schematisch. Irgendwann beschloß ich dann, sie einigen »Freunden« zu schicken, um deren Kritik und Kommentare einzuholen. Obwohl ich mich Larry nicht besonders nahe fühlte, dachte ich, ich würde ihm sozusagen seine Telefonanrufe zurückzahlen – mich für sein Kontakthalten erkenntlich zeigen, auch wenn mir eigentlich nicht danach war.

Als er zufällig ein paar Tage später anrief, schien er höchst erfreut, als er hörte, daß meine Aufzeichnungen unterwegs seien. Tatsächlich erklärte er mit großer Bestimmtheit – in jenem Ton, den er anschlug, wenn er über Geschäfte sprach –, daß er sich sehr dafür interessiere. »Ich werde sie lesen, Stuart, und dann werde ich Dir darüber schreiben und Dich auch noch anrufen.« Es war sehr viel mehr, als ich erwartet hatte, und die Aussicht auf eine so umfassende Reaktion bedeutete mir einiges. Jeder Schriftsteller, der ein neues Projekt beginnt, wünscht sich, daß seine Arbeiten sorgfältig gelesen werden. Ich spürte in Larrys Stimme die feierliche Energie eines Versprechens von einem Mann, der zu seinem Wort steht.

Ich war sehr überrascht, als dann Wochen vergingen und ich nichts von ihm hörte. Wochen wurden zu einem Monat, dann zwei. Bei seinem gefährlichen Lebensstil fragte ich mich, ob ihm wohl etwas zugestoßen sein mochte. Schließlich rief ich selbst an.

Zwei Jahre und acht Monate nach dem Essen mit Harry Solano

»Ja, ich habe es gelesen. Ich habe viel darüber nachgedacht. Tatsächlich denke ich jeden Tag darüber nach«, sagte Larry ein bißchen irritiert. »Ich weiß selbst nicht, warum ich mich nicht gemeldet habe. Wahrscheinlich, weil ich meine Gedanken nicht zusammenkriegen kann. Hör' zu, laß uns diesen Anruf kurzhalten: ich werde Dir bald schreiben.«

Ich muß unwillkürlich lächeln, denn ich glaube zu wissen, was los ist, auch wenn er selbst es nicht weiß. Schon aus seinem Ton konnte ich erkennen, daß er verlegen war. Und aus eigener Erfahrung wußte ich genau, wie schwierig es ist, mit schriftstellerischen Arbeiten von jemand umzugehen, den man kennt. Man ist sich klar darüber, daß der Autor Ermutigung und Hilfe braucht, sonst würde er einen nicht bitten, ein unveröffentlichtes Manuskript zu lesen.

Aber nicht immer gefällt Dir, was er schickt. Oder es ist einfach nicht nach Deinem Geschmack.

Oder vielleicht verstehst Du es nicht.

Oder vielleicht spürst Du, daß irgendetwas nicht ganz stimmt, aber Du weißt nicht, was es ist oder wie man es besser machen könnte.

Aus all diesen Gründen fühlst Du Dich vielleicht nicht in der Lage, freimütig zu antworten. Und doch hast Du das Gefühl, wenn jemand Dich um Deine Kritik bittet, ehrlich sein zu müssen; denn wie sonst könnte die Beziehung aufrichtig bleiben? Dies alles kann ziemlich quälend werden.

»Du mußt Dir kein Bein ausreißen, Larry«, sagte ich nachsichtig. Ich fühle mich ihm gegenüber nicht frei genug, um ihm sagen zu können, daß ich mir seine Gefühle durchaus vorstellen kann, und so sage ich einfach: »Wenn Du es tun kannst, gut; wenn nicht, ist es auch in Ordnung.«

Ich hoffe, Larry wird die ganze Angelegenheit einfach vergessen. Ich stelle mir vor, daß er einen Weg finden wird, dieses Problem zu umgehen, und um seinetwillen hoffe ich es sogar. Außerdem liegt mir an seiner Meinung wirklich nicht sehr viel – er ist überhaupt kein richtiger Freund. Unsere Lebensauffassungen sind zu unterschiedlich. Ich glaube nicht, daß er mir eine große Hilfe sein könnte.

Da er nicht, wie versprochen, geschrieben hatte, war ich darauf gefaßt, Ausflüchte zu hören, als Larry wieder anrief. Aber Larry gebrauchte keine Ausflüchte.

Einen Monat später

»Es ist nicht gut genug, Stuart. Natürlich weiß ich, daß es nur so etwas wie ein erster Entwurf ist, aber ich sehe da noch ein paar echte Probleme.
Du mußt ehrlicher mit Deinen Gefühlen sein. Du sagst, Du hättest ein Tagebuch geführt, seist aber nicht sicher, ob Du Dein persönliches Leben in dem Buch offenlegen willst. Du mußt Dich offenbaren. Nimm es mit hinein!«
Larry ist noch nicht fertig; er unterbricht nur für einen Moment, um sich an seinen nächsten Punkt zu erinnern.
»Soziologie und Geschichte und Literatur und Anthropologie – dieser Hintergrund ist in Ordnung. Aber das Thema erfordert mehr Biß. Es muß näher am Leben sein. Verstehst Du, was ich meine?«
Ich muß zugeben, diesmal verstehe ich. Der Rat ist gut, und einiges davon hatte ich mir selbst schon gedacht. Nur hören mag ich es nicht.
Es bedeutet sehr viel mehr Arbeit.
Vor allem bedeutet es, daß ich dieses Tagebuch öffentlich machen muß. Ich hatte daran gedacht, es zu tun, aber eigentlich wollte ich es nicht. Ich weiß nicht, wie ich es anstellen soll, dieses ganze Hin und Her und Auf und Ab meiner eigenen unbeholfenen Kämpfe darzustellen, die vielen kaum schmeichelhaften Gefühle kleinlicher Empörung, des Selbstmitleids, der Einsamkeit, der Verwirrung und Enttäuschung – alles Teil meiner Suche nach Freundschaft.
Und es bedeutet die schwierige Aufgabe, sowohl bei mir als auch bei anderen sehr genau nach dem Gefühl, den Nuancen subtiler innerer Realitäten zu forschen.
Gerade als das Schreckgespenst dieser Aufgabe mir in die Glieder fährt, spüre ich eine merkwürdige Euphorie in mir aufkommen.

Während er weiterspricht, er, der Monate gezögert hat, das zu sagen, was er wirklich denkt, wird mir klar, daß Larry hier etwas ganz Außergewöhnliches tut. Er bemüht sich um Ehrlichkeit in einer Frage, die unsere Beziehung gefährden könnte; eine Beziehung, die *ihm* wie ich plötzlich erkenne, sehr am Herzen liegt, denn – endlich sehe ich es ein – er hat sich wirklich Mühe gegeben, sie aufrechtzuerhalten.

Tatsächlich hatte ich bis zu diesem Augenblick, da er das Risiko einging, mir gegenüber ehrlich zu sein, nie begriffen, wie sehr sie ihm am Herzen lag. Ich bin von seinem Mut zum Risiko – um unseretwillen, um der Aufrechterhaltung der Ehrlichkeit zwischen uns willen – ergriffen und seltsam besänftigt.

Fast als könnte er meine Gedanken lesen, fährt Larry fort: »Ich habe eine Menge über das Thema nachgedacht. Du wirfst viele Fragen auf, mehr als Du beantwortest. Und Du hast recht damit. Schießlich ist es extrem schwierig, in unserer heutigen Welt eine echte Freundschaft aufzubauen und zu erhalten.

Was man tun kann, ist, bei sich selbst die gefühlsmäßigen Bedingungen zu schaffen, in denen eine Freundschaft bestehen kann. Das ist alles, was man tun kann. Und wenn ein anderer Mensch das begreift, wird er darauf eingehen.«

Eine Irritation, die mich oft überkam, wenn er in seiner intuitiven Art sprach, begann das herzliche Gefühl, das ich empfand, zu verbittern. Aber bald macht Larry auf bestürzende Weise klar, was er meint.

»Weißt Du, diese Geschäfte, die ich in den letzten Jahren angeboten habe. Für mich war der wichtigste Aspekt dabei, daß ich die *Garantie* übernahm. Weißt Du, was das heißt, Stuart?« fragte er. Ich kann fühlen, wie die Erinnerung an zornige Verbitterung seine Stimme erfüllt.

»Das war überhaupt kein Geschäft! Es war ein Geschenk! Es war eine Geste. Auf die *Du* hättest eingehen können.« Verdrossen hält er einen Moment lang inne. »Du hättest begreifen sollen, daß ich Dich nie hätte Geld verlieren lassen bei einer Sache, zu der ich Dich überredet habe. Niemals. Natürlich *sagt* man sowas nicht. Vielleicht hast Du es nicht verstanden.«

Larry beruhigte sich wieder und fand zu seiner guten Laune zurück. Ich kann das Klirren der Eisstückchen in seinem Glas hören. »Du bist nicht der einzige. Ähnliche Vorschläge habe ich auch anderen Leuten gemacht, die ich mag. Aber selbst Leute, mit denen ich Geschäfte gemacht habe«, sagt er nachdenklich, »und die besser wissen müßten als Du, wie absolut vertrauenswürdig ich in solchen Versprechen bin, scheuen davor zurück.«

Er klingt enttäuscht. Und auch verlegen. Aber auch erfreut und erleichtert, sich endlich aussprechen zu können. Als würde mein Schreiben über die Schwierigkeiten der Freundschaft in unserer heutigen Welt ihm den Raum schaffen, Gedanken auszusprechen, die ihn in seiner Verlassenheit seit langem gequält haben.

Ich bin erschüttert.

Ja, natürlich war es großzügig. Ja, es war ein Geschenk. Und ja, ich hatte es nicht angenommen. Und ich hatte ihm nicht vertraut. Und ich hatte mich ihm nicht verpflichtet fühlen wollen. Und ich hatte mich instinktiv in meine vorsichtige maskuline Trutzburg zurückgezogen, um mir *alleine* auszurechnen, wieviel ich bereit sein würde, *selbst* zu riskieren. Um nur ja nichts von irgend jemand anderem anzunehmen, um nicht hineingezogen zu werden, nicht verpflichtet zu sein, um Abstand zu wahren, um meine eigenen Vorstellungen durchzusetzen.

Vielleicht hätte Larry in einer umgekehrten Situation, wenn er der ärmere gewesen wäre, dasselbe getan. Auch er ist ein Mann und vermutlich ebenso versessen auf seine Unabhängigkeit. Doch das hebt keineswegs meine plötzliche Erkenntnis auf, wie er einfach versucht hatte, liebevoll zu mir zu sein. Ich hatte es nicht erkannt, und ich schäme mich.

In Larry steckt sehr viel mehr, als ich gedacht hatte. Er ist stärker in seinen Gefühlen, Wünschen und Bedürfnissen in bezug auf andere, in seiner Bereitschaft zum Risiko – trotz all des Millionärsgehabes und donnernden Gelächters, trotz des Schenkelklopfens und der teuren Schuhe –, als ich geahnt hatte.

Und er hat sich in einer Art um mich gesorgt, die ich nicht anerkannt habe.

Ich hatte es einfach nicht gemerkt.

Und wieder, als wäre er in der Lage gewesen, meine fernen Gedanken zu lesen, fährt Larry fort.

»Stuart«, sagt er, eindringlich und noch ein bißchen verärgert in Erinnerung an meine Vorsicht und die Vorsicht von anderen in der Vergangenheit, »Freundschaft ist wie Liebe. Sie steht gegen die Realität. Sie ist eine notgedrungen unhaltbare Position angesichts der heutigen Weltverhältnisse. Sie ist etwas, das außerhalb des gewöhnlichen Lebens steht. Und deshalb ist sie *besser* als das Leben. Beide Personen müssen sich darüber im klaren sein. Alles andere wird von der Gesellschaft und ihren üblichen Regeln und Zwängen beschmutzt und bestimmt. Alles andere ist unser alltägliches Leben. Nur dann, wenn Menschen völlig aus ihrer Rolle heraustreten können, jener Rolle, die ihre Stellung im Leben ihnen aufzwängt, ist Freundschaft möglich. Man muß ganz einfach ein Held sein.«

Ergriffen, aber trotz allem auch wiederum mißtrauisch, halte ich das für spätnächtliche Phantastereien von Larry, Glas in der Hand, unter dem sternfunkelnden Himmel von Kalifornien. Sicher, aber es ist auch die Wahrheit, eine Wahrheit, an die auch ich tief in mir glaube. Daß er sie verkündet und sie mit mir zu leben versucht – nun, das empfinde ich wie eine seltsame Befreiung. Ich schwebe auf den Flügeln seiner wagemutigen Liebe. Plötzlich und obwohl er so anders ist als ich, fühle ich mich nicht allein. Sein Bedürfnis ist meines. Sein Wagemut ist der meine. Sein Beharren, ja, dasselbe wie meines. Zumindest in jenen Momenten, da ich nicht in dem, was er »Realität« oder »Stellung im Leben« nennt, vor mich hindöse.

Ich zwinge mich, in das Schweigen hinein zu sprechen: »Ich bin tief betroffen, von dem, was Du gesagt hast.« Meine helle Mittagsstimme ist so jämmerlich unpassend angesichts seiner dunklen Nachtgedanken und der Gefühle, die er in mir aufgewühlt hat, daß ich den Telefonhörer packe und meinen Körper nach vorne beuge, als könnte ich mich durch diese Anstrengungen über Drähte und Luftwellen ihm näher bringen. Ich hoffe, daß Larry diese Geste irgendwie spürt. »Ich bin sehr gerührt.« Worte haben ihre Grenzen, will man Wunder nicht zu Banalitäten verkümmern lassen. Mir kommt der Gedanke, daß ich vielleicht schon alles gesagt habe, was gesagt werden kann, aber das Telefon verlangt mehr Worte – Gesten, Blicke und selbst Schweigen zählen nicht –, besonders in dieser Situation.

»Ich habe das damals nicht verstanden. Jetzt fühle ich mich nicht mehr so einsam. Ich bin zugleich verletzt und beeindruckt von Deinem Mut, mir ehrlich zu sagen, was Du von meinen Aufzeichnungen hältst. Was Du mir sagst, ist hart. Und es ist auch ein Geschenk. Und auch das Geld. Ich muß noch mehr darüber nachdenken – weshalb ich es damals ablehnte, warum es unmöglich war. Ich verstehe jetzt, was Du meintest, und das ist mir sehr viel wert.«

Es folgt ein Schweigen zwischen uns und mehr als nur ein Hauch von Verlegenheit über so viel in Worte gefaßtes Gefühl, so aus der Mode in unseren gefühlsarmen Zeiten. Dann fällt einer von uns in einen gewöhnlicheren Ton. Wir sprechen von anderen Dingen. Unser Kapitalgeschäft ist ein Thema, das sich anbietet. Wie es scheint, hat es da ein Problem gegeben, aber er wird es ausgleichen; meine Investition ist nicht in Gefahr. Ich kann in seinem Haus wohnen, wenn ich nach Kalifornien komme, solange ich will. Etcetera.

Schließlich kommt jene Phase gegen Ende eines langen Telefonats, da man weiß, nun ist der Moment gekommen, wo man aufhören, einen Abschluß finden muß. Für mich kommt das alles ziemlich plötzlich. Mehr als ich gehofft hatte. Besonders von ihm hatte ich es nicht erwartet. Da, mitten im Hin und Her meines Lebens, hatte ich – einfach indem ich offen dafür war – endlich einen echten Freund gefunden, der scheinbar die ganze Zeit nur darauf gewartet hatte.

Voll Begeisterung sage ich, »Ich habe einen Freund. Wir sind Freunde.«

Larry hat auch seine Maßstäbe, und so ergriffen er ist, will er sie deutlich machen. »Wir sind auf dem Weg dahin. Wir sind auf dem Weg dahin. Hör' zu«, fährt er fort, »ich werde Dir schreiben und meine Kommentare in allen Einzelheiten darlegen.«

Ich halte das für etwas übertrieben. Schließlich weiß ich, wie schwer es ihm gefallen ist, auch nur diesen ersten Schritt zu tun. »Nur ruhig. Nur ruhig!« sage ich energisch. »Mach' einfach Photokopien mit Deinen Randbemerkungen darauf und schick' sie mir. Du brauchst Dir nicht so viel Arbeit zu machen. Ich werde schon herausfinden, was gemeint ist, oder auch ein Auge zudrücken. Es muß nicht perfekt sein. Hab' Du auch ein bißchen Vertrauen zu mir!«

Er lacht. »Eine gute Idee, Stuart!« Ich wußte, er war dankbar für mein Verständnis. »Ich werde es nocheinmal lesen und Dir eine Kopie mit meinen Kommentaren zuschicken – sagen wir, in ein paar Wochen.«

Nach diesem großartigen Telefongespräch war ich aufgewühlt. Ich stelle mir das nächste Treffen mit Larry vor, bei dem es viel zu reden geben wird. Auch über Vergangenes. Ich stelle mir sehr aufrichtige Momente vor. Ich stelle mir vor, daß ich ihn auf ganz neue Weise kennenlernen werde, nachdem er sich so weit offenbart hat. Dann könnte – trotz der enormen Unterschiede in unseren Temperamenten und unseren Interessen – eine Freundschaft möglich sein. Sicher würde es Zeit und Geduld erfordern, sage ich mir, aber in meiner Phantasie stelle ich mir vor, daß wir durchaus gute Zeiten miteinander haben könnten. Wie auch das Telefonat eine gute Zeit war. Ich schreibe ihm das.

Sechs Wochen nach Larry Freundschaftserklärung

Noch immer kein Wort von Larry.

Ich weiß nicht, was ich davon halten soll. Seine Anteilnahme an mir, sein Engagement, ist durchaus real; es ist klar, daß ihm an mir liegt.

Aber ich komme mir ein bißchen idiotisch vor, weil ich das, was er sagt, für bare Münze genommen habe. Weil ich über seine »heroische« Freundschaft zu mir gejubelt habe. Nun bin ich enttäuscht, wütend, weil er nicht einmal die Disziplin aufbringt, eine so simple Bitte eines Freundes zu erfüllen. Weil er scheinbar nicht genau die richtigen Kommentare finden kann, die absolut vernünftige, absolut hilfreiche, absolut ehrliche und absolut liebevolle Reaktion auf die Bemühungen eines Freundes, schiebt er es auf die lange Bank. Sein eigener Anspruch auf absolute Perfektion, sein »Heldenkodex«, sein kompromißloser Idealismus läßt ihn stumm bleiben und hält ihn von mir fern. Das ist nicht *freundlich* von ihm. Und ich frage mich, ob ich nicht, wieder einmal, die Fähigkeit eines anderen zur Freundschaft idealisiert habe. Wie zuverlässig ist Larry? Wie weit kann ich ihm vertrauen?

Eine Woche später

Ich hatte beschlossen, sehr geduldig mit Larry zu sein und abzuwarten, aber heute ändere ich meine Meinung und schreibe ihm mit unverhohlenem Ärger, daß ich enttäuscht bin: »Wo ist Deine wahre Loyalität, Deine wahre Zuverlässigkeit?« Natürlich bedeutet das wieder ein Risiko. Aber ich spekuliere darauf, daß Larry sich genug aus mir macht, um mich nicht fallen zu lassen, obwohl ich ihn persönlich angreife. Ich sage ihm auch, daß sein Schweigen vielleicht bedeuten könnte, daß *er* ein Problem hat – Krankheit oder sonstige Schwierigkeiten, die nichts mit mir zu tun haben. Und daß ich ihn in ein paar Wochen anrufe, falls ich bis dahin nichts von ihm höre.

13 Der Kreis der Liebe

Während ich auf Larrys Antwort warte – vielleicht wegen der Spannung, dem Schwanken am Rande entschiedener Enttäuschung nach so langer Suche –, rücken andere Fragen in den Mittelpunkt.

Hemmungslosigkeit und dann persönliche Verpflichtung erreichen mich durch die Hintertür. Ich muß für ein paar Monate nach Amerika zurückkehren, um einige Recherchen anzustellen und mich um Geschäftliches zu kümmern. Ich schreibe an ein halbes Dutzend Freunde: Leute, die ich seit langem kannte, mit denen ich zusammengearbeitet hatte oder mit denen ich für dieselben, inzwischen überholten Ziele gekämpft hatte. Wir haben uns im Laufe der Jahre gelegentlich getroffen, haben des öfteren in Restaurants oder zuhause miteinander gegessen, aber niemals seit der Zeit, da unsere Berufe oder die gemeinsame idealistische Leidenschaft für ein höheres Ziel uns verbanden, sind wir wirklich enge Freunde gewesen. Das sind die Menschen, mit denen ich während all dieser Monate korrespondiert und in unserer jeweiligen Vorstellung eine neue Art von Präsenz aufgebaut hatte.

Ich versuche es auf gut Glück. Ich frage jeden von ihnen, ob ich für eine Woche oder so bei ihm wohnen könne. Für mich ist es auch eine finanzielle Frage, aber – wie Aristoteles sagt – Freunde sind Menschen, die »zusammenleben.« Bei uns Heutigen ist das nur noch selten der Fall, und ich will mit meinen Freunden leben. Ich lade sie auch ein, bei mir und Jacqueline zu wohnen, wann immer sie nach Europa kommen.

Die Antwortschreiben kommen mit erfreulicher Geschwindigkeit. Durch ein unglückliches Zusammentreffen fährt einer gerade zu dem Zeitpunkt in die Sommerferien nach Frankreich, wenn wir in den Vereinigten Staaten eintreffen, und die Wohnung ist bereits anderen Leuten versprochen. Ein anderer meint, sein Haus sei zu klein für ihn und mich und Jacqueline zusammen. Die meisten schreiben, sie würden sich freuen, uns für ein paar Tage aufzunehmen.

Meine Reaktionen sind, wie immer, gespalten: Dankbarkeit für ihre Bemühungen, Verärgerung darüber, daß einige es nicht einrichten können (ein Teil von mir denkt, daß sie es vielleicht könnten, wenn ihnen genug daran läge, aber das ist nicht der Fall, zumindest noch nicht). Insgesamt eine herzliche Freude.

Sechs Wochen bevor ich in die Staaten zurückkehre

Mein seelischer Zustand könnte auf den Frühling zurückzuführen sein. Oder auf die herzlichen Einladungen aus Amerika. Sogar Bob Jones, dessen Haus zu klein war, hat uns angeboten, sein Haus zu hüten, falls wir noch da sind, wenn er seinerseits auf Reisen geht. Wreston schreibt, »Ich will die Augen offen halten, um eine andere Möglichkeit zu finden.« Ich erkenne jetzt, daß ich in einem Kreis der Liebe lebe. In sechs Wochen wird ein halbes Dutzend Menschen mich auf der anderen Seite des Atlantiks erwarten. Ich bin ein Freund und habe Freunde. Oder vielleicht ist es auch eine allmähliche Entwicklung. Etwas, das über viele Monate hin im Verborgenen gewachsen ist, wie die Erneuerung des Frühlings selbst. Vielleicht ist es die aufgelaufene Summe all meiner eigenen Bemühungen, all der Kontaktversuche, der Briefe, des Sehnens und Wollens. All der Risiken. Vielleicht ist es das unerwartete Ergebnis meines bewußten Versuches, diejenigen im Herzen zu bewahren, die ich mir näherbringen wollte, und der Idee der Freundschaft an sich. All jenes verletzbaren Besorgtseins.

Was immer die Ursachen sein mögen, falls es überhaupt Ursachen dafür gibt, heute wache ich auf und beim Rasieren wird mir plötzlich bewußt, daß ich meine Zurückhaltung verloren habe. Die alte Hemmung, auf andere zuzugehen, das Schamgefühl, weil ich männliche Freunde in mein Leben bringen wollte, ist im wesentlichen verschwunden. Mit einem Mal scheint es mir das normalste von der Welt zu sein, das zu tun, was ich getan habe. Und ich habe es *immer* gewußt – habe mich auf meine klassische Erziehung, meine Erinnerung an Aristoteles und Montaigne, an Cicero und Shakespeare gestützt, um mir zu versichern, daß Freundschaft in der Tat normalerweise für den Menschen von immenser Bedeutung ist. Aber ich hatte gegen die moderne Seite in mir anzukämpfen, die mir einredete, daß es übertrieben, schwächlich, kindisch, unmännlich und vor allem unrealistisch sei, Freundschaft so wichtig zu nehmen.

All diese Hemmungen sind vorbei, und ich finde es absolut richtig, so zu handeln, wie ich es getan habe. Das ist eine kleine innere Veränderung, aber eine fundamentale. Ich habe nie wirklich erwartet, daß ich meine innere Dualität in Bezug auf die Freundschaft loswerden würde. Wie lange hat es gedauert, und wie dankbar bin ich!

Vier Tage später

Heute nachmittag, nachdem ich am späten Morgen noch in stillem Überschwang im Sonnenlicht durch den mittelalterlichen Kern von Brüssel gewandert bin, erlebe ich den ebenso stillen Zusammenbruch meiner guten Laune. Ja, es hat viele Fortschritte gegeben, aber ich habe nicht alles gefunden, was ich suche. Ja, ich habe jetzt Freunde. Sie schreiben mir, sie denken sogar von Zeit zu Zeit an mich, sie lassen mich bei sich wohnen, wir erweisen einander Gefälligkeiten, wir nehmen Anteil. Aber irgend etwas fehlt. Was wir erreicht haben, ist nicht genug. Ich stelle Analysen an, und ich frage mich, was, zum Teufel, ist genug? Bin ich unersättlich? Was ist es, das ich von einer Freundschaft erwarte? Verlange ich nach einer Befriedigung, die Gott allein geben kann?

Eine Woche später interviewte ich einen deutschen Filmemacher, einen ernsten und feinfühligen Mann, der viel jünger aussah als seine sechzig Jahre. Er kam gut vorbereitet in das Café, mit ausgesuchten Texten über Freundschaft von Goethe und Husserl und Heidegger. Er las mir daraus vor und erklärte dann: »Echte Freundschaft ist in unserer Zeit etwas absolut Außergewöhnliches. Ich habe soeben ein zweijähriges Filmprojekt abgeschlossen über Männer, die ihr ganzes Leben in geistlichen Gemeinschaften zusammenleben. Aber nicht einmal sie haben Freunde. Sie tauschen keine Vertraulichkeiten untereinander aus. Sicher, sie kümmern sich umeinander, aber das ist eher unpersönlich. Dieses Sichkümmern läuft über Gott. Wir interviewten für das Fernsehen ein halbes Dutzend Neueingetretene, die erst drei Jahre dort waren. Sie erzählten vor der Kamera, weshalb sie eingetreten sind, aber von den faszinierten Gesichtern, mit denen

sie den Geschichten ihrer Mitbrüder zuhörten, konnte man able-
sen, daß sie untereinander nie darüber gesprochen hatten.

In Männergemeinschaften – zumindest in den Klöstern – findet
man keine Freundschaften. Und auch anderswo sind sie nicht
leicht zu finden. Ihr Amerikaner, die Ihr so häufig führend seid
in den Dingen des heutigen Lebens, sucht nach grenzenloser
Brüderschaft! Ihr fordert Gäste beim ersten Besuch auf, sich
nach Herzenslust aus dem Kühlschrank zu bedienen, etwas, das
uns Europäer schaudern macht. Offenheit? Gewiß. Intimität? In
gewisser Weise. Aber keine echte Freundschaft.«

Ich spürte in seinem Ton eine Sicherheit, eine Autorität in bezug
auf Freundschaft, die mich veranlaßte, tiefer in ihn zu dringen.
»Sie sprechen mit großer Gewißheit über Freundschaft«, sagte
ich. »Haben Sie selbst einen Freund?«

Er betrachtete mich eindringlich über den Rand seiner Brille
hinweg. »Ja, den habe ich.« Er lächelte breit. »Es ist nicht
einfach gewesen. Wir kennen uns seit zweiunddreißig Jahren,
obwohl es einmal eine Zeit gegeben hat, in der wir uns voneinander trennten. Aber wir sind echte Freunde geworden.

Unsere Bekanntschaft begann am Theater, als wir beide noch
Schauspieler waren. Bisweilen arbeiten wir immer noch zusammen. Die Zeit reicht nicht, um diese Freundschaft zu beschreiben, und – offen gestanden – ich würde Ihnen auch nicht alles
erzählen, weil es zu privat ist.« Er hielt inne, um dem neugierigen Amerikaner einen weiteren strengen Blick zuzuwerfen.
»Um nicht zu sagen, heilig. Wir sind unheimlich verschieden –
er ist unbeständiger, jagt jeder neuen Idee, jeder neuen Attrak-
tion hinterher, man könnte sogar sagen, er ist flatterhaft, während ich, wie Sie sehen« – er deutete auf den Stapel Bücher –
»eher ernsthaft, nach innen gekehrt, kontemplativ bin. Trotzdem haben wir gelernt, uns gegenseitig voll und ganz zu akzeptieren, nie zu versuchen, den anderen zu ändern. Vor allem
haben wir gelernt, uns aus unserer eigenen inneren Stille heraus
zuzuhören.«

»Das klingt hübsch«, sagte ich aus dem niederträchtigen
Wunsch heraus, ihn zu reizen, »aber ein bißchen ätherisch. Tun

Sie außer Zuhören noch etwas anderes? Würden Sie, beispielsweise, Ihr Haus für ihn verpfänden?«

»Nein!« Er antwortete entschieden, fast, als hätte er sich solche Fragen selbst schon gestellt. »Es gehört zur Hälfte meiner Frau. Aber auch abgesehen davon würde ïcn es ńie tun. Ich liebe mein Haus. Falls Ihre Frage bedeuten soll, ob ich einen Weg finden würde, ihm in ernsten finanziellen Nöten beizustehen, ist die Antwort ›ja.‹ Wir haben schon mehr als das füreinander getan. Auch unsere Frauen sind in diese Freundschaft eingeschlossen, wissen Sie.« Hier war ein gewisser Stolz herauszuhören und sogar ein Anflug von unterdrückter Prahlerei. »Und wenn ein Mann sich in die Frau des anderen verliebt hat, nun, das ist ein echter Test. Das geschah vor fünfzehn Jahren. Aber wir sind Freunde geblieben.« Er hielt inne, weil er merkte, daß er etwas mehr offenbart hatte, als ihm lieb war.

»Wie häufig sehen Sie ihn?«

»Etwa drei- oder viermal die Woche.«

Hier ist eine Freundschaft. Eine Beziehung, die sich zu einer erstrangigen Präsenz – des einen im Leben des anderen – vertieft hat. Als wir uns verabschiedeten, sagte er mir noch, »Das ist in unserem heutigen Leben etwas absolut Ungewöhnliches, und es erfordert eine Menge Zeit. In meinem Leben wäre gar kein Platz für mehr als eine solche Freundschaft.« Ich glaubte ihm.

Während er redete, verglich ich meine Situation mit der seinen. Ich hatte erst kürzlich entdeckt, daß ich mich in einem Kreis von Liebe bewegte. Das war, seit meiner Jugend, neu. Und ich empfand es als sehr angenehm, meine amerikanischen Freunde auf diese neue Weise zu erleben.

Ich fragte mich jedoch, wieviel persönlicher Einsatz wirklich dahintersteckte. Würden meine Freunde mir schreiben, wenn ich nicht schreiben würde? Würden meine Freunde, irgendeiner von ihnen, sich für mich in Schwierigkeiten bringen? Und würde ich es umgekehrt tun? Würden wir es wenigstens auf uns nehmen, zum Begräbnis des anderen zu erscheinen? Sicher, wir würden uns gegenseitig den einen oder anderen Gefallen tun, wenn wir darum gebeten werden. Aber das ist kein Versprechen. So schwach ist Freundschaft heutzutage – oder sind wir es, die so schwach sind, so gebeugt von der Welt, in der wir leben –, daß Freunde es nicht im Traum wagen, sich irgendwie abstrakt zu binden, so wie man es heute noch in der Ehe tut. Freunde sind Nebenfiguren: wenn wir Zeit haben; wenn nichts anderes dazwischenkommt; wenn wir es uns leisten können, finanziell und vom Gefühl her; wenn unsere Frauen nichts dagegen haben.

Was also brauchen wir? Was will man? Ich wollte wissen, daß jemand anderer, außer meiner lieben Frau, wirklich für mich da ist. Und ich wollte, daß ein Mann weiß, daß ich da bin und daß er vollen Anspruch auf mich hat. Ich glaube, viele Männer, wenn sie in sich hineinhorchen und sich das Gefühl zugestehen würden, würden dasselbe Verständnis mit einem anderen Mann wollen. In meinem Fall wußte ich zu jenem Zeitpunkt, daß ein paar andere bis zu einem gewissen Grad für mich da waren. Aber wir konnten einander nicht sicher sein.

Diejenigen, die sagen, daß Freundschaft etwas absolut Mysteriöses, vollkommen Spontanes ist, werden sich gegen die Idee von Versprechungen, von abstrakten Verpflichtungen innerhalb der Freundschaft wenden. Sie werden argumentieren, daß eine solche Verpflichtung aus sich heraus erwachsen muß, wie es bei dem deutschen Filmregisseur und seinem Freund der Fall war, nach vielen Jahren und vielen Prüfungen und Freuden. Darüber hinaus, wenn sie erwächst, muß sie unausgesprochen sein. Wir wissen aus der Geschichte, daß ein solcher Standpunkt falsch ist. Es gab Zeiten, da Freundschaften zwischen Männern durch gesellschaftlich sanktionierte und buchstäblich mit Blut besiegelte Bruderschaftsschwüre entstanden und in denen die Sitten gegenseitige Hilfe, Beerdigung und Betrauerung eines Toten, Verantwortung für die Witwe und die Kinder eines verstorbenen Freundes *diktierten*. Einige werden dagegenhalten, daß eine derartige Verflechtung mit dem Leben eines anderen in gemächlichere Zeiten mit anderen sozialen Bedingungen gehört.

Während ich mich vor meiner Reise nach Amerika mit dieser

Frage herumschlug, erinnerte ich mich an ein Interview, das ich drei Jahre zuvor mit einer achtundzwanzigjährigen Amerikanerin geführt hatte. Sie lebte in Los Angeles und hatte ein Jahr zuvor mit einer gleichaltrigen Frau eine neue Freundschaft geschlossen. Sie beide waren talentierte und vielversprechende Journalistinnen und lebten von spärlichen Einkommen. Von Auftrag zu Auftrag füllten sie jeweils ihre Kühlschränke, und während der mageren Zeiten als Freischaffende aßen sie Ölsardinen und Knäckebrot und tranken Wasser. Beide waren empfindsame, literarische Naturen, die es hart ankam, wenn sie über Mord, Vergewaltigung und Plünderung schreiben mußten. Sie diskutierten stundenlang über ihre Triumphe und ihre Probleme – am Telefon, beim Joggen im Park, über einer Tasse Kaffee. Die Männer, mit denen sie zusammenlebten, bewunderten und schmähten ihre Freundschaft abwechselnd und tolerierten sie, weil ihnen nichts anderes übrigblieb.

Diese beiden empfindsamen jungen Frauen, so erzählte mir die Journalistin, bedeuteten einander zuviel, und ihre Freundschaft war ihnen zu wichtig, um sie ganz der Spontaneität zu überlassen. Obwohl sie »am Hungertuch nagten« und eine jede von ihnen auf ein Angebot für einen festen Job bei einem der großen Magazine der Ostküste hoffte, hatten sie sich versprochen, »nicht von Los Angeles wegzugehen, ohne der anderen wenigstens sechs Monate Zeit zu geben, sich auf die Abreise einzustellen. Das heißt zum Beispiel, falls ich ein Job-Angebot bekomme, müssen Julie sechs Monate Zeit bleiben, um sich entweder darauf einzurichten oder um mit mir zu einer Lösung zu kommen oder um sich in derselben Stadt Arbeit zu suchen, oder auch, daß ich es mir überlege. Sie sehen also«, schloß sie mit Nachdruck, »diese Freundschaft ist wirklich bedeutend.«

Ich mußte zugestehen, daß dies nicht *sehr* heroisch war: keine Frage von Leben und Tod, nicht einer für alle und alle für einen. Aber für zwei moderne, im harten Lebenskampf stehende junge Karrierefrauen war es ein Pakt, ein Versprechen von einiger Tragweite. Für ihre Freundschaft waren die Frauen bereit, den Preis der persönlichen Verpflichtung zu zahlen.

Larry Alexander und ich haben keinerlei Verpflichtung in bezug auf irgendwelche Aspekte unserer Freundschaft. Er hat noch nicht einmal auf meinen Brief geantwortet, in dem ich mich darüber beklage, daß er sein Versprechen, mir die Kopien meiner Aufzeichnungen mit seinen Anmerkungen zu schicken, noch nicht eingelöst hat.

Schließlich rufe ich ihn an, bereit, mich mit der Enttäuschung abzufinden und gegen den Ärger anzukämpfen.

»Hallo, Stuart«, sagt Larry gedehnt in weiter Ferne. Seine zögernde Stimme ist voller Düsternis.

»Bist Du sauer wegen meiner Briefe?« frage ich.

»Nein.« Er zögert; aber – geradeheraus wie immer – gibt er schnell zu, »Ich habe Deine Briefe nicht gelesen.« Schweigen.

Ich bin überrascht, verwirrt. Ich warte.

»Ich hatte mit Deinen Briefen irgendein verdammtes Problem. Die letzten zwei habe ich gar nicht geöffnet. Sie liegen hier herum wie verzaubert.«

»Aber sonst ist alles in Ordnung?« frage ich. »Geht es Dir gut? Ich habe mir Sorgen gemacht, weil Du nichts hast hören lassen.«

»Ja, mir geht es gut«, schnappt er.

»Deine Finanzgeschäfte sind o. k.?«

»Ja, meinen Finanzen geht es gut.«

»Deine Beziehung mit Sherri läuft gut?«

»Ja.«

»Aber meine Briefe machen Dich verrückt?«

»›Verrückt‹ ist das richtige Wort.«

So paradox es klingt, ich bin wieder gerührt. Ich glaube, ich verstehe. Aus ganz praktischen Erwägungen, weil die internationalen Telefoneinheiten für fünf Dollar die Minute vom europäischen Ende abticken, beschließe ich, sein Schweigen zu unterbrechen und ihn zu trösten:

»Das ist in Ordnung, weißt Du. Du nimmst Freundschaft einfach nur sehr ernst, das ist alles. Ich weiß nicht *genau,* wie Deine Gefühle aussehen, und aus Deinem Ton und dem, was Du sagst, zu schließen, weißt Du es auch nicht. Aber Du warst von dem Originalmaterial über Freundschaft sosehr aufgewühlt, hast Dich intensiver damit auseinandergesetzt als jeder andere, der diese Aufzeichnungen gesehen hat, daß ich einfach annehmen muß, Du bist in dieser Hinsicht ein besonders altmodischer Typ. Ich persönlich meine, daß es richtig ist, Freundschaft so ernstzunehmen. Schließlich berührt sie fast alle wichtigen Fragen des Lebens: Einsamkeit, Tod, Liebe, Beistand, Kameradschaft, Verständnis.«

Larry hört nur zu, läßt mich in sein verwirrtes, aber gespanntes Schweigen hinein reden. Obwohl sein Schweigen mich unangenehm berührt, beschließe ich, noch ein bißchen weiterzumachen, um ihn aus seiner Lähmung zu holen.

»Mache Dir deswegen keine Sorgen. In Rußland würden Deine Empfindungen über mein Buch, über das Thema Freundschaft, über unsere Freundschaft als ganz normal angesehen werden. Nicht verrückt. In Amerika ebenfalls, im neunzehnten Jahrhundert.«

Am Ende lacht Larry in seiner gewohnten Art über meine kleine Rede. Dann, mit vollerer Stimme und weniger gedämpft als am Anfang, spöttelt er über unser beider Ernsthaftigkeit: »Also ehrlich, Stuart, Du bringst es beinahe fertig, daß ich mir normal vorkomme.«

»Nun, *normal* ist wohl keiner von uns zweien, Larry.«

Wir lachen beide. »Leg' diese Briefe jetzt einfach beiseite und mach' Dir nichts draus. Du kannst sie aufmachen, wenn ich dabei bin, und dann können wir darüber reden. Ich komme in zwei Wochen.«

Als wir uns verabschiedeten und auflegten, dachte ich immer noch, daß zwischen Larry und mir keine persönliche Verpflichtung bestand. Aber in der Intensität, die er für unsere Beziehung aufbrachte, war ein gewisses Maß an Engagement erkennbar, das mir Mut machte. In den nächsten paar Wochen wollte ich mir mehr Klarheit über meine anderen amerikanischen Freunde und über ihn verschaffen. Nach diesem Gespräch wurde mir klar, daß ich kurz davor stand, das zu ernten, was drei Jahre Ringen um ernsthafte Freundschaft bis dahin an Früchten hervorgebracht hat.

14 Die Möglichkeit echter Freundschaft

Drei Wochen nach meinem Wiedersehen mit alten Freunden in den Vereinigten Staaten hörte ich auf, in mein Tagebuch über Freundschaft zu schreiben. Ich war zu sehr damit beschäftigt, mein Thema zu leben.

Diese ersten Wochen waren ausgefüllt mit Besuchen bei dem halben Dutzend Menschen, mit denen ich seit Jahren in engem Kontakt gestanden hatte – Wreston, Bob Jones und anderen. Erfüllt von Wiedersehensfreude, viel amerikanischer Herzlichkeit und Ungezwungenheit, Gastfreundschaft und alter Bekanntschaft. Da wurde ich allmählich von Wachhunden wiedererkannt, von denen ich vorübergehend vergessen worden war, Gelächter über Erinnerungen, neue oder größer gewordene Kinder werden glücklich zum Begutachten, Streicheln und Beurteilen vorgestellt. Nachdem ich ein ganzes langes Jahr fort gewesen war und viel von der Geselligkeit hatte vermissen müssen, die heutzutage oft mit Freundschaft verwechselt wird, fühlte ich mich von all der Herzlichkeit, der Anteilnahme und den aufregenden Unterhaltungen geradezu überflutet. Die vielen Einladungen zum Imbiß, zum Cocktail oder zum großen Abendessen; die fröhlichen und herzlichen Hallos, die neugierigen ins einzelne gehende Fragen über mein Jahr in Europa, das alles tat mir gut. Es war sehr viel mehr, als ich erwartet hatte, und auch sehr viel mehr, als ich gewohnt gewesen war, bevor ich für ein Jahr fortging, an Freunde schrieb und sie im Herzen bewahrte.

Larry Alexander sollte mich zum Essen abholen. Als er durch die Tür des Hauses kam, das ich mir in San Francisco geliehen hatte, erlebte ich jene Mischung aus Glück und Furcht, die einen überkommt, wenn ein großer gutaussehender, etwas aufgeblasen wirkender Mann seinen Auftritt hat. Ich saß am Schreibtisch im

Vorderzimmer und kramte in Papieren. Er hatte mich durch das Fenster sitzen sehen, klopfte und öffnete die unverschlossene Tür. Er kam mit langen Schritten herein, blieb erst kurz vor mir stehen, sah auf mich herab und streckte mir seinen Arm zu einem festen, aber distanzierten Händedruck entgegen. Larry war voll Vertrauen und strahlte, aber er wirkte oberflächlich. Ich mußte darandenken, daß er mir einmal gesagt hatte, er würde sich stets »ein bißchen vorsichtig« betragen.

Larrys Vitalität jedoch ist ansteckend. Ich greife mir mein Jackett und gebe Jacqueline einen raschen Abschiedskuß. Sie sieht uns etwas scheu, aber verständnisvoll an, mit dem wissenden Blick einer Frau, die sich an männlicher Energie erfreuen kann. Rasch und mit Riesenschritten eilen wir die Eingangstreppen hinunter. Während wir hinabsteigen und unsere Augen auf die Stufen gerichtet sind, drückt er mir einen Packen grüner Banknoten in die Hand und sagt, »Dreitausend Dollar, Stuart! Dein Anteil aus dem Aktiengeschäft.« Plötzlich, mit dreißig Hundertern in meiner heißen Hand und während ich noch immer die Stufen hinuntersause, verstehe ich blitzartig, daß dies sein ihm eigener natürlicher Stil ist. Gewiß auch ein bißchen gewollte Dramatik, doch mehr als nur das: keine Bankschecks, keine kalten offiziellen Papiere, einfach persönliches Bares, von Freund zu Freund. Die Luft im Freien riecht frisch, und bevor ich die Dutzenden von Fragen über das Geschäft stelle – den Ärger auf dem Markt, ob er mir damit nicht bloß einen Gefallen erweist und was ich *ihm* nun möglicherweise schuldig bin –, koste ich einfach den starken Moment aus. Vertrauen und Begeisterung und Kühnheit und Dankbarkeit. Es ist herrlich. Es ist herrlich. Eine schwer erkämpfte Unkompliziertheit.

Während der nächsten paar Tage muß ich mich immer wieder wundern, wie nahe wir uns plötzlich gekommen sind nach all den Telefongesprächen, den nicht geöffneten Briefen, der Ernsthaftigkeit, mit der er sich mit dem Thema Freundschaft beschäftigt hat. Meine frühere Angst vor Larry ist verschwunden und gleichzeitig jene gewisse Distanz, die er zu mir empfunden hat.

Und ich muß staunen. Denn während unserer wortreichen Wiedersehensessen bin ich weniger mit den zukünftigen Möglichkeiten unserer Beziehung beschäftigt, als mit dem Staunen darüber, was Larry für ein Mensch ist. Als erstes kam ein Tausenddollargewinn aus einer riskanten Investition. Wobei kein Zweifel besteht, daß ich ihn verdient habe. Aber er war – wie er sagte – bereit gewesen, dafür zu bürgen, im Falle des Verlustes – ein Geschenk. (Ich bin froh, daß wir nicht verloren haben; denn sonst hätte ich das Problem gehabt, mit seiner Geldgarantie für mich fertigzuwerden, und das wäre für mich, in unserem wachsenden Verständnis füreinander, zu früh gekommen.)

Ich erwähne, daß ich Jacqueline das Yosemite-Tal zeigen möchte.

»Nimm meinen Wagen.«

»Das kannst Du doch nicht ernst meinen«, sage ich, völlig überrascht. Der alte Mentor in mir mahnt und protestiert. »Den neuen Jaguar!« Er hatte die Angelegenheit offenbar nicht zu Ende gedacht. Ich führe ihm die möglichen Folgen vor Augen: »Du weißt, was mit einem Auto alles passieren kann – Vandalismus, Unfallflucht, Motorschaden –«

Larry lächelt nicht einmal über meine kleine Lektion und unterbricht. »Keine Sorge. Ich übernehme die volle Verantwortung. Außerdem weiß ich, daß du gute Autos zu schätzen weißt, und mit diesem wirst Du viel Freude haben.«

So einfach. Und großzügig.

So ist Larry eben. In seinem neuerbauten Haus bewundere ich eine zwei Meter hohe, aber bis ins kleinste kunstvoll gearbeitete Keramikskulptur – die abstrakte Gestalt einer Frau mit ganzen Armadas von Galeeren, hunderten von ganz kleinen Ruderern, komplett mit winzigen Riemen und Rundschilden, und Drachen und Jungfrauen, reichen Schätzen und wallenden Gräsern, die aus jeder Öffnung in der Fülle dieser göttlichen Mutter hervorbrechen. Ein wunderbarer, lebensfroher, dämonischer Turm voll überschwenglicher Details, der, auf einem hohen Podest stehend, bis zur lichten Decke hinaufreicht.

Ich frage, wer das geschaffen hat.

»Ein Freund von mir.«

Ich frage Larry, wie er es fertiggebracht habe, dieses Werk zu transportieren, ohne die Hunderte von winzigen, zerbrechlichen Details zu beschädigen.

»Mein Freund und ich verpacken es jedesmal wenn ich umziehe sehr sorgfältig, laden es auf einen gemieteten Laster und fahren es mit zehn Stundenkilometern von einem Ort zum anderen. Die anderen Fahrer hinter uns spielen verrückt, aber ich habe nie auch nur eines dieser winzigen Ärmchen abgebrochen!« Er lacht. »In diesem Haus habe ich den hohen hellen Raum eigens dafür bauen lassen. Ich mag sie sehr gern. Und es freut mich, daß sie Dir auch gefällt.«

Larry liebt das Werk und den Mann, der es geschaffen hat. »Dieser Kerl ist so besessen und von seiner Arbeit absorbiert, daß er das Essen vergißt oder auch daß er arbeiten muß, um essen zu können. Also gab ich ihm zehntausend Dollar. Und als sie fertig war, gab er mir die Statue.«

Die Nische, in der die Statue steht, mit dem eigens dafür gebauten riesigen Oberlicht, entstand ebenfalls unter Protektion. Ich frage, wer das Haus entworfen hat. Die Statue kommt an dem Platz, an dem sie steht, absolut perfekt zur Geltung.

»Danny, mein alter Zimmernachbar auf dem College, ist Architekt. Vielleicht erinnerst Du Dich an ihn von Berkeley her. Du weißt, wie schwer Architekten es heutzutage haben. Ich gab ihm den Auftrag für das Haus – wir haben die Pläne gemeinsam ausgearbeitet. Für mich ist es natürlich eine gute Investition, und Danny gibt es die Chance, sein Zeug künftigen Kunden vorzuführen.«

Allmählich, aus beiläufig erwähnten Details und hingeworfenen Bemerkungen, denen ich nachgehe, kommt ein Mann zum Vorschein, der trotz des oft wahnsinnigen Tempos, das er bei seinen geschäftlichen Transaktionen an den Tag legen muß, Zeit für eine aufmerksame und bemerkenswerte Großzügigkeit findet. Mein früherer Lehrassistent in Berkeley, Roswell Angier, inzwischen ein Meisterphotograph des menschlichen Daseins, hat ebenfalls einen Zuschuß von zehntausend Dollar bekommen, um sich ganz seiner Kunst widmen zu können. Larry zeigt mir Roswells bittere und schöne Photographien über die Indianer von Gallup in Neu-Mexiko. Und irgendwann erwähne ich, daß mein Neffe im fernen Long Island ein neues Motorboot hat, das er mir gerne vorführen möchte.

»Vielleicht können wir alle zusammen einmal auf meinem hier fahren«, antwortete Larry. »Ich habe eines, obwohl ich nie damit fahre. Ich bekam es als Bürgschaft für ein verlorenes Darlehen an einen Freund.«

»Und wo ist es? Wer kümmert sich darum?« Ich habe keinerlei Hinweise auf ein Boot oder die dazugehörigen Ausrüstungsgegenstände gefunden, die man normalerweise in Garagen oder Schuppen herumliegen sieht.

»Nun, es ist bei ein paar Bekannten von mir, und sie kümmern sich auch darum; ich selber benutze es eigentlich nie, aber sie können damit herumfahren.«

Ich fange an zu verstehen: Stuart kriegt den Jaguar, damit er nach Yosemite fahren kann, Danny und Roswell bekommen Geld und diese anderen Herrschaften das Motorboot. Nach und nach bekomme ich mit, daß eine Tochter aus einer früheren, gescheiterten Ehe, nachdem sie während Larrys vieler magerer Jahre bei der Mutter gewesen war, in einem Appartement in dem neuen Haus lebt. Sie fährt einen Sportwagen. Larrys Freundin ist mit *ihrer* Tochter hier eingezogen. Während die Tage dahingehen, stelle ich immer mehr Fragen, wächst meine Neugier mit meiner Bewunderung. Larrys Mutter, die einst Kassiererin in einem Supermarkt war, bekam ein neues Haus auf einer Golfanlage in Südkalifornien. Sein Stiefvater – obwohl er sich in der Vergangenheit sowohl Larry als auch seiner Mutter gegenüber sehr brutal verhalten hatte – erhielt ein Reinigungsgeschäft.

Es gibt viele Menschen, die das große Geld machen, aber nach meiner Erfahrung gibt es nur sehr wenige, die es mit so viel Herz ausgeben. Larry ist kein Prahler. Mein altes Sorgenkind unternimmt sogar Versuche, seine Großmut zu verbergen. Aber

– und das ist sehr menschlich – es gelingt ihm nicht. Außerdem bleibt einem Freund so etwas nicht verborgen.

Soviel Großmut zeugt von echter Charaktergröße. Bei den Griechen und Römern zählte sie zu den obersten der heidnischen Tugenden. Was mich daran so berührt, ist seine Großherzigkeit, gepaart mit echter Sorge. Larry sorgt sich um die Menschen. Das paßt zu dem Ernst, mit dem er die Aufzeichnungen für mein Buch las.

Larry und ich unterhalten uns mehrmals über Freundschaft. Eines Tages fängt er an, mir von seinen Enttäuschungen in der Vergangenheit zu erzählen. »Früher oder später«, bemerkt er ein bißchen bitter, »offenbart ein jeder, ob er ein Herz für die Freundschaft hat oder nicht.«

Er erinnert sich an einen Schulkameraden, der mit seinem Auto »extrem vorsichtig« war. »Nun, ich brauchte einen Wagen für meine Verabredungen. In Los Angeles war man ohne Auto aufgeschmissen. Dieser Kerl hatte eines. Und so fragte ich ihn, ob er es mir leihen würde, wie schon mehrmals zuvor. Also, wir fahren dahin, er hinter dem Steuer, und er sagt, ›Du brauchst mich. Du brauchst mich, damit ich Dich herumfahre und Dir meinen Wagen leihe. Also hörst Du auf mich und tust, was ich sage, verstanden?‹

Da sagte ich ihm an einer Tankstelle, er solle mich aussteigen lassen. Er wollte, daß ich wieder einsteige, aber ich sagte, er solle abhauen.«

»War es damit zuende?«

»Ja, das war das Ende. Jahre später sah ich ihn in Berkeley wieder. Aber nach dieser Geschichte war er nie mehr ein Freund für mich. Nicht einmal ein möglicher Freund. Weißt Du, was ich meine?«

Ich wußte es.

»Hast Du noch andere Enttäuschungen erlebt, nach der Kindheit?«

»Natürlich. Und sie waren nicht nur erwachsener, Stuart, sie *schmerzten* auch mehr!« Er lachte kurz auf, ganz wie früher. »Ich kannte den Typen, wir waren zusammen auf dem College. Ein strebsamer Poet, der Arzt geworden war. Er wollte ein William Carlos Williams auf dem Lande werden. Er war sehr bemüht und leistete Pionierarbeit auf dem Gebiet der Hausgeburten, als noch kein Doktor im Umkreis von Santa Cruz sich daran wagte. Er hätte das Zeug gehabt, Gehirnchirurg zu werden und eine Menge Geld zu machen, aber er wollte den Menschen mehr allgemein helfen.«

Selbst jetzt und nachdem er mir erzählt hatte, daß diese Freundschaft negativ verlaufen war, sprach Larry von dem Dichter-Arzt noch immer mit dem Respekt und der Bewunderung, die ein Fundament der Zuneigung von Männern untereinander sind.

»Ich kann Dir nicht alle Einzelheiten erzählen. Aber sagen wir, einmal war ich in wirklicher Lebensgefahr. Ich brauchte ärztliche Hilfe. Wenn etwas schiefgegangen wäre, dann hätte dieser Kerl, falls er mir geholfen hätte, Ärger bekommen, vielleicht mit der Justiz und ganz bestimmt mit der dortigen Ärzteschaft. Ziemlich großen Ärger. Aber er weigerte sich. Und ich wußte, daß wir nie wieder Freunde sein würden.«

»Soll das heißen, Du lehntest ihn ab, weil er sein Leben und seinen Beruf für Dich nicht aufs Spiel setzen wollte?« Ich begann mich zu fragen, wie hoch Larrys Ansprüche an die Freundschaft wohl sein mochten.

»Verdammt, nein, Stuart!« Larry sah mich mit jener Nachsicht an, die man einem Menschen schenken muß, der einen nach achtzehnjähriger Bekanntschaft noch immer erst kennenlernt. »Nein, das habe ich verstanden. Er hatte damals zwei Kinder und eine Frau, und er war für seine kleine Landgemeinde unentbehrlich geworden. Nein, es war einfach, daß er mich wegschickte, zu einem anderen Arzt, ohne mir zu sagen, daß es ihm leid täte. Er wollte sich nicht darunter leiden lassen, einen Freund wegzuschicken, sich selbst und seine Familie über mich gestellt zu haben, nicht einmal dafür, daß er Angst hatte vor den juristischen und beruflichen Konsequenzen. Verstehst Du das? Er war *kalt*.«

Wieder einmal verstand ich.

Nach kurzem Schweigen fuhr er fort. »Nun, ich habe das im Laufe der Jahre bei einer ganzen Reihe von Leuten erlebt. Sie werden von ihrem Beruf, von ihrer Familie gepackt, und sie töten alles andere ab. Haben sogar Angst davor zu fühlen. Zum Teufel, ich weiß, daß nicht jeder sich auf solche Risiken einlassen kann, wie ich es tue. Nicht jeder ist dafür geschaffen. Aber ich kann es nicht zulassen, daß sie mich in ihrem Herzen verraten. So kann ich mit Menschen nicht leben. Es tut mir sehr weh, daß so viele Menschen meinen, sie müßten ihr Feuer auf diese Weise abtöten, so ganz und gar.«

Ich war ergriffen. Nicht nur von Larrys Gefühlstiefe und seiner ungebrochenen Offenheit für die Freundschaft. Er beeindruckte mich auch, weil er der erste Mann war, mit dem ich gesprochen hatte, der einzige unter all den Hunderten von Männern, die ich interviewt hatte, der von sich aus über seine Enttäuschungen und seinen Schmerz sprach. Natürlich hatten auch andere Männer diese Erfahrungen gemacht, aber keiner von ihnen wollte von sich aus darüber reden. Dieser Mann hat emotionale Courage.

»Warum hast Du meine Briefe nicht geöffnet?«
Wir saßen auf der Terrasse des Alta Mira Hotels und blickten auf die Segelboote in der sonnigen Bucht von San Francisco. Meine zwei Briefe, die ich vor Monaten geschrieben hatte, lagen in Larrys Händen. Ich wollte die Antwort hören, bevor er sie öffnete.
»Ich las die Aufzeichnungen für Dein Buch fünfmal. Ich hatte viele Gedanken und viele Einwände.« Er zögerte. »Aber ich war nicht in der Lage, mich dazuzubringen, eine systematische Kritik zu schreiben.« Seine Stimme wurde härter. »Es war schwierig. Ich hatte mir Notizen auf *Deinem* Manuskript gemacht. Ich brauchte eine Stunde pro Seite.« Er spach stockend. »Ich weiß nicht warum, aber es dauerte so lange. Nachts lag ich wach und überlegte, was ich sagen sollte, es schien alles nicht besonders gut. Deshalb brachte ich es nie zustande. Ich schämte mich und war bestürzt. Außerdem hatte ich eine Menge anderes zu tun. Mir

war klar, daß ich es ganz richtig machen mußte« – sein Blick schweifte über die Bucht hinüber zu den Hügeln in der Ferne, und er sah ziemlich elend aus – »sonst hätte ich unsere Freundschaft gefährdet. Schließlich wollte ich mir nicht noch mehr wehtun, indem ich Deine Briefe öffnete.«

»Aber Larry, Du warst doch aus dem Schneider. Ich hatte Dir gesagt, daß mir jeder Kommentar recht sein würde, daß ich zu dem Zeitpunkt nur das brauchen würde, was Du mir geben könntest, auch wenn es nicht erstklassig wäre und selbst dann, wenn es unbeholfen oder ungenau oder unvollständig oder albern wäre.«

Er nickte. »Das sagt sich leicht.« Bedauern mischte sich mit Trotz und Scham; dann nahm er sein unbenutztes Steakmesser und schlitzte die beiden Briefe damit auf. Und das war alles. Er nickte, als er den Inhalt der Briefe las, über den wir schon ausführlich gesprochen hatten. Trotz des Ärgers und der Qualen, die mir seine eigene Unruhe während jener Monate verursacht hatte, konnte ich sehen, daß er mein darin ausgedrücktes Verständnis für ihn schätzte. Das Band zwischen uns wurde stärker.

In den nächsten Wochen sehe ich Larry alle paar Tage. Als Persönlichkeiten stoßen wir in unterschiedlichen Situationen aufeinander – bei Restaurantgesprächen, in seinem Haus, bei Autofahrten. Wir fahren sogar für ein paar Tage nach Lake Tahoe – nur wir beide. Ich beobachte ihn beim Spielen in der plüschigen Salonatmosphäre. Auf der Suche nach einem »Blackjack Dealer, der o. k. aussieht«, zieht er durch die Kasinos, klimpert mit seinen Chips, schlendert umher, spielt mit gespannter, wenn auch unbeteiligt wirkender Aufmerksamkeit. Die meiste Zeit beobachte ich nur. Meine Eindrücke von ihm vertiefen sich. Ich sehe in Larry ein Talent zum Leben, etwas, das ich vermutlich schon immer gespürt hatte, seit er voll knisternder Energie zum erstenmal in mein Büro getreten war. Damals konnte ich mich nur zurückziehen. Es war zu fremdartig für mein Professoren-Ich. Aber Larrys Abenteuerlust, seine Begeisterung, seine Klugheit und vor allem seine tiefe Sehnsucht nach Menschen und seine Sorge um sie – sein Bedürfnis nach ihnen und seine Freundlichkeit –, auch das war mir entgangen. Nicht nur die spektakuläreren Eigenschaften, sogar die sanfte Freundlichkeit war mir entgangen. So viel Unaufmerksamkeit über einen so langen Zeitraum sah mir eigentlich nicht ähnlich.

Larry zuckte die Achseln, als ich diesen Punkt ansprach. »Dir überhaupt nichts entgangen, Stuart. Ich habe damals nicht viel gebracht. Wie konnte ich auch? Wenn man das Leben ausprobiert und – wie ich damals – unbarmherzig scheitert, ist man nicht besonders interessant. Zumindest wenn man so gebaut ist wie ich, zeigt man unter solchen Umständen nicht allzu viel von sich. Heute natürlich liegen die Dinge anders.« Er lachte.

Es war also der Erfolg, der ihn sich hatte zeigen lassen, und ich war froh darüber.

Wo wird unsere Freundschaft von hier aus hinführen, wer kann es sagen? Das Leben ist so voller Risiken, und er und ich sind nach wie vor sehr verschieden. Jacqueline bemerkte neulich eine Veränderung an mir, die mich für die Zukunft hoffen läßt.

»Du imitierst ihn.«

»Wen?«

»Larry, natürlich.«

Ich schaute verwirrt drein.

»Du imitierst unbewußt einige seiner typischen Eigenheiten – nur ein ganz klein wenig –, den gestelzten Gang, das Vorsichhinsummen. Und oftmals lachst Du ganz genau wie er.«

In dem Moment, da sie es sagte, wurde mir klar, daß sie absolut recht hatte. Es freute mich.

Tatsächlich mußte ich im nächsten Moment vor Vergnügen laut auflachen. Es war eine vertraute Erfahrung, wenn auch keine aus jüngster Zeit. Wenn man beginnt, jemanden zu lieben, nimmt man ihn in sich auf. Unbewußt übernimmt man Teile seines Wesens und mit ihnen einige der äußeren Erscheinungen, der Verhaltensweisen, die Symbole tieferer Realitäten sind. Ich kann mich erinnern, wie ich das immer mit engen Freunden zu tun pflegte, als ich noch ein Junge war, auf dem College und vielleicht noch einige Zeit lang danach.

Später hatte, zumindest mit Männern, diese automatische Absorption des anderen aufgehört. Tatsächlich half ich ganz bewußt nach, diese Gewohnheit abzulegen. Ich weiß nicht mehr genau, wann es war, aber an einem bestimmten Punkt, irgendwann, als ich vielleicht Mitte Zwanzig war, merkte ich, daß ich das Lächeln oder das Lachen von irgendjemand nachahmte, und ich stellte es ganz bewußt ab. Der Aufbau meiner eigenen Identität war damals über alles wichtig für mich geworden, viel zu wichtig, um es riskieren zu können, eine andere Person hereinzulassen.

Es ist ein Stadium der Ichverhärtung, das alle Männer durchlaufen, Teil der Reise vom Kind zum Mann. Es ist wahrscheinlich notwendig und in unserer Gesellschaft gewiß unvermeidlich.

Nun bin ich offenbar auf einer anderen Stufe angelangt, einer, auf der ich mehr Identität und unabhängige Mannhaftigkeit habe, als ich eigentlich ertragen kann. Diese spontane, unwillkürliche Öffnung für Larry und seine Eigenheiten – die ich vom Verstand her zum Teil für recht seltsam, idiotisch und unattraktiv halte – erfrischte mich. Ich bin stolz darauf. Stolz, daß ich, so buchstäblich, einen anderen Mann auf diese Weise in mich hineinlassen kann. Denn es bedeutet, daß irgendwo, in einer tiefen Schicht, noch etwas echtes Leben, eine gewisse Unschuld vorhanden ist.

Vor allem – und das sehe ich bei mir und bei anderen Männern –, das Aufgeben der Suche nach Männerfreundschaft ist die Folge einer restlos verlorenen Unschuld. Ferruccio, jener alte, kühlblickende Aristokrat, führt es uns vor. Trennungen, ob wir sie selbst herbeiführen oder andere, Mißverständnisse und Entfremdungen, fordern alle ihren Preis, und wir verschließen uns, wenn auch oft nur unmerklich. Wie Larry sagte, »Die Leute haben Angst zu fühlen.«

Sich sosehr zu verschließen, heißt, in seinem Herzen zu sterben. Ein Zyniker würde sagen, einen Rest von Unschuld zu bewahren, sei demnach eine für die wahre Reife unerläßliche Illusion. Mag der Zyniker es so ausdrücken. Ich dagegen sage, im Moment wenigstens, daß die wieder erwachte Unschuld wie der erfrischende Regen des Lebens auf tote und winterschlafende Felder ist. Man ist natürlich trotzdem erwachsen. Das Leben hat einem die Augen geöffnet. Ich blicke der Aussicht auf eine ernstzunehmende Männerfreundschaft – die sich mir nun endlich bietet – mit neuer Bewußtheit, neuen Einsichten und einem neuen Verständnis entgegen. Aber die Unschuld, die unerläßliche Unschuld, ist, Gott sei Dank, in mein Leben zurückgekehrt, sogar in die Knochen und Muskeln meines lächerlich imitierenden Körpers.

15 An Stelle einer Schlußfolgerung

E. M. Forster hat einmal erklärt, es sei unmöglich, Romanen ein abgerundetes und schlüssiges Ende zu geben. Sie stünden dem Leben so nahe, schrieb er, daß man sie niemals wirklich abschließen könne. Das Leben sei ein fortwährender Prozeß. Und er fragte sich, was Romanschriftsteller ohne die überstrapazierten Kunstgriffe Tod und Heirat wohl anfangen würden.

Ebenso wie das Leben und der Roman kann die Suche, die hier nachgezeichnet wurde, nicht beendet werden. Ich wünschte, ich wäre in der Lage, mich und einen wirklichen Freund – Larry, Wreston oder Bob Jones – darzustellen, wie wir in den Sonnenuntergang davonreiten. Ich wünschte, ich könnte eine Formel für die allgemeine Wiedereinsetzung der Männerfreundschaft als eine fundamentale gesellschaftliche Institution aufstellen. Anstelle von Antworten hat unsere Untersuchung sehr viel häufiger schmerzvolle und drängende Fragen ergeben. Ich hoffe, diese Fragen haben dazu beigetragen, den Leser zu unterstützen, die Männer aus ihrer tödlichen Selbstisolierung zu rütteln, aus ihrer vorprogrammierten Obsession in bezug auf Arbeit, Leistung und persönliches Vorwärtskommen, aus ihrem ängstlichen Mangel an Engagement und aus ihrer angelernten Angst vor der Intimität – aus all jenen Verhaltensweisen, von denen der Staat, die Behörden und verschiedene andere Organisationen des modernen Lebens zehren.

Die Suche nach einem Ort innerhalb des heutigen urbanen nachindustriellen Lebens, wo tiefe Männerfreundschaft gegenwärtig existiert, scheint, im Moment jedenfalls, erschöpft. Meine persönliche Suche hat eine gewisse Erfüllung gefunden und läßt auf mehr hoffen.

Was hat sich nun über das Wesen echter Freundschaft in Erfahrung bringen lassen? Hat meine Suche sich gelohnt? Und wenn ja, was läßt sich daraus lernen? Welchen Rat habe ich nach einer so langen Reise für andere?

Auf den vorangehenden Seiten habe ich versucht, weder zu vereinfachen noch zu idealisieren. Ich habe mich bemüht, die Schwierigkeiten einer Freundschaft aufzuzeigen – die Sehnsucht, die Verlegenheit und die Scheu, die Steifheit, die übergroße Aufregung über kleinste Gesten der Anteilnahme, die allzu leichte Verletzlichkeit der Gefühle, die Ressentiments, den Ärger, die Scham, die Schuldgefühle und sogar die Langeweile. Nach all dem erkläre ich, daß eine echte Männerfreundschaft in der Art, wie nur sehr, sehr wenige erwachsene Männer in Amerika und Europa sie miteinader haben, Intimität, Komplizenschaft, Engagement und persönlichen Einsatz erfordert. Sie ist eine zutiefst persönliche Beziehung.

Intimität, Zwanglosigkeit, Verstehen und Verstandenwerden finden sich nun im heutigen Leben häufiger als echte Freundschaft, da eine zunehmende Lockerung der Formen und die Akzeptanz eines gewissen emotionalen Ausdrucks die Verschiedenheit sozialen Lebens von den repressiven Formen des Zusammenlebens im neunzehnten Jahrhundert endgültig deutlich gemacht hat. In der Tat tragen ein Dutzend moderner Interessengebiete dazu bei, Momente der Intimität entstehen zu lassen – von Psychologie, Psychotherapie und Encountergruppen über die Nostalgiewelle für alles Proletarische und das Natürliche oder Rustikale, über die kultivierte Lässigkeit des modernen Arbeitsplatzes bis hin zu den Experimenten mit Drogen und der Teilnahme an politischen und religiösen Bewegungen. Dieselben Tendenzen begünstigen das häufigere Auftreten von Momenten einer – wenn auch vorübergehenden – Komplizenschaft, eines Gefühls von geheimem Einverständnis und gar von Auflehnung oder Loslösung von der Gesellschaft und dem üblichen Zurschaustellen unserer sozialen Masken.

Freundschaft zwischen Männern ist möglicherweise wieder im Kommen. Von jüngeren Männern gewinnt man bisweilen den Eindruck, daß sie entschlossen sind, ihre Freunde fürs Leben zu behalten. Das in jüngster Zeit so gewaltig ansteigende Erscheinen populärer Bücher über das Thema Freundschaft im allgemeinen deutet trotz der dort gängigen Übervereinfachungen und des Mangels an Gefühl darauf hin, daß sich irgendwo im kollektiven Unbewußten möglicherweise eine Erneuerung der Männerfreundschaft vorbereitet.

Intimität und Komplizenschaft jedoch machen von sich aus noch keine Freundschaft. Selbst Vertrautheit – Behaglichkeit und Zutrauen und gelegentliche Hilfsbereitschaft – kann als Freundschaft mißdeutet werden. Wahre Freundschaft muß auch echtes Engagement für den Freund bedeuten – ein sehr häufiges gegenseitiges Aneinanderdenken und Miteinanderfühlen. Obwohl die zentrifugalen Kräfte des modernen Lebens die Häufigkeit der körperlichen Gegenwart von Freunden begrenzen, macht echtes Engagement die körperliche Nähe zu einem geringeren Problem. Männerfreundschaft kann demnach als ein Ort im inneren Dasein eines Mannes gesehen werden, als ein Raum in seinem Leben, in dem ein anderer Mann jeden Tag Platz findet, ein Ort, der förmlich mit Liebe geladen ist, mit Interesse und Rücksichtnahme – und bisweilen auch mit Groll, Wut und tiefem Schmerz. *Engagement* bedeutet emotionale Beteiligung.

Echte Freundschaft bedeutet Verpflichtung, die stillschweigende Übereinkunft, daß ein Freund da ist, daß er nicht losläßt, daß ein Freund das Engagement auch angesichts von Widrigkeiten, Mißverständnissen und anderen Verlockungen aufrechterhält, daß ein Freund bereit ist, Unannehmlichkeiten und sogar Opfer auf sich zu nehmen.

Eine echte Männerfreundschaft ist etwas absolut Persönliches. Die Beziehung ist sich selbst genug und von anderen Zusammenhängen unabhängig. Freundschaft kann aus einer anderen Beziehung heraus erwachsen – Arbeit zum Beispiel –, aber sie ist nicht davon abhängig. Eine Männerfreundschaft besteht ausschließlich von Mann zu Mann. Daß so viele Freundschaften zerbrechen oder sich in Nichts auflösen, wenn man nicht mehr am selben Ort ist, ein gemeinsames Interesse oder eine Arbeit nicht mehr teilt, heißt nichts anderes, als daß die betreffenden Männer nicht wirkliche Freundschaft verbunden hatte.

Wenn ein Mann die Religion wechselt oder seine politische Überzeugung ändert, ändert das eine wirkliche Freundschaft nicht. Die Freunde sind wirklich füreinander engagiert gewesen, nicht bloß für Parteien, Organisationen oder auch – so extrem es klingen mag – für gemeinsame Ideen oder Interessen. All diese anderen Elemente haben ihren eigenen Wert und ihre eigene Bedeutung, aber aus der Sicht der Männerfreundschaft gesehen sind sie bloß ein Beiwerk, im besten Fall ein unterstützendes Gerüst, Werkzeuge für die Freundschaft.

Ein so hochkarätiges Engagement zwischen zwei Männern, bei dem jeder tagtäglich seinen Platz im Innersten des anderen hat – aus einer solchen Innerlichkeit können alle notwendigen, erhabenen und erfreulichen Handlungen erwachsen. Das ist Männerfreundschaft.

Und, wahrhaftig, sie ist selten.

Meine persönliche Suche nach einem echten Freund, auch wenn sie oft eher ein schmerzlicher Kampf war und noch immer nicht abgeschlossen ist, hat sich gelohnt. Und ein instinktives Gefühl sagt mir, daß auch die Suche von anderen in derselben Richtung, aber vielleicht auf anderen Wegen, sich ebenfalls lohnen wird.

Aus meiner Suche hat sich eine Steigerung der Intensität älterer und flüchtigerer Beziehungen ergeben. Jener Art von Beziehungen, die die meisten als Freundschaft bezeichnen würden, die aber tatsächlich nicht viel mit Intimität, Verpflichtung, Engagement und Komplizenschaft zu tun gehabt hatten. Sie waren ursprünglich aus einer Beschäftigung entstanden, die mit den Bezugspersonen nichts zu tun hatte. Seltsamerweise jedoch sind etwa ein halbes Dutzend Menschen, die ich ganz gerne mochte, ohne sie wirklich gut zu kennen, mir plötzlich nähergekommen und ich ihnen. Wir sind zwar nicht die engsten Freunde, die ich mir wünsche, werden es wahrscheinlich auch niemals werden, aber wir stehen uns doch mit einemmal sehr viel näher.

Diese Belohnung ist schwer zu beschreiben. Weil die emotionale Bindung nicht allzu stark ist, gibt sie auch wenig her für eine dramatische Schilderung. Zum Beispiel ein befreundeter Anwalt und seine Frau, zwei Menschen, die ich nur oberflächlich gekannt, für die ich aber immer eine gewisse Sympathie empfunden hatte, wollten unbedingt, daß Jacqueline und ich ein paar Tage bei ihnen verbringen sollten. Dazu gehört bestimmt ein gewisses Maß an echtem Vertrauen und echter Sympathie und der Wunsch, diese Zuneigung zu zeigen. Die Häufung solcher Gesten gab mir das Gefühl, daß das Leben ein wenig reicher war, sicherer, weniger einsam und sogar weniger verletzlich, als es bis dahin gewesen war. Ich sah plötzlich, daß ich gemocht und in einer Weise unterstützt wurde, wie es in unserer heutigen Zeit normalerweise nicht mehr der Fall ist, da von jedem erwartet wird, sich um sich selbst zu kümmern und auf sich selbst gestellt zu sein. Dies ist nicht die höchste Form der Freundschaft, aber es ist erheblich mehr als die übliche moderne und routinemäßige Verabredung zum Essen.

Müßte ich versuchen, das Geheimnis dieser plötzlich größer gewordenen Nähe zu analysieren, würde ich sagen, der wichtigste Faktor, der zu dieser Änderung beigetragen hat, besteht darin, daß ich mich diesen Menschen gegenüber als Person eingebracht habe. Eine mindestens ebenso große Rolle jedoch spielte das Aufheben, das ich um die ganze Sache der Freundschaft gemacht habe. Ich habe nächtelang mit Freunden über Männerfreundschaft gesprochen, schrieb seitenlange Briefe über meine Gedanken, erzählte vom Niedergang der Freundschaft als Institution, berichtete, was in diesem Buch zu lesen steht. Vielleicht bot ich den Leuten, ohne mir dessen wirklich bewußt zu sein, einen Anreiz, unsere oberflächlichen Beziehungen einmal genauer zu überprüfen, sich die tatsächliche Bedeutung der Freundschaft vor Augen zu führen und darüber nachzudenken. Betrachtet man es von einem anderen Standpunkt aus, so lieferten vielleicht all diese Diskussionen lediglich eine Art sozialer Plattform für Männerfreundschaft, eine gemeinsame Arena, in der der Mythos der Männerfreundschaft sich behaupten konnte und Beachtung fand. Das Ergebnis war, daß alle ihren Einsatz erhöhten. Die Männer mußten unsere Beziehung – eigentlich alle ihre Beziehungen – nach den normalerweise außer acht gelassenen Maßstäben echter Freundschaft beurteilen. Und früher oder später mußten sie wählen, ob sie in ihren Positionen verharren oder mir näherkommen wollten. Und viele sind mir nähergekommen.

Diese größere Intensität hat mir auch einen neuen Respekt für die verschiedenen Ebenen eingeflößt, auf denen Freundschaft möglich ist. Früher ließ mich die Oberflächlichkeit der meisten Freundschaften strikt den Standpunkt vertreten, daß nur die wahre Freundschaft zählt. Ich konnte für jene Männer keinen Respekt aufbringen, die so glattzüngig versicherten, daß in ihrem Leben verschiedene Freunde unterschiedliche Bedeutung hätten, daß eine mittelmäßige Männerfreundschaft durchaus natürlich sei und das Leben dennoch bereichere. Im allgemeinen habe ich vor derartigen Beteuerungen auch heute noch keinen Respekt. Denn sehr häufig sind dies nur Ausreden, um die Oberflächlichkeit der meisten zwischenmenschlichen Beziehungen heutzutage zu entschuldigen. Nun, da einige der Männer, die ich kenne, zusammen mit mir sich über den tatsächlichen Unterschied zwischen echter Freundschaft und allem anderen, das unter diesem Namen läuft, klar geworden sind, hat sich eine Zwischenstufe der Männerfreundschaft herausgebildet, die – zu meiner Überraschung – durchaus ihre eigene Authentizität besitzt. Nachdem wir uns nun nicht länger selbst betrügen und jede mit Sympathie verbundene Beziehung unterschiedslos zu einer allgemeinen Freundschaft vermengen, sind einige meiner männlichen Freunde und ich in der Lage, ohne Illusionen auf Distanz füreinander da zu sein, wobei mehr Engagement besteht als zuvor. Diese mittlere Position – ein Ergebnis klarer Vorstellungen dessen, was Männerfreundschaft bedeutet –, äußert sich subjektiv durch mehr Zärtlichkeit, durch einen festeren und schärferen Blick und auch durch ein allgemeines Gefühl, daß sich Möglichkeiten eröffnen: das Gefühl, daß wir vielleicht allmählich die wahre Bedeutung der Freundschaft zwischen uns genauer untersuchen können. Objektiv äußert sie sich durch ein gesteigertes Interesse an körperlichem Wohlbefinden, die Bereitschaft, sich gegenseitig Gefälligkeiten zu erweisen, das Versprechen, Briefe zu schreiben, gegenseitige Einladungen und Vereinbarungen, sich zu besuchen und miteinander zu wohnen. Mit Larry natürlich bin ich noch weiter gekommen: wir stehen an der Schwelle zu einer wirklich tiefen Freundschaft. In aller Aufrichtigkeit muß ich sagen, daß diese Ergebnisse Lohn genug für mein schwieriges Unterfangen sind.

Den anderen sage ich: »Wenn Ihr die Suche nach echter Männerfreundschaft durchstehen könnt, ist es der Mühe wert.« Jeder Mann wird seinen eigenen Weg finden, aber ich habe noch ein paar kurze Ratschläge.

In unserer Zeit müssen wir zunächst die Notwendigkeit einer »Kunst der Männerfreundschaft« anerkennen. Auch wenn Willie Morris darauf besteht, daß Freundschaft eine Gnade sei, die einem zuteil wird, reicht es im allgemeinen nicht aus, eine solche Gabe einfach abzuwarten. Weshalb sonst sind sogar diejenigen, die sich genau genommen nach Gnade sehnen, immer damit beschäftigt, das zu erlangen, wovon sie wissen, daß es nur von Gott gegeben werden kann. Ebenso wie ein begabter Künstler, der hart an sich arbeitet, um zur Meisterschaft zu gelangen, müssen auch Freunde sich um ihre Freundschaft bemühen. Ohne bewußte Konzentration auf mein Bedürfnis nach einem Freund, würde ich Larry weiterhin verkannt haben – sowohl in Bezug auf das, was er ist, als auch hinsichtlich seiner Bereitschaft zur Freundschaft. Ich habe viele Menschen getroffen, die behaupten, Freundschaft müsse »absolut natürlich sein«, sie müsse »einem einfach widerfahren« und sie dürfe »nicht beabsichtigt oder erzwungen sein«, denn das sei »zu gefühllos«! Glaubt mir, es ist keine Gefühllosigkeit über Liebe nachzudenken, über jene, die man liebt, und Liebe zu geben und nach ihr zu suchen.

Dies gilt besonders in unserer gefühlsarmen und sich rasch verändernden Welt. Selbst wenn in manchen früheren Gesellschaften ein ganzer Teil menschlicher Beziehungen »natürlich« war, in unserem heutigen, urbanen Leben sind sie es nicht mehr. Keine Art von menschlicher Beziehung ist heute mehr eine »gottgegebene«, scheinbar »natürliche«. Die Meinung von Morris und anderen, die für schlichte Natürlichkeit in Beziehungen plädieren, ist keineswegs neu. Aber ebenso, wie Paare heutzutage an ihrer Ehe und an den Problemen der Kindererziehung arbeiten müssen, müssen Männer an der Männerfreundschaft arbeiten, wenn sie Wirklichkeit werden soll.

Was ein bewußtes und vorsätzliches Herangehen an Freundschaft heute so nötig macht, ist die Tatsache, daß alles in unserer Kultur gegen sie ist. Paradoxerweise muß man, um die eigene Aufmerksamkeit und die eigenen Bemühungen nicht erlahmen zu lassen, sich stets der schrecklichen Widerstände gegen verpflichtende, intime, engagierte und persönliche Beziehungen bewußt sein. Ferruccio sprach über einige der Gegenkräfte: die Beanspruchung durch Arbeit und Familienleben, die Verknappung der Zeit, den Zynismus, der mit dem Älterwerden aufkommt. Und es gibt, wie wir gesehen haben, noch viele andere. Die Liste ist endlos, und jeder sollte sie für sich noch ergänzen. Denn es ist gut, dem Feind ins Auge zu sehen.

Mutiges und bewußtes Vorgehen, meine ich, ist heute die Grundlage einer »Kunst der Freundschaft«. Mit Tricks erreicht man gar nichts. Die »Kunst der Freundschaft«, die wir brauchen, ist ein Handeln, das aus dem Inneren kommt, aus der Tiefe des Herzens, aus der Suche nach sich selbst und aus der Entschlossenheit.

Für sich die Notwendigkeit zu akzeptieren, der Freundschaft die äußerste Aufmerksamkeit zu schenken, und sich die gesellschaftlichen Hindernisse für die Freundschaft ins Gedächtnis zu rufen, sind die beiden Grundvoraussetzungen.

Andere sind:

Die Bereitschaft, den Schmerz der eigenen Einsamkeit einzugestehen. Wir leben in einer einsamen Zeit, in der niemand alleine ist. Durch die allgemeine Mobilität unseres Lebens haben die meisten von uns einen enormen, aber häufig wechselnden und daher oberflächlichen Bekanntenkreis. Laßt die Wirklichkeit Eurer Einsamkeit den Ansporn für Eure eigene authentische Suche sein.

Schamlos zu sein im Nachdenken über Männerfreundschaft und später auch im Darüberreden, weil sie wichtig ist. Schafft in Eurem Leben Raum für Freundschaft. Macht eine Staatsaffäre daraus.

Die Bereitschaft, immer wieder von Menschen verletzt zu werden, denen Ihr Freundschaft erweist.

Beharrlichkeit. Die Menschen werden sich von Euch abwenden; sie werden verschreckt sein, weil sie von der Gesellschaft hypnotisiert worden sind zu glauben, sie hätten keine Zeit, keine Energie und auch kein Interesse daran, Freunde zu sein. Sie sind einfach nicht mehr an Freundschaft gewöhnt. So seltsam es klingt, aber Freundschaft kommt ihnen absonderlich vor. Laßt Euch nicht beirren.

Zeit für die Freundschaft aufzuwenden: Zeit zum Briefeschreiben, Zeit, um über Freunde nachzudenken, um Freunde anzurufen, Zeit für Enttäuschungen, Zeit zum Großzügigsein.

Aufrichtigkeit dem Freund und dem Mut zu den eigenen empfindlichen Bedürfnissen und Wünschen gegenüber, indem Ihr die Offenheit, die Großzügigkkeit und die Verpflichtung lebt, die Ihr von ihm erwartet. Ihr schafft auf diese Weise ein Beispiel, ein magnetisches Feld, auf das (mit etwas Glück) vielleicht ein Mann anspricht. Wo Freundschaft entstehen kann.

Ein schlauer Rat: Seid bereit, Euren Freund um Gefälligkeiten zu bitten, um etwas von Eurer Unabhängigkeit zu opfern.

Eine Hoffnung: die Kunst wird leichter. Allmählich werdet Ihr die Scham und die Verlegenheit aufgeben und trotzdem eine fundamentale Verletzlichkeit behalten.

Nach all dieser Kunst, betet um Gnade.

Initiativen einzelner jedoch werden nicht ganz genügen. Die Tatsache, daß die Männerfreundschaft in der Tat so tot ist, erfordert kollektives Handeln. Sehr oft meint man, verrückt zu sein, wenn man als einzelner nach Freundschaft sucht und dabei glaubt, das Fehlen eines echten Freundes sei ein Problem, das man alleine lösen muß. Jung drückt es sehr zutreffend aus:

Ein kollektives Problem, das nicht als solches erkannt wird, erscheint stets als ein persönliches Problem und mag in Einzelfällen den Eindruck erwecken, daß im Bereich der persönlichen Psyche etwas nicht in Ordnung sei. Die persönliche Sphäre ist in der Tat gestört, aber solche Störungen müssen nicht primär sein; sie können durchaus sekundär sein – die Folgen eines unerträglichen Wandels in der sozialen Atmosphäre.

Die gegenwärtige soziale Atmosphäre macht echte Freundschaft zwischen Männern sehr schwierig. Wenn Du beschließt, Männerfreundschaft ernstzunehmen, ihr wirklich einen Platz in Deinem Leben einzuräumen, dann haben wir, Du und ich, eine größere Chance, in unseren Freundschaften Erfolg zu haben. Unser Verhalten erscheint dann wieder natürlicher, und wir machen uns gegenseitig Mut.

Mag der Mut deshalb auch in dem Wort seinen Ausdruck finden, mit dem wir abschließen. Ein Franzose, etwa sechzig Jahre alt, grauhaarig, drahtig und vornehm, ein Mann, der sein Kavalleriepferd an die Front geritten hatte, um den nach Frankreich einrückenden Nazipanzern entgegenzutreten, nur um dann schmählich zum Rückzug gezwungen zu werden, versuchte, die ganze Angelegenheit der Freundschaft in kurze Worte zu fassen: »Natürlich ist Freundschaft heute tot. Es gab eine Zeit, und ich weiß noch, wie mein Vater darüber sprach, in der Männer andere Vorstellungen darüber hatten, wie sie sich verhalten sollten. Damals mußten Männer standhaft sein, heroische Gesetze befolgen, ihr Wort halten und bereit sein, sich zu opfern. Man lernte das in vielen Familien durch Vorbilder. Mein Vater brachte mir bei, daß man sich im Leben mit ›Ehre und Eleganz‹ verhalten soll. Das war beinahe alles, was er mir als Rat zu geben hatte. Aber solche Reden scheinen heutzutage absurd, nicht wahr, weil wir zu einem Volk von Käufern und Verkäufern geworden sind. Unsere Haltung in bezug auf menschliche Beziehungen entspricht derjenigen eines Kunden im Supermarkt: Wir wollen das, was billig ist und schnell und einfach; wir wünschen uns Abwechslung, und wir verlangen nach dem, was neu ist. Aber Freundschaft erfordert ein ganz anderes geistiges Repertoire, nicht wahr? Verpflichtung, Mut . . .«

In jüngster Zeit, seit ich überzeugt bin, daß Larry Alexander wirklich zu einer Freundschaft mit mir bereit ist, daß er fähig oder zumindest vielleicht willens ist, sich unserer Freundschaft zu verpflichten, habe ich eine paradoxe Regung in mir entdeckt. Ich habe so lange nach einem echten Freund gesucht, und hier besteht nun endlich eine Möglichkeit. Aber irgendetwas in mir drängt von Larry fort.

Verwirrt stehe ich diesem Gefühl gegenüber. Zu meiner Schande höre ich in mir ein verführerisches Flüstern, ein kleines inneres Biest, das Fragen stellt, die jede Mannhaftigkeit zersetzen: »Bist Du sicher, daß Du Dich so tief engagieren willst? Glaubst Du, es Dir leisten zu können, eine andere Person anzunehmen? Was ist, wenn er Forderungen an Dich stellt: wenn er krank wird, wenn er sein Geld verliert?«

Dieses unwillkürliche Zurückweichen vor jeder echten Bindung ist eine merkwürdige Regung. Wahrscheinlich ist sie ein Teil der menschlichen Natur, der Instinkt der Selbstbehauptung, der sich bemerkbar macht, ein tiefes Mißtrauen gegen jede Bindung an andere, gegen jede Verstrickung mit irgendeinem außer mir selbst. Eine Reaktion, die selbst unseren ältesten Dichtern vertraut war.

Solchen Ängsten entgegenzutreten erfordert viel Mut.

> O Götter! Gebt mir die Kraft und den Mut,
> meine Freunde zu lieben!
>
> – Gebet des Pindar

Literaturhinweise

Es gibt eine Vielzahl von Büchern über Freundschaft, und gerade in jüngster Zeit nehmen die Veröffentlichungen zu diesem Thema enorm zu. Die Zahl der Zeitschriften- und Zeitungsartikel in den Vereinigten Staaten hat sich in den letzten fünfzehn Jahren alle fünf Jahre etwa verdoppelt. Jedoch die meisten neueren Veröffentlichungen erscheinen ziemlich oberflächlich und gefühllos, indem sie den heruntergekommenen Zustand der Freundschaft im besonderen und der zwischenmenschlichen Beziehungen im allgemeinen als selbstverständlich voraussetzen. Zahlreiche andere Publikationen leiden an einem naiven, geradezu gefühlsduseligen Optimismus oder an einem seichten Moralismus, einer bodenlosen Dreistigkeit, die so tut, als könnten wir simple und noble Freundschaften dadurch erreichen, daß wir unsere Herzen rein halten und sauber bleiben.

Nach dieser Warnung biete ich dem Leser die folgende Bücherliste, um ihm bei seiner eigenen Suche behilflich zu sein. Vier der Titel sind mit einem Stern gekennzeichnet; sie enthalten hunderte von weiteren bibliographischen Hinweisen aus Anthropologie, Psychologie, Philosophie und Literatur.

Allan, Graham A. *A Sociology of Friendship and Kinship,* London: Allen and Unwin, 1949.

Arensberg, Ann. *Sister Wolf.* New York: Knopf, 1980.

Ariès, Philippe. *Geschichte der Kindheit.* Aus dem Französischen von Caroline Neubaur u. Karin Kersten, München, Wien: Hanser, 1976.

– und Françoise Dolto. *Enfance, histoire, psychoanalyse.* Paris: Scarabee Editeurs, 1985.

Aristoteles. *Nikomachische Ethik.* Buch 1–10. Stuttgart: Metzler, 1856.

Avedon, Burt. *Ah, Men!.* New York: A & W, 1980.

Bacon, Francis. Essays. Aus dem Englischen von Gustav Böcker, München: Georg Müller, 1927.

Bald, R. C. *Literary Friendship in the Age of Wordsworth*. New York: Octagon, 1968.

Bate, W. Jackson, *Samuel Johnson*. New York: Harcourt Brace Jovanovich, 1979.

Battalia, William O. *The Corporate Eunuch*. New York: Crowell, 1973.

Bell, Alan P. u. Martin S. Weinberg. *Der Kinsey Institut-Report über weibliche und männliche Homosexualität*. Aus dem Amerikanischen von Dietrich Menne, München: C. Bertelsmann, 1978.

Bellow, Saul. *Herzog*. Aus dem Amerikanischen von W. Hasenclever, Köln: Kiepenheuer & Witsch, 1965.

–. *Humboldts Vermächtnis*. Aus dem Amerikanischen von Walter Hasenclever, Köln: Kiepenheuer & Witsch, 1976.

Belmont, David Eugene. »Early Greek Guest Friendship and Its Role in Homer's Odyssey.« Dissertation, Princeton University, 1962.

Bensman, Joseph, und Robert Lilienfeld. »Friendship and Alienation.« *Psychology Today*, Oktober 1979, S. 56–113.

Berkinov, Louise. *Among Women*. New York: Harnon Books, 1980.

Berne, Eric. *Spiele der Erwachsenen*. Aus dem Amerikanischen von Wolfram Wagmuth. Reinbek bei Hamburg: Rowohlt, 1967.

Block, Joel D. *Friendship: How to Give It, How to Get It*. New York: Macmillan, 1980.

Bolotin, David. *Plato's Dialogue on Friendship: An Interpretation of the Lysis, With a New Translation*. Ithaca, N. Y.: Cornell University Press, 1979.

Bradford, Ernle. *Nelson. Admiral und Diplomat*. Aus dem Englischen von Götz Pommer. Berlin: Universitas Verlag, 1977.

*Brain, Robert. *Freunde und Liebende*. Frankfurt/M.: Goverts, 1978.

Brenton, Myron. *Friendship*. New York: Stein & Day, 1974.

Bridges, William. *Transitions: Making Sense of Life's Changes*. Reading, Mass.: Addison-Wesley, 1981.

Bry, Adelaide. *Friendship: How to Have a Friend and Be a Friend*. New York: Grosset and Dunlap, 1979.

Buber, Martin. *Das dialogische Prinzip. Ich und Du*. Heidelberg: L. Schneider, 1965.

Caldwell, Mayta A. u. Letitia Anne Paplau. »Sex Differences in Same Sex Friendship.« Unveröffentlicht, University of California, Los Angeles.

*Carpenter, Edward. *Ioläus: An Anthology of Friendship*. London: Swan Sonnenschien, 1906.

Cheever, John. *Falconer*. New York: Knopf, 1977.

Cicero, Marcus Tullius. *Über die Freundschaft*. München: Heimeran, 1961.

Claremont de Castillejo, Irene. *Die Töchter der Penelope. (Knowing Woman,* dt. Ausgabe) Olten: Walter Verlag, 1984.

Clarke, Samuel. *The Life and Death of Hannibal the Great Captain of the Carthaginians ... As Also the Life and Death of Epaminondas, the Great Captain of the Thebans.* London: William Miller, 1665.

Collange, Christiane. *Ça va les hommes?* Paris: Grasset, 1981.

Conde, Abellán, Carmen. *La amistad en la literatura espanola.* Madrid: Editorial Alhambra, 1944.

Couloubaritsis, Lambros. »La Philia.« *Annales de l'Institut de Philosophie.* Brüssel: Université Libre de Bruxelles, 1970.–. »Le rôle du *Pathos* dans l'amitié aristotelicienne.« Diotima, 8 (1980): 175–82.

Dawley, Harold H., Jr. *Friendship: How to Make and Keep Friends.* Englewood Cliffs, N. J.: Prentice-Hall, 1980.

Degler, Carl N. *At Odds: Women and the Family in America from the Revolution to the Present Day.* Oxford: Oxford University Press, 1980.

Duck, Steven W. *Personal Relationships and Personal Constructs.* New York: John Wiley, 1973.

Dugas, Ludovic. *L'amitié antique.* Paris: Librairie Felix Alcan, 1914.

Durkheim, Emile. *Der Selbstmord.* Aus dem Französichen von Sebastian und Hanne Herkommer. Neuwied, Berlin: Luchterhand, 1972.

The Epic of Gilgamesh, Harmondsworth, England: Penguin Books, 1972.

Erikson, Erik H. *Kindheit und Gesellschaft.* Dt. Ausgabe. Zürich, Stuttgart: Pan-Verlag, 1957.

Faderman, Lilian. *Surpassing the Love of Men: Romantic Friendship and Love Between Women from the Renaissance to the Present.* New York: Morrow, 1981.

Fast, I., und J. W. Broedel. »Intimacy and Distance in the Interpersonal Relationships of Persons Prone to Depression.« *Journal of Projective Techniques and Personality Assessment, 31,* Nr. 6 (1967): 7–12.

Fasteau, Marc Feigan. *The Male Machine.* New York: McGraw-Hill, 1975.

Firestone, Ross. *A Book of Men: Visions of the Male Experience.* New York: Stonehill, 1978.

Fischer, Claude S. und Stacey J. Oliker. *Friendship, Sex and the Life Cycle*. Berkeley: Institute of Urban and Regional Development, University of California, 1980.

Fiske, Adele M. *The Survival and Development of the Ancient Concept of Friendship in the Early Middle Ages*. Cuernavaca, Mexiko: Centro Intercultural de Documentacion, 1970.

*Fraisse, Jean Claude. *Philia: la notion d'amitié dans la philosophie antique*. Paris: Librairie Philosophique J. Vrin. 1974.

Friday, Nancy. *Men in Love*. London: Arrow Books, 1980.

Friedan, Betty. *Der Weiblichkeitswahn oder Die Mystifizierung der Frau*. Übersetzt von Margret Carroux. Reinbek/Hamburg: Rowohlt, 1966.

Garnett, Edward, Hrsg. *Letters from Conrad*. London: Nonesuch Press, 1927.

Gerson, Frederick. *L'Amitié au XVIIIe siècle*. Paris: La Pensée Universelle, 1974.

Goffman, Erving. *Asylums*. New York: Doubleday Anchor, 1961.

–. *Strategic Interaction*. Philadelphia: University of Pennsylvania Press, 1969.

Goldberg, Herb. *The Hazards of Being Male*. New York: Nash, 1976.

–. *The New Male*. New York: Morrow, 1979.

Gordon, Suzanne. *Lonely in America*. New York: Simon and Schuster, 1979.

Gould, Roger. *Transformations*. New York: Simon and Schuster, 1978.

Greenberg, Joel. »Relationships.« *New York Times*, 27. Juli 1981, S. 35.

Grossman, Richard. *Choosing and Changing*. New York: Dutton, 1978.

Hearn, Janice W. *Making Friends, Keeping Friends*. New York: Doubleday, 1979.

Heller, Joseph. *Gut wie Gold*. Aus dem Amerikanischen von G. Danehl. Frankfurt/M.: S. Fischer, 1980. –. *Was geschah mit Slocum?* Frankfurt/M.: S. Fischer, 1975.

Howard, Jane. *Families*. New York: Simon and Schuster, 1978.

Huncke, Herbert. *Huncke's Journal*. New York: The Poet's Press, 1965.

Illich, Ivan. *Toward a History of Needs*. New York: Pantheon, 1977.

James, Muriel und Louis M. Savary. *The Heart of Friendship*. New York: Harper & Row, 1976.

Josephson, Eric, und Mary Josephson, Hrsg. *Man Alone: Alienation in Modern Society*. New York: Dell, 1962.

Jourard, Sidney M. *The Transparent Self*. New York: Van No-strand, 1964.

Jung, C. G. (Jaffé, Aniela, Hrsg.) *Erinnerungen, Träume, Gedan-ken*. Olten, Freiburg/B.: Walter, 1977.

–. *Gesammelte Werke, Bd. 1–18*. Olten, Freiburg/B.: Walter, 1978.

Kupffer, Elisar von. *Lieblingsminne und Freundesliebe in der Weltliteratur*. Leipzig: M. Spohr, 1905.

Lankheit, Klaus. *Das Freundschaftsbild der Romantik*. Heidelberg: C. Winter, 1952.

Lasch, Christopher. *Das Zeitalter des Narzißmus*. Aus dem Ameri-kanischen. München: Steinhausen, 1980.

–. *Die Bedrohung der Familie in der modernen Welt*. München: Steinhausen, 1981.

Laslett, Peter. »The World We Have Lost.« In *Man Alone: Aliena-tion in Modern Society*. Hrsg. von Eric und Mary Josephson. New York: Dell, 1962.

Leefeldt, Christine, und Ernest Callenbach. *The Art of Friendship*. New York: Pantheon, 1979.

Lefaucher, Nadine. »Qu'attendez-vous de vos amis?« *Psychologie*, Mai 1981, S. 49–56.

Lepp, Ignace. *Von Wesen und Wert der Freundschaft*. Würzburg: Arena Verlag, 1965.

Levinson, Daniel J., et al. *The Seasons of a Man's Life*. New York: Knopf, 1978.

Lewis, C. S. *Vier Arten der Liebe*. Einsiedeln, Zürich: Benziger, 1961.

Leyton, Elliott, Hrsg. *The Compact: Selected Dimensions of Friendship*. St. John's, Neufundland: Memorial University of Newfoundland, 1975.

Lindsey, Karen. *Friends as Family*. Boston: Beacon Press, 1981.

Lipsett, Seymour Martin, und Everett Ladd. »Anatomy of a De-cade.« *Public Opinion*, Dezember-Januar 1980, S. 2–9.

Longford, Elizabeth. *Wellington: Pillar of State*. London: Weiden-feld & Nicolson, 1972.

Lowenthal, Marjorie, und C. Haven. »Interaction and Adaptation: Intimacy as a Critical Variable.« *American Sociological Review*, 33, Nr. 1 (1968): S. 20–30.

Lowenthal, Marjorie, und L. Weiss. »Intimacy and Crises in Adult-hood.« *The Counseling Psychologist*, 6, Nr. 1 (1976): 10–15.

Lualdi, Maria. *Il problema della philia e il Liside platonico*. Milano: Celuc, 1974.

Lucas-Dubreton, J. *La vie quotidienne au temps des Medicis*. Paris: Hachette, 1958.

Lynd, Helen Merrell. *On Shame and the Search for Identity*. New York: Harcourt, Brace & World, 1958.

McGinnis, Alan Loy. *The Friendship Factor: How to Get Closer to the People You Care For*. Minneapolis: Augsburg, 1979.

Mailer, Norman. *Gnadenlos. Das Lied vom Henker*. Aus dem Amerikanischen von Edith Walter u. Lore Strassl. Rastatt: Moewig, 1979.

Marin, Peter. »The New Narcissism.« *Harper's,* Oktober 1975, S. 45–46.

Marx, Karl. *Das Kapital*. Berlin: Dietz.

Maugham, W. Somerset. *Der Menschen Hörigkeit*. Zürich: Diogenes, 1972.

May, Rollo. *Love and Will*. New York: Norton, 1969.

Merrill, Susan Lee. »Patterns and Functions of Close Friendship in Relation to Personal Adjustment.« Dissertation, University of Minnesota, 1974.

Michaels, Leonard. *Der Männerclub*. Aus dem Amerikanischen von Christa Cooper. München, Wien: Hanser, 1981.

Mills, Laurens Joseph. *One Soul in Bodies Twain: Friendship in Tudor Literature and Stuart Drama*. Bloomington, Ind.: Principa Press, 1937.

Mireaux, Emile. *So lebten die Griechen zur Zeit Homers*. Ins Deutsche übertragen von Fritz Jaffé, Stuttgart: DTV, 1956.

Montagu, Ashley. *Die natürliche Überlegenheit der Frau*. Aus dem Amerikanischen. Wien, München: Frick, 1955.

Montaigne, Michel de. »On Friendship.« In *The Complete Essays of Montaigne*. Übersetzt von Donald M. Frame. Stanford: Stanford University Press, 1965.

Morris, Willie. »Good Friends: Dogs, Sons and Others.« *Parade, 7. September 1980, S.* 7–9.

Moustakas, Clark. Loneliness. New York: Prentice-Hall, Spectrum Books, 1961.

Newman, Mildred. *Du bist Dein bester Freund*. Aus dem Amerikanischen. München: Desch, 1974.

Olsen, Kate. »The Narrowing Circles of Middle-Aged Managers.« Paychology Today, März 1980, S. 28.

Paine, R. »Anthropological Approaches to Friendship.« *Humanitas, 6,* Nr. 2 (1970) 139–60.

Parlee, Mary Brown, et al. »*Psychology Today's* Survey Report on Friendship in America: The Friendship Bond.« *Psychology Today,* Oktober 1979, S. 45–113.

Puschmann- Nalenz, Barbara. *Loves of Comfort and Despair: Konzeption von Freundschaft und Liebe in Shakespeares*

Sonetten. Frankfurt/M.: Akademische Verlagsgesellschaft, 1974.

Rasch, Wolfdietrich. *Freundschaftskult und Freundschaftsdichtung im deutschen Schrifttum*. Halle/Saale, 1936.

Rich, Adrienne. *Of Woman Born*. New York: Norton, 1976.

*Reisman, John M. *Anatomy of Friendship*. New York: Irvington Publishers, 1979.

Riesman, David. *Die einsame Masse*. Aus dem Amerikanischen von Renate Rausch. Darmstadt, Berlin-Frohnau: Luchterhand, 1956.

Riveline, Maurice. *Montaigne et l'amitié*. Paris: F. Alcan, 1939.

Rubin, Lillian. *Women of a Certain Age: The Midlife Search for Self*. New York: Harper & Row, 1979.

Rubin, Michael. *Men Without Masks, Writings from the Journals of Modern Men*. Reading, Mass.: Addison-Wesley, 1980.

Rubin, Zick. »Seeking a Cure for Loneliness.« *Psychology Today*, Oktober 1979, S. 82–90.

Rubinstein, Carin, Phillip Shaver und Letitia Anne Peplau. »Loneliness.« *Human Nature*, Februar 1979, S. 58–65.

Schofield, William. *Psychotherapy: The Purchase of Friendship*. Englewood Cliffs, N. J.: Prentice-Hall, 1964.

Selden, Elizabeth S. *The Book of Friendship: An International Anthology*. Boston: Houghton Mifflin, 1947.

Seneca, Lucius Annaeus. »Quomodo amicitia continenda sit«. Hrsg. von Otto Rossbach. In: *De Senecae philosophi librorum recensione et emendatione*. Hrsg. v. G. S. Studemund. Breslau: 1887–98.

Serrano, Miguel. *Meine Begegnungen mit C. G. Jung und Hermann Hesse in visionärer Schau*. Aus dem Englischen von Alice Maurer. Zürich, Stuttgart: Rascher, 1968.

Shakespeare, William. *Die beiden Veroneser*. Werke. Leipzig: Tempel-Verlag, 1925.

Sidney, Sir Philip. *The Countesse of Pembroke's Arcadia*. In: *The Prose Works of Sir Philip Sidney*. Hrsg. v. Albert Feuillerat. Cambridge: Cambridge University Press, 1962.

Smith-Rosenberg, Carroll. »The Female World of Love and Ritual: Relations Between Women in Nineteenth Century America.« *Signs 1*, Herbst 1975, S. 1–29.

Snow, C. P. *The Light and the Dark*. London: Faber & Faber, 1947.

Soupault, Phillipe. *L'Amitié*. Paris: Hachette, 1965.

Steel, Ronald. »Love Letters from Olympus.« *Esquire*, August 1980, S. 50–61.

Stein, Harry. »Just Good Friends.« *Esquire*, August 1980, S. 21–23.

Sullivan, Harry Stack. *Die interpersonale Theorie der Psychiatrie*. Aus dem Amerikanischen von Monika Kruttke. Frankfurt/M.: S. Fischer, 1980.

Tiger, Lionel. *Men in Groups*. New York: Random House, 1969.

Tocqueville, Alexis de. *Über die Demokratie in Amerika*. Werke. Stuttgart: DVA, 1959–62.

Todd, Janet M. *Women's Friendship in Literature*. New York: Columbia University Press, 1980.

Tolson, Andrew. *The Limits of Masculinity*. New York: Harper & Row, 1977.

Tomizza, Fulvio. *L'Amicizia*. Milano: Rizzoli, 1980.

Tripp, C. A. *The Homosexual Matrix*. New York: McGraw-Hill, 1975.

Tuchman, Barbara W. *A Distant Mirror*. New York: Knopf, 1978.

Vaillant, George E. *Werdegänge*. Aus dem Amerikanischen von Lieselotte Mietzner. Reinbek b. Hamburg: Rowohlt, 1980.

Van Vlissingen, J. F. »Friendship in History.« *Humanitas, 6,* Nr. 2 (1970): 139–60.

Weber, Max. *Wirtschaft und Gesellschaft*. Köln, Berlin: Kiepenheuer & Witsch, 1964.

Weiss, Laurence J. »Intimacy: An Intervening Factor in Adaptation.« Vorgetragen auf dem Dreißigsten Jährlichen Wissenschaftstreffen der Gerontologischen Gesellschaft, San Francisco, Kalifornien, 18.–22. November 1977.

Weiss, Lawrence, und M. F. Lowenthal. »Life Course Perspectives on Friendship.« In *Four Stages in Life*. Hrsg. von M. F. Lowenthal et al. San Francisco: Jossey-Bass, 1975.

Weiss, Robert S. *Loneliness: The Experience of Emotional and Social Isolation*. Cambridge: MIT Press, 1974.

Weller, Sheila. »Joseph Heller and Judith Viorst: Humor Can Save Your Life.« *Self,* August 1979. S. 46–50.

Zaretsky, Eli. *Capitalism, the Family and Personal Life*. New York: Harper & Colophon, 1976.

Knaur ®

Knaur® Sachbuch Gail Sheehy
NEUE WEGE WAGEN
Ungewöhnliche Lösungen für gewöhnliche Krisen

Sheehy, Gail
Neue Wege wagen
Ungewöhnliche Lösungen
für gewöhnliche Krisen.
Gail Sheehy, Autorin des
Bestsellers »In der Mitte
des Lebens« zeichnet Por-
traits von Frauen und
Männern, die mit Mut und
Kraft einen neuen Anfang
gewagt haben.
640 S. [3734]

Kubelka, Susanna
Ich fange noch mal an
Glück und Erfolg in der
zweiten Karriere. Dieses
Buch ist für alle geschrieben, die nicht in Schablo-
nen denken und sich nicht
mit vorgegebenen Lebens-
formen begnügen wollen.
208 S. [7663]

Senger, Gerti
Was heißt schon frigid!
Intimsachen, die auch
jeder Mann kennen sollte.
Eine »Liebesschule« nicht
nur für Frauen.
208 S. [7681]
Gute Männer sind so!
Männern sowie Frauen
wird dieses mit einem
Schuß Humor geschrie-
bene Sachbuch, das auf
den Erkenntnissen neue-
ster Sexualwissenschaft
und angewandter Psycho-
logie beruht, helfen, sich
besser zu verstehen und
richtig zu behandeln.
208 S. [7680]
Sinnenfreude
Lebenslust
100 Regeln für eine neue
Sinnlichkeit.
Die bekannte Journalistin,
Buchautorin und Fernseh-
moderatorin hat in diesem
Buch hundert Regeln zur
Entfaltung einer neuen
Sinnlichkeit aufgestellt.
208 S. [7704]

Schönberger, Margit
Rettet uns den Mann!
Ein Leitfaden für Frauen,
die auf eigenen Füßen
stehen und dennoch in
Männerarmen liegen
wollen. 272 S. [7698]

Strömsdörfer, Lars
Ich such' mir einen Partner
Ein Ratgeber für alle, die
nicht immer Single sein
wollen. 128 S. [7702]

Knaur® Stanley Turecki /
Leslie Tonner **DAS**
LEBHAFTE
KIND:
FORDERND UND
BEGABT
Ein Ratgeber für
Eltern und
Erzieher: fundiert,
verständlich,
praktisch –
das Ergebnis
der Forschung auf
diesem Gebiet
aus den letzten
30 Jahren.
Deutsche
Erstausgabe

Turecki, Stanley /
Tonner, Leslie
Das lebhafte Kind –
fordernd und begabt
In diesem umfassenden
und auch für den Laien
verständlichen Buch
geben die Kinder- und
Familienpsychiater Turek-
ki/Tonner den Eltern ein
komplettes Programm an
die Hand, mit dessen Hilfe
sie ihr Kind besser ver-
stehen, lenken und seine
positiven Seiten verstär-
ken können. 320 S. [3859]

Rat & Tat

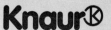

Greenwald, Dorothy und Bob
Manchmal kann ich Dich nicht ausstehen
Wie man trotzdem eine gute Ehe führt. Dieses Buch ist ein Ehe-Kurs, der viele leer und hohl gewordene Partnerschaften mit neuem Sinn erfüllen kann. 160 S. [3744]

Kloehn, Ekkehard
Die neue Familie
Zeitgemäße Formen menschlichen Zusammenlebens.
Ekkehard Kloehn schafft neues Vertrauen in ein gesundes und harmonisches Familienleben. Ein optimistisches Buch, das für viele Familien zum »Überlebensbuch« werden kann!
256 S. mit Abb. [3802]

Partner, Peter
Das endgültige Ehebuch für Anfänger und Fortgeschrittene
Wenn der Glanz der ersten Verliebtheit erst einmal verblichen ist, bricht nicht selten für viele Menschen die Welt zusammen. Unkonventionelle Lösungen unterscheiden dieses Buch wohltuend von anderen Eheratgebern. 224 S. [7699]

Den anderen verlieren – sich selbst finden
Trennung und Scheidung als Chance für beide. So manche Ehe beginnt im siebten Himmel – und endet doch mit Streit, Vorwürfen und sogar Trennung. Dieses Buch macht Mut, Trennungssituationen zu bewältigen, ohne seine Selbstachtung und Würde zu verlieren. 256 S. [3824]

Ackerman, Paul R. / Kappelman, Murray M.
Was tun, wenn Kinder schwierig werden
Dieses Buch geht alle Eltern an, die ihren Kindern leben helfen wollen. 272 S. [7694]

Hellbrügge, Theodor / Döring, Gerhard
Die ersten Lebensjahre
Mein Kind von der Geburt bis zum Schulanfang. 400 S. mit 104 Abb. [7655]

Kassoria, Irene C.
Tun Sie's doch
Ich hätte ja gekonnt, wenn…
Ich würde ja, wenn nur…
Wer kennt sie nicht, diese scheinbar so plausiblen Ausreden? Dr. Kassoria hat in ihrem Buch ein Programm entwickelt, mit dessen Hilfe die Techniken erlernt werden können, die Erfolg und Glück in unserer Gesellschaft garantieren.
416 S. [7708]

Rat & Tat

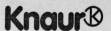
Knaur

George, Uwe
In den Wüsten dieser Erde
Ein packender Report über
die Geheimnisse der Wüste
und ein faszinierender
Bericht über die Entwick-
lungsgeschichte und das
zukünftige Schicksal
unseres Heimatplaneten.
432 S. mit Abb. [3714]

Goldmann-Posch, Ursula
Tagebuch einer Depression
Eindringlich und ehrlich
schildert Ursula Gold-
mann-Posch in ihrem
Buch die Hölle ihrer
Depression und ihre ver-
zweifelte Suche nach Hilfe.
Mit einem aktuellen
Anhang versehene Aus-
gabe! 192 S. [3890]

Graff, Paul
AIDS – Geißel unserer Zeit
700 000 Bundesbürger
dürften in 5 Jahren mit
dem Erreger infiziert sein.
Das Buch gibt mit solider
Kenntnis Auskunft über
die bisher verfügbaren
AIDS-Fakten.
176 S. [3815]

Johnson, Robert A.
Der Mann. Die Frau
Auf dem Weg zu ihrem
Selbst.
Aus der Analyse der Grals-
legende und des Mythos
von Amor und Psyche ent-
wickelt der Psychoanaly-
tiker Robert A. Johnson ein
neues Bild der weiblichen
und der männlichen
Psyche. 192 S. [3820]

Kneissler, Michael
Gebt der Liebe eine Chance
Liebe hat Menschen in die
Verzweiflung getrieben, zu
Ungeheuern gemacht,
ihnen alles Lebensglück
genommen. Dieses Buch
ist all jenen gewidmet, die
sich mit dieser Tatsache
nicht abfinden wollen und
für Veränderungen offen
sind. 256 S. [3823]

Bogen, Hans Joachim
Knaurs Buch der modernen Biologie
Eine Einführung in die
Molekularbiologie.
280 S. mit 116 meist farbi-
gen Abb. [3279]

Hodgkinson, Liz
Sex ist nicht das Wichtigste
Anders lieben – anders
leben.
Die Illusionen der 60er
und 70er Jahre, ein unge-
hemmtes Sexualleben
werde die Menschen
befreien, haben sich nicht
bestätigt. Liebe kann nur
zwischen zwei Menschen
stattfinden, die sich
respektieren. Diese und
andere Thesen stellt Liz
Hodgkinson in ihrem
Buch auf und kommt zu
der Erkenntnis: Liebe
ist nur möglich im zöliba-
tären Leben.
Ca. 176 S. [3886]

Kubelka, Susanna
Endlich über vierzig
Der reifen Frau gehört die
Welt.
Eine Frau tritt den Beweis
an, daß man sich vor dem
Älterwerden nicht zu
fürchten braucht. Ihre
amüsanten und ermun-
ternden Attacken auf
überholte Vorstellungen
garantieren anregende
Lektürestunden.
288 S. [3826]

Anders leben

Nakamura, Takashi
Das große Buch vom richtigen Atmen
Mit Übungsanleitungen zur Entspannung und Selbstheilung für jedermann mit altbewährten Methoden der fernöstlichen Atemtherapie. 336 S., 120 s/w-Abb. [4156]

Ram Dass
Reise des Erwachens
Ein Handbuch zur Meditation.
Ram Dass nimmt uns mit auf eine Reise, die »Reise des Erwachens«, und er eröffnet uns dabei ein vielfältiges Angebot, aus dem wir wählen können: Mantra, Gebet, Singen, Visualisierung, »Sitzen«, Tanzen u.a. Er ermöglicht uns somit einen Zugang zum spirituellen Pfad. 256 S. [4147]

Faraday, Ann
Die positive Kraft der Träume
Die Psychologin und Traumforscherin Ann Faraday hat eine Methode entwickelt, die jedem die Möglichkeit gibt, die individuelle Symbolik seiner eigenen Träume zu entschlüsseln. 267 S. [4119]

Knaur®
Esoterik

Ursula von Mangoldt
SCHICKSAL IN DER HAND
Diagnosen und Prognosen
Mit 71 Abbildungen

Mangoldt, Ursula von
Schicksal in der Hand
Diagnosen und Prognosen. Die Deutung der Anlagen und Möglichkeiten, wie sie in den Signaturen beider Hände sichtbar werden, sind die Schwerpunkte dieses Buches. 256 S. mit 72 Abb. [4104]

Monroe, Robert A.
Der Mann mit den zwei Leben
Reisen außerhalb des Körpers.
Dieser sensationelle Bericht beruht auf 12jähriger Beobachtungszeit, in der der Autor über 500mal seinen Körper verließ. Monroe tritt damit den Beweis an, daß der Mensch einen physischen Körper besitzt und sich sogar von diesem trennen kann. 288 S. [4150]

Der Eingeweihte
Eindrücke von einer großen Seele.
Der Autor berichtet von einem »Eingeweihten«, der sein Leben entscheidend beeinflußte, ohne aber jemals seine Entscheidungsfreiheit einzuschränken. 256 S. [4133]

Jones, Marthy
In die Karten geschaut
Marthy Jones hat sich des mündlich tradierten Zigeunerwissens um das Kartenlegen angenommen und in diesem Buch zusammengefaßt. Die verschiedenen Legesysteme werden erläutert und alle 52 Spiel-Karten gründlich interpretiert. 288 S. mit Abb. [4153]

Kirchner, Georg
Pendel und Wünschelrute
Handbuch der modernen Radiästhesie. Georg Kirchner geht auf alle radiästhetischen Anwendungsbereiche ein, erklärt sie anhand zahlreicher Beispiele. 336 S. mit 50 s/w-Abb. [4127]

ESOTERIK

Knaur®

Solomon, Henry A.
Der Fitness-Wahn
Wieviel Training ist
gesund?
Henry A. Solomon,
Internist und Kardiologe,
warnt: Sport ist nur sinnvoll, solange er nicht
exzessiv betrieben und
nicht zum absurden
Selbstzweck wird.
160 S. [3805]

Stössel, Jürgen-Peter
Herz im Streß
Ein wissenschaftlicher Tat-
sachenroman. Der Herzin-
farkt, jahrelang klassische
»Managerkrankheit«, trifft
heute vor allem Arbeiter.
Ihre psychosozialen Bela-
stungen wurden in einem
mehrjährigen Forschungs-
projekt umfassend analy-
siert. Die Ergebnisse zeigen, was sich hinter dem
landläufigen Schlagwort
»Streß« verbirgt.
288 S. [4323]

Berkeley Holistic
Health Center (Hrsg.)
Das Buch der ganz-
heitlichen Gesundheit
Alles über die natürlichen
Heilweisen und Mittel der
Selbsthilfe zu Körper, Geist
und Seele umfassender
Gesundheit. 576 S. [4321]

Derbolowsky, Udo Dr. med.
Richtig atmen hält gesund
Der Autor macht deutlich,
daß richtiges Atmen leib-
liche wie seelische Störungen lindern oder gar behe-
ben kann. 192 S. [4307]

Kaiser, Dr. med. Josef H.
(Hrsg.)
Das große
Kneipp-Hausbuch
Dieses große Kneipp-Buch
leitet an zu richtiger
Ernährung, zu Anwendung
von Heilpflanzen sowie zu
einer naturgemäßen
Lebens- und Heilweise.
864 S. [4306]

Scholz, Herbert Dr. med.
Der Bio-Plan
für die Gesundheit
Ärztlicher Ratgeber für ein
natürliches Leben. Ein
biologischer Fahrplan, der
auf natürliche Weise
heilen hilft. 272 S. mit
zahlr. s/w-Abb. [4319]

Ullmann, Dr. Marcela
Knaurs große Haus-
apotheke – Heilpflanzen
Dr. Marcela Ullmann erläutert ausführlich Nahrungs-
und Arzneipflanzen, zeigt
die Wirkung dieser Pflan-
zen auf den menschlichen
Organismus, behandelt
Fragen wie Verträglichkeit
und Dosierung und emp-
fiehlt Zubereitungsarten.
464 S. [7732]

Obeck, Victor
Isometrik
Die erfolgreiche und revo-
lutionäre Methode für
müheloses Muskeltraining.
128 S. mit 102 Abb. [4303]

Reger, Karl Heinz
Heilen durch Magnetkraft
Vom Mesmerismus zur
modernen Medizin.
Franz Anton Mesmer war
einer der ersten, der diese
Kräfte gezielt einsetzte.
Ein Bericht über seine
Heilungen unter dem
Gesichtspunkt heutiger
medizinischer Erkennt-
nisse. 176 S. [3771]

Medizin und Gesundheit

*Dieses Buch wird niemanden
unberührt lassen!*

Peter Schellenbaum
Die Wunde der Ungeliebten
Blockierung und Verlebendigung der Liebe
188 Seiten. Gebunden

»Ungeliebte meinen sich von aller Welt
verlassen. Daß sie sich selbst verlassen,
wissen sie nicht. Sobald wir aber begreifen, daß der springende Punkt nicht
im Verlassenwerden durch andere,
sondern in der Selbstverlassenheit, in
der Absonderung vom eigenen Wesen
liegt, fangen wir an, die Blickrichtung
zu ändern.«
Peter Schellenbaum

Kösel-Verlag